国語教育における子どもの表現力の探求と指導
―― 昭和20・30年代の文集を用いて ――

有働玲子 編著
Udou Reiko

風間書房

はじめに

　これまでの学校教育で行われた指導の遺産を継承し、未来の学校教育の発展に結びつけるためには、いずれも過去の遺産をそのままにしておくのではなく、現代の問題と比較することで生きてくるはずである。そのためにも全体を俯瞰する姿勢が重要である。その姿勢を踏まえ、本書では、今日へと引き継がれた貴重な資料である昭和20・30年代の文集を用いて、子どもの表現に着目する多様な考察を行った。本書は、四章の構成を持っている。第一章・第二章は研究者による読み解き、第三章は実践者による読み解き、第四章は架蔵する文集書誌である。本書が、諸分野の研究者、国語科の教員、教職を目指す学生、多くの読者にとり、有意義な道標となることを期待している。

　　　　　　　　　　　　　　　　　　　　　　　　　編者　有働玲子

目　次

はじめに

第一章　国語教育における表現の指導と文集の関わり……1
　一．学校教育の場作り……1
　二．母語教育の位置……5
　三．話しことばの育成……20
　四．言語環境への着目……34
　五．先駆的な指導の諸相……49
　　五―1．昭和20年代の吉田瑞穂の「いきたことば」の指導……49
　　五―2．東京都杉並区立第九小学校文集『すぎなえ』における会話文指導……61

第二章　学校教育に関わる諸分野の文集の位置……73
　一．昭和20・30年代の年表と文集作成者の声……73
　二．児童・生徒の作文にみられる言語表現―方言と敬語を中心に―……86
　三．読書感想文の批判的検討
　　―昭和20年代・30年代の論考や学校文集を例にして―……132
　四．児童雑誌『銀河』と批評指導……146

第三章　表現指導実践者による文集の考察……161
　一．文集『すみだ』第2号の児童作品から……161
　二．昭和30年代の学校文集からみる子供の表現力―台東区―……172
　三．「書くこと」における児童の使用語彙の特徴や変化に着目して
　　―新宿区―……184

四．文京区立第八中学校・文集『環流』第 3 号に関する考察……………195
　五．群馬県における昭和30年代の作文教育について
　　　―県中南部の学級文集を中心に―……………………………………208
　六．文集『ふもと』第 5 巻　第 3 号（通巻第26号）における
　　　書き言葉と話しことばの関連を探る……………………………………221
　七．T先生から学んだ綴り方実践……………………………………………237

第四章　書誌一覧……………………………………………………………………243
　一．地域文集…………………………………………………………………244
　二．学校文集…………………………………………………………………272
　三．学級文集…………………………………………………………………296
　四．学年文集…………………………………………………………………314
　五．詩集………………………………………………………………………318
　六．その他……………………………………………………………………324

第五章　まとめと課題………………………………………………………………329
　一．文集のまとめと課題……………………………………………………329

あとがき………………………………………………………………………………331

執筆者紹介……………………………………………………………………………333

第一章　国語教育における表現の指導と文集の関わり

有働　玲子

一．学校教育の場作り

１．本研究の目的

　文字を綴り、それを冊子に整え、文集を作る。今日では「文集を作る」ことについて、共有のイメージを描くことができよう。現代では、子どもの個人文集、学級文集、学校文集を作り、内容を伝え合い、自由に「文集を作って配る」ことができる。このような文集は、日本の母語教育および、国語教育の歴史には深い関わりを持っているのである。戦後の自由な社会的風潮のなかで、教師は文集作りを熱心に行い、そのことを通して、子ども同士の話し合いや、子どもの内的世界の構築を導いてきた。他教科も文集を利用し、保護者も地域社会も文集を支援してきたのである。

　では、文集により、何をどのように伝え合うことを、行ってきたのか。その内的世界について問題意識を抱くことから、本研究は開始している。特に、話しことばと書きことばとの相互性について、考えていきたいのである。とりわけ、表現することに軸をおき、多くの言語活動を必要とする「文集」に焦点を当てる。

　本研究は、戦後の昭和20・30年代を中心に発行された文集について、第一次資料の文集の基本的な書誌リストを作成し、同時に文集について多角的に考察を行うものである。文集はどのような過程を経て生成したのか。そして、それはどのような表現を伴っていたのか。また、その文集を作成することを

通じて、児童や生徒の自己表現はどのように発展していったのかということを、解明していく。もちろん、綴り方・作文教育や話しことば教育の全体像から考えれば、本研究で扱いえたものは一つの側面に過ぎないであろう。しかしながら、先行研究の成果を踏まえつつ、新しい解釈の可能性を探求してみたい。

抽出した公立小学校中学校における具体的な児童生徒の文章の実態は、今日の綴り方・作文教育や話しことば教育の基軸となる実践の視座について、多様な示唆を与えるものである。

これまで行われてきた綴り方・作文教育、話しことば教育の視点は、それぞれが独立したものであり、その研究の概要も多様である。母語の指導を行う国語科の領域であれ、その枠を超えた言語生活や児童文化の領域であれ、その主体である児童の内面世界の表出としての文章を見つめることは、まだまだ不十分な段階にある。そして、児童の「自己表現」の育成に着眼してみるならば、多角的な視野が必要である。ある側面から見るならば、ヴィゴツキーやピアジェによる、外言と内言を包括的に見つめる構えが必要になる。

当然のことながら、国語科の授業内のみに、文章は限定されるものではないのである。その一方で、児童の主体性と児童の表現力とを深く関連させて導く指導は、国語科の授業でこそなし得るものである。

筆者は、話しことばの教育を専門に追求してきている。さらに、その研究素材として、音声の音源資料、音声記録資料、さらに文集資料を収集し続けている。そういった資料との出会いを通じて、固有の表現価値を尊重する姿勢を持たなければ、研究として成立しないという立場をとるようになった。一人の人間の育ちとして、音声から次第に文字へと移行する発達段階を踏まえ、表現の本質に自己表現を読み取るからである。そこには、多様な表現の可能性がみとめられる。

音声であれ文字であれ、非言語であれ、児童の表現を育成するためには、常に表現主体そのものに着目することである。それにより、発達段階に対応

した思いや意見を読み取ることを行い、そのことから指導が成立するのである。さらに、指導に際しては、音声と文字の境をつなぐ媒体を、多様に工夫することが求められているのである。

たとえば、母語の入門時期の文字指導である。それは、多様な工夫に満ちている。文集を具体的に見ることから、児童の表現に沿って具体的な導きがあったことを知ることができるのである。指導者が児童のつぶやきをひろい、文字におこしたり、児童の描いた絵に文字を添える指導を展開したり、文字を自覚的に操る児童を育てるために、内面世界を表出させる工夫を凝らしているのである。当然ながら、その場では指導者である教師や学級の仲間とのやり取りがなされ、話しことばのような交流する言語が機能している。

図表すると、下記のような意識をもちながら、文集を位置づけている。特に、教育の場における文集の可能性を明らかにすることを行った。

次に話すこととの関係を述べることとする。

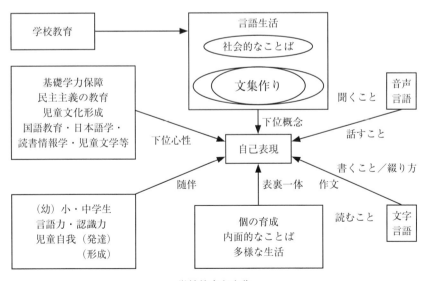

学校教育と文化

2．国語教育における先行研究

　熟達した教師ならば、子ども同士の人間関係が潤滑でゆたかに機能している時、ことばの力を発揮することができることを体得していよう。子どもにとって自分の内部にある思いを、学級という環境で自己開示ができるようになることは、学校生活を送る上での鍵になるからだ。学級そのものが、異なった他者を認める意識を育んでいるからである。そのことは、どのような子どもであっても、子どもの人権を尊重する内的倫理に結びつくからである。

　つまり、子どもたち一人ひとりが自分なりの言葉を持つためには、自分と異なる人々の存在を認めるということが基本となってくる。幼児期から児童期への移行は、そのことの学びから開始されるといっても過言ではないだろう。そういう過程を経て、次第に個性ある自分の思いを固有な表現に高め、自分の個を確立していく。同時に、多様な母語世界の学びが不可欠になってくるのである。子どもは表現をしつつ、思考や感性を高めていくのである。

　綴り方及び作文指導には、話し合い、文章を声に出して読む音読、または、クラス学校地域及び世界の子どもの文章を読書する、感想を書く、というような多様な言語活動を含む。特に文集の指導には、それについて話すことの活動は多く存在する。目的意識、相手意識、場面意識という、話しことばの基本的な学びが含まれているのである。換言すれば、必要な言語活動が多いのである。特に自己の思いを表現することとなる自己表現を培う機能が備わっているのである。自分の名前を記すこと、自分の時々の思いを文字として残すことは、かけがえのない言語行為なのである。そこで、従来の研究のなかでも、こういった視点について、学びをもたらす先行研究を示し、さらに進めたい。

　大きく3つに分類し、その代表的な本を示すこととする。

　第一は、地域性に着目した考察である。菅原稔『戦後作文・綴り方の史的研究』（2016年　渓水社）において、民主主義の時代に指導を受けた子どもたち

の文章をとおして、作文教育が新教育の国語科の方法を導こうとすることを示し、優れた視座を明らかにしている。対象地域は、兵庫県である。しかしながら、兵庫県のみであり限界がある。

　第二は、時代性を踏まえた考察である。滑川道夫『日本作文綴方教育史昭和篇Ⅰ』（1983年　国土社）において、戦前からの綴り方との関係性を踏まえつつ、時代に対応して子どもたちに対象を見つめることの意義を明らかにしている。特に綴り方と作文の指導を視野に入れながら、表現の質に着目している。しかしながら、戦後の時代を扱う予定だった『昭和篇Ⅱ』は刊行されないままとなり、限界を示している。

　第三は、教育の流れからの考察である。興水実『昭和国語教育個体史』（1990年　渓水社）は戦前、国民学校期、さらに言語学及び広義の言語教育へのつながりを説く。同時に学習指導要領との関係性を絡め、国語教育の史的展開から、子どもの表現の問題を捉えている。しかしながら、個別の考察への言及は少ないことがある。

　こういった点を鑑みながら、本論では、子どもの自己表現の育成という観点により、昭和20・30年代に焦点を当て、考察を行う。なお、自己表現とは「自分の内にあるものを別の形にして外部化すること。自分の考えや思いを、話しことばや書きことば、絵画、身体、音楽などで他者に伝えること。」として、進める。

二．母語教育の位置

１．母語を育む文集指導

　子どもが自分の思いを表現するためには、多様な方法がある。非言語を用いることが得意な子どもにとっては、身体表現や絵画表現や音声表現などの方法があろう。日本における国語の指導では、主として文字表現を重視して

いる。とりわけ、学校教育では母語指導を基本としている。幼い子どもが自分の思いを表現する方法を、いつの時代も模索し、多様な子どものために指導の工夫を凝らしているのである。そのなかで、子どもの個人の表現を記録として残す伝統のひとつとして、文集が存在している。戦前から継承されており、全国の学校で営まれている学校文化の一つであるとも言えよう。本論では、文集及び作文を用いて子どもの表現育成の可能性を示し、文集指導の今日性を示すことを目的とする。なお、定義としては、増田信一の次の文集定義を用いる。それは「文集とは、表現学習をした結果の産物として、児童や生徒が作ったいろいろの文種の文章を集めて、特定の編集意図のもとに編集し、印刷し、発行したものをいう。中には一枚文集という形で継続して発行していき、学期末に製本する場合もある。個人文集などの場合には、手書きのままのものをとじて、文集にすることもある。」であり、表現学習をした結果の産物ということに留意したい[1]。今日、個人情報取り扱いの問題や多様な課題から、全国的に文集廃止が叫ばれている。物理的な事情が多大な要因と言われている。しかしながら、幼き学び手の表現としてその声を拾いあげ、年齢の低い表現者であっても、一人ひとりの顔を持つ存在として認め、記名された表現を記録する文集の存在は、意義深いものではないだろうか。今一度、その存在意義を子どもの表現が成長していく視点を含みながら、考えてみたい。増田信一は、奈良教育大学教育資料館で800点余りの戦後からの文集を精力的に収集していた人物である。さらに収集した文集を公開できる形に整えた。自らも童話や劇を綴り、読書指導の実践者として先駆的な指導を展開していた人物でもある。実践者から研究者に転じた増田は、なぜ文集指導が継承されにくいかという問題を取り上げている[2]。

　普及しにくい要因は、物理的な印刷の困難さである。昭和40年代ごろまでは、謄写版を用いて児童の文字を鉄筆で写し、手刷りや輪転機を利用する形態であった。学級文集の作成には、高学年児童たちが、自ら新聞や文集を作成し、印刷することもあったと言われている。児童の特別活動を含めての指

導が行われていた。

　その後、印刷技術の進歩を経て、多くの物理的な労力の負担は軽減されてきた。戦後の国語教育実践者として名高い大村はまは、東京都の公立中学校の国語の指導として、学習の成果物を全て各自に収集させて記録物として残す事例をまとめている。単元・学期・学年等の区切りで、各自が工夫を凝らした表紙を付けた見事な記録集を作成する手法が用いられており、この方法は、個人文集の一つであると言えよう[3]。

2．時代による文集の増減

　管見の限り、500冊以上の全国文集を踏まえての論考は、1点のみである。その論者である増田信一が1993年時点での概要を数値化したものを、次に引用する[4]。(注：下線は筆者が施した。)

　ここに見るように、1960年代から1970年代になると、興隆期と比較して、文集も音声言語の文献資料も低い数字を示しはじめている。そのことは、当時の児童の表現指導が衰退していったことを意味している。教師の負担であった印刷技術が、大きく推進された時期であり、本来ならば、増大しても良い時期である。しかし、文集作成が継続して行われているとは言えないの

西暦	和暦	教育資料館の文集	音声言語の文献資料
1951〜1955	昭和26〜30	41	341
1956〜1960	31〜35	98	288
1961〜1965	36〜40	90	325
1966〜1970	41〜45	83	205
1971〜1975	46〜50	30	81
1976〜1980	51〜55	35	87
1981〜1985	56〜60	37	126
1986〜1990	61〜平成2	202	161
1991〜	平成3〜	232	27
計		848	1641

である。本論では紙幅の関係上、減少原因の追究はせず、継続された指導に目を据え、表現指導の一つとして文集指導を捉えていく。

　常に、文集の基本となる作文教育の世界では、「作文」と「綴り方」の用語が並行して用いられてきている。「作文」は主として国語の授業がメイン指導にするイメージが強い。一方、「綴り方」という用語は「生活綴り方」で代表されるように国語科だけに限定せず、学校教育全般を射程にするイメージが強い。しかし、用語としては文部省が戦後の昭和22年版学習指導要領〈試案〉において、「綴り方」を「作文」に変えたのであり、1900（明治33）年の「小学校令施行規則」では「綴り方」の文言が登場している。

　大正期の自由主義教育では、子どもの生活を表現させようとする指導も既になされていた。たとえば、1925（大正14）年の東京高等師範学校附属小学校では、学級文集を作成し、児童自らが綴った文章を朗読し、SPレコードに録音し、各自に配布する実践も生まれているのである。

　そのような経過を経て、戦後は多様な文章指導を工夫し、児童に表現作りをさせる営みが開始されたのである。昭和27（1952）年6月には、金子書房から『生活綴方と作文教育』が国語教育論議をまとめる形で出版され、次第に全国の教室で工夫に満ちた指導が展開されるようになっていく。

　背景として、戦後の国語科教科書には、児童生徒の文章や詩が掲載されるようになったことが大きい。これは、学び手にとっては、教科書が身近になる一因であるからだ。模範的な文章として教科書が位置づけられるのであれば、等身大の児童生徒の作品を読み、話し合い、遂には自らも表現を作ることは、意義深い言語活動である。同時に、指導としては、一人ひとりの子どもの多様な非言語及び言語に着目して、他者に伝わる表現作りを導く姿勢が求められるのである。具体的な表現作りの一つとして、幼稚園では絵画及び図工作品集等が、小学校中学校では文集が存在したのである。子どもが自分の存在を確かめるという自己肯定感を、そこでは育成することができたと言えよう。

戦後から1960年代ごろの文章指導の理論書は多数存在し、当時の教師にとって文章指導から文集指導の流れは教育的価値を伴っていた。学級文庫に児童生徒の文集が冊子として配置され、学校図書館に歴代の学校文集や地域文集が配置されていたのである。

3．文集指導──入門期への着目 （注：以下、引用文は全て横書きに改めた。）

　文集指導の手引きとして、地域の教育研究会がどのような指導を構想しているのかを見ていくことにする。特に、入門期への着目を考察するために、二つの視点を据える。

　第一は、入門期の表現指導であり、第二は、入門期の口頭作文指導である。なお、用いた資料は、東京都杉並区教育研究会国語部による『「作文教育」第１集１・２年の作文』（東京都杉並区教育研究会国語部／昭和26年２月15日Ｂ５判全115頁）、宮城県仙台市連坊小路小学校国語研究会編集による『「小学さくぶん」低学年用』（1961年４月　Ａ５判全40頁）である。

（１）表現指導と口頭作文指導への着目

　昭和26（1951）年版小学校学習指導要領（国語科編）には能力表が提示された。現場では、聞く・話す・読む・書くに関する能力表に基づく指導を工夫し、全国の教育研究会・部から資料及び冊子が配布されていた。その事例として、戦前戦後を通して、児童の文章指導に熱心であった東京都杉並区に焦点を当てる。

　1950年代の文集指導については、小学校学習指導要領国語編の編集委員吉田瑞穂、戦後の国語教育指導に多くの著作を持つ西村省吾等が率先して行っていた経緯がある。吉田と西村の所属する杉並区教育研究会国語部からは、啓蒙的な発想のもとに身近な学校や地域の児童の文例を用い、簡潔で秀逸な作文指導の手引き書が作成された。豊富な指導事例を引用し、各学校の個性を凝らしながら、文集を作成することができるようになっていたのである。

たとえば、低学年文集に関する留意点について、極めて丁寧に詳細に具体的に記している。子どもの表現指導を構想するときに、丁寧な指導を導くためには、入門期の指導を細かいステップで刻むことができる指導手順及び指導技術が必要である。その手順と技術を把握していることにより、表現の困難さを持つ多様な児童一人ひとりに配慮した、きめ細かな母語指導が展開できるからである。

文字以前の内面のことばを育むことを重視することは、人間の言語の発達を踏まえた重要な指導である。そのことは、児童の個性的な表現を育成することにつながるのである。杉並区の指導手順によれば、既に個性表現の育成につながる表現作りが行われていたことを示している。当然のことながら、昭和26年版小学校学習指導要領〈国語編〉の内容についても触れている。つまり、新しい教育内容をどのように展開したらよいのか、簡潔にまとめているのである。ガリ版刷り冊子であり、教師に読まれることを前提に編集されている。なお、杉並区教育研究会国語部では2年から文集指導が示されている。

先駆的な特色としては、同区の文例を踏まえ、文集作品の評価を、既に述べていることである。たとえば、次のような部分である。

　《1年生の文集を読んで》
　1なぜ文集をつくるか　2どのようにつくるか　3どんな文集がよいか
　4文集のつかい方

　一　なぜ文集をつくるか
　終戦後、子どもたちが興味をもってすすんでする仕事がふえてきた。そしてそれらの学習も活発になってきていることを誰でも承認すると思う。
　けれども、作文という仕事はあまりパッとしない。その原因について

指導内容／学年	1年	2年	3年	4年	5年	6年
日記	絵の説明	絵日記	生活日記 学級日記	生活日記 飼育栽培日記	飼育栽培日記	学校日記
通信	伝言	簡単な手紙	見舞文 案内文	消息文	注文・祝福・お礼の文・電文	問合わせ 電文
思索	簡単な説明	説明	説明	あらすじ 感想	感想 意見	感想 意見
記録	季節だより	観察 報告	作業 記録	見学調査の報告	調査研究の記録・会議の議事録	講演・訓話の記録
詩	自由詩	自由詩	自由詩	自由詩	自由詩	自由詩
物語		絵ばなし	紙芝居	童話	伝記 伝説	伝記 伝説
演劇		対話	対話	物語の脚色	脚本	脚本
編集	作品の整理	**個人文集**	かべ新聞	**学級新聞 学級文集**	**学級新聞 学級文集**	**学校新聞 学校文集**
宣伝 広告			ポスター 掲示	標語 広告文	標語 広告文	標語 広告文
書式			届書	プログラム 目録	式次第・領収書 送辞	契約・願書 答辞

（注：東京都杉並区教育研究会国語部『「作文教育」第1集1・2年の作文』（東京都杉並区教育研究会国語部）6頁の図表を筆者が作成し、文集にゴシックを施した。）

はいろいろあげられると思うが、まず第一にあげなければならないことは、作文にはあまり興味がないことであろう。

　作文を幾度かいて出しても、二重まるか三重まるがついてかえるだけであるから、子どもたちに興味がないのであろう。

自分の表現能力をつけていくために作文を書くと思っている子は一人もない。(略)子どもたちの書いた作文が印刷され、製本されて子どもたちの手に渡ると、子どもたちはとても嬉しそうな顔をして喜ぶ。(略)それにもまして、子どもたちとの間に愛情がわき、そしてその愛情が文集一冊ごとに深まっていく。(略)新教育というものは、子どもの力を明確に知って、その子どもの持っている力を伸ばしてやる仕事である。

　だから、子どもの力の記録が欲しくなる。作文の記録とは文集である。文集は、子どもたちの力を正確に、細かに、公平に、記録したものである。

二　(略)

三　どんな文集がよいか

○小学校の「○○」は実に良い文集である。多分、ＡＢＣ先生の編集だろうと思う。

ワラ半紙十六頁のものに、子どもの文は二段組、父兄の感想は一段組である。先生方がご自身でガリ版をきったらしく、商売人のようにキヨウな書きぶりの文字でないが、誠実な文字がきらきら光るような感じにうたれた。

　　　１年生になって　　　Ａ女子
　わたくしは一ねんにあがったとき、こわかった。だれもしらないひとばかりでした。わたくしはなきました。おかあさんがいなくなったからです。わたくしは、ろうかでよびましたけれどもいませんでした。[5]

　重要なことは、作品に対して、指導者の評語が記されていたことである。入門期の子どもの指導について、丁寧な配慮がなされていることがわかる。これらの評語からは、子どもの口頭作文指導が既に行われており、教師が子どものつぶやきを子どものことばとして言語化する指導がされていたことが

読み取れる。つまり、このような児童の貴重なことばを教師が聞き漏らさず、記録する価値を見出しているのである。それは、次の評語にも示されている。

　　なんと素純な文だろう。「こわかった」とあのころの印象を端的にい
　　いきり、「ろうかで‥」と、忘れられない記憶をかいている。場所を
　　作文のなかにはっきりすることは、中々できないものであるが、Aさん
　　は、短い文の中ではっきり、それをはめこんでしまった。[6]

　このように入門期の児童にとって、気持ちを示すことばを、素直に書くことの困難さを指導者が熟知しており、その困難さに着目して、評語を記しているのである。これ以外にも、たとえば、入門期の児童のことばの特色である、詩のような比喩や見立てや内言のようなつぶやきを拾って評価する教師の姿を見ることができる。
　又、文章指導をする際に、重要な共通体験を基にした指導を組み立てていくことを、尊重していることは肝要である。学校での共通行事の時に、自分の思いを仲間と共有できる場面があるので、安心して話し合うことができる。その結果、教師から指導を受ける姿勢が培われ、話すように文章として表現することができるのである。教師の指導が最も効果的に機能し、個別指導も行き届く。その結果、次のような作文が誕生する。

　　　うんどうかい　　　A男子
　　ぼくは　うんどうかいのまえから　一とうをとろうと、おもっていた
　　けれども、いよいよやるときになると、二くみのBくんがいました。ぼ
　　くは、はじめびりだったけれど　だんだんおいこして　二とうになりま
　　した。あつくてたまりませんでした。[7]

　ここでは、話しことばと書きことばの中間的表現が示されている。この時

期の言語発達の自然な姿でもあり、そのことを認めての評語になっている。

　　自分の思ったことや考えたことを率直に書いた文である。かけた後、顔がボーッとした気分をうまく、書いた。「あつくてたまりませんでした」と。(8)

　子どもの心性に寄り添いながら、このような評語を記すことで、児童の表現意欲を高め、文章意識を深める指導をしていることが理解できる。低学年の児童は、口頭作文から、文字による作文への移行を潤滑に行う必要があるため、ともすると抵抗が起きやすい重要な時期でもある。指導者が、その困難さを踏まえて、児童のことばを受け入れ、寄りそう姿勢を窺うことができる。
　このように児童の言語生活を豊かにするために、文集が位置づけられているのである。具体的には「1教室で国語の時間に取り扱う」「2家庭で、ゆっくりよませる」「3校内放送にとりあげる」「4校内図書館に備えつけておく」とあり、「文集を教室で扱うことは、子どもたちの表現をのばすための取り扱いであるから、結局、国語学習の一部としてとりあげることになることが本筋であろう。」ということに落ち着く。子どもたちの表現を育てるためには、当然のことながら、話しことばの力も含まれており、口頭作文の位置づけも重視されているのである。つまり、児童の全てのことばを指導者が聞くことを含んでいるのである。指導者が児童と正面から向き合う緻密な姿勢を伴いながら、音声として聞くことでもあり、児童の内言を引き出すために聞くことにもなる。次はそのことを示す文言である。

　　子どもの表現力を伸ばすための、教室の仕事は、じっくりと腰をおろして、時間をたんまりかけて行くやりかたでなければならない。そしてこの仕事をするためには、教師が愛情をもって、子どもの文を読んで、

読んで、読みぬいて、その子どもの作品の中から、素純なものを、しっかりつかむことが、根本的な仕事である。(9)

　ここに見るように児童の文章を読むことの意味や、児童の文章の意味を汲み取ることの大切さを端的に表示しているのである。この指導姿勢は、国語の読書指導及び視聴覚指導方面にも成果をもたらす。次に、同時代的な指導として他地域の口頭作文指導の事例を示す。

（2）口頭作文指導への着目

　書き言葉の文章を作成する以前の指導として、口頭作文指導が行われる。そのことに着目して、学校独自のテキスト作成をした、宮城県仙台市連坊小路小学校国語研究会編集の事例を次にあげる。児童が利用することを前提としており、裏表紙に学校学区年氏名の欄が作成されている。

　特筆すべきは、自校の児童の言語状況を踏まえて、内容が作成されていることである。とりわけ、指導の行き届きにくい低学年の教育課程に沿って作成されているのである。入門期の児童への指導に手厚い配慮が窺える。ともすると、言語獲得の差が大きい低学年の作文指導は、割愛されがちである。しかし、本小学校は1年生と2年生の作文指導が潤滑に行われる構造を持ち、文集作りの基本となる指導の構えを持っているのである。

　目次によると、最初に「らくがき　こくばん」があり、「おはなしのしかた」が記されている。5W1Hの形式で、話をするような頁がある。楽しみながら、順序よく話をする工夫が示されている。その次には、「しりとりさくぶん」があり、話題に対して、話を作るようなことば遊びが記されているのである。

　10月の口頭作文の描写の中味は「じゅんじょをたどって」のなかに「かくめあてを　はっきり」とあり、該当箇所のタイトルは「口頭作文・構想」となる。これが最初のステップで見開き2頁。次のステップは「ドリル」とし

第1学年　指導

月	題材名（頁）	指導内容	時間	ワーク「小学校作文」との関連
4	いちねんせい（10）	口頭発表（一語分）		
4	なかよし（7）	同		
4	えんそく（14）前半	同文字の習得		
5	えんそく（14）後半	同文字の習得		
5	たのしいあそび（20）	口頭発表。（主語＋述語）しりとり　作文		しりとり　さくぶん
6	まちのみせ（15）	口頭作文（主語＋述語）句読点		らくがき　こくばん
7	なつがきた（18）	口頭発表（続き絵・経験）絵と文（説明）助詞「を」「へ」「は」ひらがな習得完了	2	えとぶん　はがきのぶん
9	どうぶつえん（13）	基本文型		おもいだすことば
9	おはなし（8）	同		おはなしのしかた
10	うんどうかい（12）	共同作文　らくがきこくばん　いつどこで、だれと、どうした　絵日記　基本文型　。「　」	2	かく　めあてを　はっきり　みんなでぶんをかく
10	あさの山	補充児童詩　順序をたどって書く　基本文型生活の中から書く　観察の仕方	2	せんだいのまち
11	たんじょうかい（13）	絵のかんたんな説明	1	えとぶん　なかよしポスト
11	おはなし（12）	字で書くおしゃべりつぎたし話	1	しりとりさくぶん
12	おつかい（10）	基本文型	1	つなぎことば
12	もうすぐお正月（11）	原稿用紙の使い方		げんこうようしのつかいかた
1	かきましょう（11）	手紙の書き方　手紙を書く　読み合い　発表　推敲　再び手紙を書く	5	なかよしポスト　ぶんのびょういん
1	おもしろいあそび（10）	基本文型		
2	げんきな子ども（15）	補充児童詩「　」生活文（発表）順序をたどって	2	こころのうごきのまま　したことをじゅんじょよく
3	二年生になったら（27）	生活文／とじこみ文集（個人）推敲（「　」助詞「を」「へ」「は」主述）	5	ただしくかく（ぶんつくり）つなぎことば

（注：教科書（東京書籍）の指導内容の書式及び文字表記を筆者が改めて記している。）

て見開き2頁になり、最後のステップに「叙述」が見開き2頁の構成である。このような手順で学ぶことにより、話しことばで話すように書くことから、次第に文字表現につながる組み立てがなされている。次に運動会のだるまはこびを題材とした作文例の頁の一部を引用する。

だるまはこび
1　赤と白に　わかれたこと
2　いよいよ　はじまったこと
3　はじめ　白が　かっていたこと
4　わたしの　ばんの　とき
5　ついに　赤が　かったこと
○うんどうかいでおもしろかったのは、なんですか。
　　　だるまはこび
○わたしたちはどうしましたか。
　　わたしたちは、赤と、白に　わかれてならびました。　いよいよ、だるまはこびの　きょうそうです。
○はじまりの　ようすは　どうでしたか。
　　「ぴーっ」と、ふえが　なりました。赤と白と、二つの　だるまが、はしりはじめました。　わたしたちは　あかぐみです。
○はじめの　ようすは　どうですか。
　　はじめ、あかが　かって　いました。　まさおさんたちが、はたをまわるとき、だるまを　おとしました。　まさおさんたちは、あわてて、だるまをだいに　のせました。
○あなたの　くみは　どうしましたか。
　　そのあいだに、　赤が　どんどん　おいこしました。こんどは、わたしたちのばんです。　わたしは、　まえの　だるまを　もっているよしこさんをうしろから　おすようにして　はしりました。
○とうとう　どうなりましたか。
　　とうとう、赤が　かちました。　わたしは　ほっとしました。
◇「だるまはこび」のぶんを　つづけて　よんで　みましょう。
◇「はじめの　かんがえ」と　かいた「ぶん」とを　くらべて　みましょう。（1は、どこから、どこまで。2は、……）[10]

ここに見るように、共通行事である運動会の種目を取り出して、学習の手立てを構造化し、各自の内面を整理することができるような指導を行っている。入門期の児童に必要な、時間の流れに沿って自分を振り返る言語活動が組まれているのである。
　つまり、時系列による丁寧な指導で、基本的な構造を踏むことにより、児童一人ひとりの話しことばを書きことばである文章表現へ移行することを導くことができるのである。

（3）文集指導の位置

　入門期の表現指導と口頭作文指導への着目により、このように話しことばから書きことばへの緻密な手順を踏まえ、文章表現を身につけていく過程が確認できるのである。そういった日常的な学習の成果として、学級文集や学校文集、地域文集が作成され、多様な児童の作品が産出されていくのである。
　こうした作文指導の教材をみると指導者が、常に児童の一斉指導と個別指導との両者を視野に入れていることがわかる。日常的に、学習者の非言語にも目を配り、表現指導を行っているのである。さらに、計画に沿いながらも、個別指導を必要としていたことがわかる。何よりも、一人ひとりの児童の作文表現の行間を読むような姿勢を必要としたのである。そういった継続的な指導を経て、一人ひとりの表現を高め、折に触れ、文集を作成していったのである。つまり、ここでは教室文化を支える作品として、文集は機能していた。その結果、教師が名刺代わりに自分の作成した文集を携え、交流を深める教育風土も生まれたのであろう。

4．文集の今日性

　作成された文集は、教師と児童との言語行為の集積である。
　文集指導の教育的価値を高めるためには、学習者が自分を受け止めてくれる他者の存在を必要とする。さらに、ことばの学習として機能するためには、

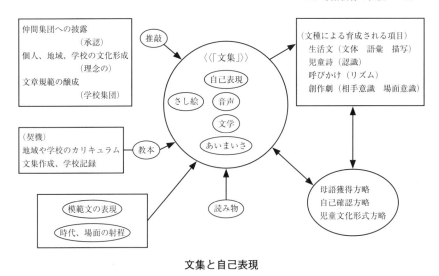

文集と自己表現

自分と異なった存在を認める受容的な表現の場であることが、全ての前提である。このような言語環境があるからこそ、児童は「書きたい」という思い、「話したい」という思いが生まれてくるのである。又、書いたものをお互いに読み合うことを通して、児童自身が他者を認める契機となっていくのである。

とりわけ、入門期の指導における口頭作文を含む表現指導には、児童に対する具体的な場面意識や他者意識などのきめ細かな指導が内包されていることが明らかにされた。

入門期の指導における構えは、多様な学習を生み出す源となることが予想される。同時に、広義の表現指導として、話すことと書くことの相互性も生まれよう。文集指導を支えるきめ細かな基礎的な学習は、今日でも個性ある表現者を育成するために必要である。

注
（１）増田信一「文集の定義」『国語教育研究大辞典』明治図書　国語教育研究所編　1988年　p.748。なお、文集の定義には、各立場から多様な広がりがある。管見の限

りであるが、種類及び名称及び説明を含め、常に多くを参照したい。学校文集としては岩田修『国語教育指導用語辞典』新訂1993年　教育出版等がある。地域文集としては菅原稔『戦後作文・綴り方教育の研究』2004年　溪水社、本澤淳子「地域文集を教材とした「書くこと」の指導研究―「生活文」指導の再考―」(『共立女子大学家政学部紀要』63号　2017年　pp.143-151)等がある。戦後文集に関しては、大内善一『戦後作文・生活綴り方教育論争』1993年　明治図書等がある。
(2) 増田信一「作文教育史における「作文」と「綴り方」」『研究と教育』奈良教育大学国文　第21巻　1998年3月　pp.1-11
(3) 大村はま　東京都青年国語研究会(東京都港区立青山中学校)昭和53(1978)年9月。なお、筆者は、本例会に参加する機会を得、大村自身に資料を見せていただいた。
(4) 増田信一「文集指導史の研究(Ⅰ)」『奈良教育大学教育研究所紀要』第30巻　1994年3月　pp.1-11
(5) 東京都杉並区教育研究会国語部『「作文教育」第1集1・2年の作文』(東京都杉並区教育研究会国語部)昭和26(1951)年2月　p.80
(6) 同上　p.84
(7) 同上　p.83
(8) 同上　p.84
(9) 同上　p.87
(10) 宮城県仙台市連坊小路小学校国語研究会編集『「小学さくぶん」低学年用』1961年4月　pp.12-13

三. 話しことばの育成

1. 東京都の学校文集における話しことばの育成の視点

　日本の学校では戦前から戦後の一時期まで、文集を作ることが盛んに行われていた。現在はデジタル文化の影響もあり、多様な媒体での模索がなされている。その際に昭和20・30年代の文集の表現を読み解くことにより新たな視点を持つことができると考えられる。そこで、書きことば(文字言語)で記された文集を話しことば(音声言語)の視点から考察し、その特徴を明らかに

してみたい。

　戦後から、男女共学の9年間の義務教育が開始され、約10年間あまりは生活単元学習が盛んに行われた。その時代背景を考慮しながら、子どもの表現について考察を行う。多様な考察の視点設定が必要であるが、次の三つの視点を設定し、これらに合致する作品が多く掲載されているものは、話しことばの育成と関係性が高い文集であるとみなすものとする。

　第一の視点は、会話文や、音声表現（声や音）を文言や動作などで表現している箇所が具体的に示されていること。①

　第二の視点は、伝えたいことを場面や相手との関係を考えて、具体的に表示してあること。（相手意識、場面意識、目的意識）②

　第三の視点は、表現として、音律（リズム、響き）を含む具体的な表示であること。（例、聴覚に訴える語彙、技法としては倒置法、漸層法、等の技法も含む）③

2．東京都台東区立育英小学校の学校文集の構成

　学校文集『白いくも』（1号）を考察の対象とする。この文集には東京都台東区立育英小学校校長志波末吉[1]の巻頭言が掲載されている。なお、昭和20年代の同小学校は、東京都及び文部省の実験学校として多くの公開授業を行い、全国の教師が参観した学校である。

　以下、考察の対象とされる叙述を抜粋し、掲載の都合上、縦書きを横書き、旧仮名遣いを現代仮名遣いに改めて記載をする。

　編集は台東区立育英小学校、発行年月日は昭和25（1950）年7月20日、全42頁である。国語以外の教科内容も含む編集であり、扱われている文種は多様である。社会、理科、算数、という教科的な括りの内容の文章、さらに、国語の中でも詩、呼びかけ、創作、研究という児童作品に交じり、教師の標語やクイズなども収められている。

　表紙の文集題名は青い縁取りで『白いくも』と表記され、表紙全体は白地、横文字、右下に入道雲の前に赤いヨットが浮かぶ海が描かれている。後表紙

には表紙の海原が続けて描かれ、中程に『白いくも』と赤字で表記され、右下に「IKUEI」と赤ローマ字表記がある。

　表紙見返しに、文集成立に関する箇条書きの文章、左頁に学校長志波末吉による「まめに書くこと」という児童への励ましの文章が掲載されている。文集の前半は縦書きであるが後半の理科と算数に関する文章には横書き図表が挿入されている。(注：本文集の目次は以下の通りである。下線は筆者が施した。)

　目次
　ゆたかな心（いろいろな生活から）
　　にちようびのこと　一年女子　4　　まりつき　一年女子　4
　　おはなばたけ　一年女子　5　　ちゃみ　一年女子　5
　　えんそく　二年女子　6　　おまつり　二年女子　7
　　たびにっき　二年女子　7
　　わたしはあさがおです（かみしばい）二年女子　6/9
　　日ようび　三年女子　10　　おんがくの時間　三年女子　11
　　しおひがり　三年男子　12　　雨とおみこし　四年男子　13
　　小さい時の思い出　四年男子　14
　　よびかけ七夕さま　四年女子　15
　　私の学校　五年女子　16　　齒　五年女子　17
　　私の創作ノートから　五年女子　18　　弟　六年女子　20
　　夏よ早よこい　六年女子　21　　母の日　六年女子　23
　みつめる（みんなの詩集から）
　　ありとわたくし　二年○組詩集より　24　　つゆ　三年女子　25
　　ゆうだち　四年男子　25　　教室の窓から　五年○組女子3名男子1名　25　　六年生だ　六年○組女子3名男子2名　26
　　すきなしほし　四年男子　28　　木にのぼって　三年男子　29
　正しくひろく（社会科の学習から）

ぼくははがきです　二年男子　30　　おもちゃしらべ　二年男子　31
　　　台東区の人口しらべ　四年女子　31　　朝日新聞社見学の報告　六年
　　　一組女子　33
　　正しくふかく（理科と算数のノートから）
　　　かんさつにっき　三年女子　1　　やつがしら　三年女子　2
　　　豆のかんさつ日記　三年4名　2　　問題のときかたについて　四年
　　　女子　4　　ひよこがかえるまで　五年女子　5
　　　雨量しらべ　五年男子　6　　あま酒つくり　六年女子　8

　以上の中から、2年生に着目しておきたい。執筆者に女子が多く、文種も生活文や日記・紙芝居・クラス詩集・見学記録と多種多様であり、日常的な話しことばを書きことばにして記した文種が数多く掲載されていることがわかる。

（1）台東区立育英小学校における学校文集の位置づけ

　「あとがき」には、文集の意図が明確に記されている。そこには文集作成者である教師集団から読者である児童への期待が読み取れる。児童自身がテーマを決めて編集をし、さらに相互に読み合い話し合うことを願うものであると記されている。これは、視点②の相手意識や場面意識を育てることになっている。つまり、書くことが話すことに関わり、生きた話しことばの活動を生むという指導姿勢である。
　総じて児童の言語生活を通して、児童が主体的に自らの言語を使えるように導くという、明確な指導姿勢を読み取ることができる。具体的には次のような記述である。

　　　一つ一つの作品には評点をつけませんでしたが、皆さんがお互いに批
　　評し合い、または学びとってもっとよいいろいろな作品を生み出すよう

にしてください。

　この文集は一学期に一度ずつ作ることになっています。二学期にはもっとよい作品や研究記録を出すように今から心がけておきましょう。

　また、カットや、文集ぜんたいの作り方、表紙の文字や絵、活字の使い方などでも、皆さんの考えでいろいろ工夫してみて、二学期には、どしどし編集の係に申し出て下さい。

　見落としてならないのは、文字表現以外の作品を視野に入れており、広い意味での、創造することを目指していることである。これは、視点①の会話や動作を含む表現、視点③の音律に配慮するような書きことばと話しことばの共存する表現の可能性を示す。その結果として、文集を用いることにより、多様な言語活動がなされていたと推測されよう。

（２）台東区立育英小学校の指導姿勢

　次に台東区立育英小学校の文集はどのような国語指導単元のもとに作成をされたのかを考察したい。文集に掲載される作品を生むための国語科に対する学校の取り組みを明らかにしたい。昭和24（1949）年２月に設定された育英小学校国語単元表[2]を見るとかなり明確な単元が組まれていたことがわかる。次のような国語単元があり、児童の日々の言語生活の基盤を丁寧に育てていたことが推測される。（注：下線は筆者が施した。）

　　一年　　第一学期　　あいさつ　もじばん　よいことば
　　　　　　第二学期　　お話　作文　ことばあそび
　　　　　　第三学期　　かるた　でんわごっこ
　　二年　　第一学期　　作文（うれしい二年生）　ことばあつめ　絵日記
　　　　　　第二学期　　話しあい　おてがみ　ことばあそび
　　　　　　第三学期　　短い文（詩）　発表会

三年	第一学期	作文（たのしい春）　学級文集　日記
	第二学期	作文（夏休み）　長い文　まん画
	第三学期	かべ新聞　紙しばい
四年	第一学期	学級文庫　学芸会　観察記録
	第二学期	字びき　伝説調べ　欠席とどけ（いろいろな書式）
	第三学期	詩　学級文集
五年	第一学期	討論会　劇　学校新聞
	第二学期	新聞　文字とことば　<u>文のいろいろ</u>
	第三学期	読書　記念文集
六年	第一学期	学校図書館　学校文集　研究記録
	第二学期	新聞　文字とことば　文のいろいろ
	第三学期	読書　記念文集

　２年生に着目すると、学校文集に所収されていた作品と重複する単元内容が多いことに気がつく。特筆すべきは２学期に「話しあい」が特設されており、話しことばの育成を前面に行っていることであろう。こういった書きことばと話しことばの両面の指導を通して、絵日記、ことばあそび、短い文（詩）などが文章として書かれたのである。つまり、先の文集の目次と国語単元表を対照することにより、育英小学校の児童の生活に即した国語単元の成果作品が学校文集に掲載されていることがわかるのである。

　なお、志波末吉は巻頭言で「朝顔を育てている人が、めが出て花がさき秋になってみがとれるまでのことを、こまかく書いておく。絵もいれる。表にまとめておく、育った日数、花や葉の数、つるの長さなども書きつけておくようにすると、あとで読んでもおもしろいし、つぎの年にそだてる時の参考にもなる。（略）日本中の人が、それぞれ自分の仕事について、こまかなことを書きつけるようにすると、日本はもっともっと進歩すると思う。」と述べる。つまり、「書きつける」ということの具体化として作品をみなし、児

童が自分の思いを伝えることを尊重する。それは児童の日常生活を尊重することにもつながり、児童の固有な表現に着目することの重要性を説いているのである。

3．児童作品の考察

　特に視点①から視点③の複数を含む作品の叙述を扱い、特徴を明らかにする。これらの視点を含むことは、話しことばの育成につながると仮定するものである。

（1）会話及び具体的な場面が設定されている作品

　クラスで作成した紙芝居「わたしはあさがおです」の文章例である。朝顔になったつもりで、成長の様子を表現している。小学2年の作品である。絵はないものの場面が叙景的に描写され、リレー形式で作成されている。

> ①のばめん—わたくしは、四月十八日におくじょうの小さな畑に**まかれました**。子どもたちが「くろいからだだなあ」といったのでいやになりました。子どもたちが土を**こなして**くれました。魚のくさったのや、にわとりのふんなど、ひりょうを**いれて**くれました。ですから、おいしいごちそうが**たべられる**とおもいました。（略）A女子
> ②のばめん—土の中はまっくらです。わたくしは、早くお日さまにあたって大きくなりたいとおもいました。四月二十七日に、気がついてみると土の上に**出た**ようです。子どもたちが「めがでた」といっていました。B女子
> ③のばめん—そのうちにわたくしのかたのところから、ちょうちょうのはねみたいなはっぱがでてきました。お日さんが<u>にこにこ</u>して、わたくしのからだを**てらして**くれました。
> ④のばめん—わたくしはおいしいひりょうやお水を<u>どんどん</u>すったので

とてもせいが高くなりました。ふらふらするので、ぼうにたくさん**まきつきました。**C女子
⑤のばめん―するとわたくしの手のようなはっぱのあいだから、つるが**出てきました。**そしてつぼみがちょこんとすわっています。「わたくしは、もう子どもではなくなったわ。」とおもいました。D女子
⑥のばめん―わたくしのあたまの上に、ねじれたうきわみたいなものが**のっかりました。**それは、花のつぼみでした。A男子
（注：視点に関わる考察のために次の表記を施した。以下同じ表記を用いる。）
○○聴覚に訴えてくる語（含む会話）　○○オノマトペ　○○声（含む内言）　○○擬人法等、及び動作を示す語（動詞）

　全体を詳細に見ると聴衆への相手意識を含みながら、朝顔の育成を描写し、視点①の会話文を駆使していることがわかる。注目すべきは、紙芝居という具体的な表現媒体を用いていることにより、視点②の子どもの目的意識が明確になることである。6場面をグループで分担して作成をしており、話し合いをしながら分担場面の叙述文を形成し、全ての文章が話しことばを用いているのである。実際に声に出してみると、さらに生き生きとした内容が伝わる紙芝居である。視点③の聴覚に訴える語彙を随所に用いた、詩のような出来事の叙述であり、的確な描写が見事な紙芝居になっている。

（2）声にして表現することを前提とした作品

　最初から児童が声に出すことを前提にして、文章にしている作品がある。それは「呼びかけ」である。題材は季節の七夕である。

　　（呼びかけ）七夕さま　　　　　四年女子
　　　「朝だ」
　　　「朝だ」

「風が**吹く**」
「すずしい風」
「すずしい風」
「ささの葉が**ゆれる**」
「ささの葉が**ゆれる**」
「サラ」
「サラ」
「サラ」
「サラサラサラ」
「サラサラサラ」（略）

「おやっ」
「おやっ」
「こどもの声」
「こどもの声」
「**聞える**」
「**聞える**」
「七夕のうた」
「七夕のうた」（七夕のうたを　うたっている声）（略）

「あっ　星だ」
「星だ」
「一番星」
「二番星」
「三番星」
「あっ　こゝにも」
「あそこにも」

「晴れた空」
「晴れた空」
「星が**出る**」
「星が**出る**」（略）

「一人ぼっちの星」
「**かたまっている星**」（略）

「**おどりましょう**」
「**おどりましょう**」
「**うたいましょう**」
「**うたいましょう**」

　視点①の会話、動作も簡潔に記されている。さらに、視点③の漸層法が効果的に用いられ、次第に臨場感が高まるようになる。
　また、視点②の場面意識、目的意識は、構成によく表れている。場面展開は、起承転結の展開で示されている。具体的に述べると次のようになる。最初の起の部分の導入では、風が吹く音のイメージで開始されている。次にはさらに笹の葉の葉擦れの音が重ねられ、背景には二重の効果音となってイメージがなされる。承の部分では場面転換がなされ、主役の子どもが登場し、自ら七夕の歌を歌う光景が叙景される。当然ながら子どもの背後で歌声が流れていることが想像できる。転の部分では子どもが星を見つけたため相互に会話を交わし、遂には星に注目しながら星を擬人化して見るようになっていくのである。結の部分では、全体をしめくくるような賑やかさであり、登場する人物やそこでの事物の全てが踊り歌うイメージを持っていくような高揚感を抱かせるのである。
　以上のように視点①から視点③の全てが見事に示されており、書きことば

と話しことばの共存する作品となっている。

（3）洗練されたことばを用いる作品

　学校生活の中で、クラス詩集が作成されている。日常生活のスケッチのような作品が多くあり、洗練された言語感覚を読み取ることができる。具体的には、次のような作品がある。動作を示すことば、擬声語、内語としての動きがあり、視点①と視点③が短い中に端的に用いられた表現となっている。「ありとわたくし」「すずめ」の詩は、文末「た」の響きもあり、描写された景色の中で静かに対象を見つめ、自己の心の動きがつぶやくような会話で示されている。比喩により全体に動きが生じながら、終わる。つぶやくような表現を用いた、音声化に適した文体である。

　「水のたま」の詩は水の音が背景にある。それに加えて葉の音を表現すること、転がる動きのイメージが書きことばと話しことばと共存するものとなっている。

ありとわたくし　　二年〇組詩集より

　　　　　　　　　　　　　　　　A女子
ありとわたくし
パンのかけらのまわりに
たくさんのありがいた。
「かわいいな。」とわたしはおもった。
わたしが、ガリバーで
ありが、小人のようだった。

　　　　　　　　　　　　　　　　B女子
水のたま
がっこうのかえりに
はっぱをみたら
水の玉、ころころと
はっぱの上をころがっていた。
水の玉は、まりのように
まあるいね。

　　　　　　　　　　　　　　　　C女子
すずめ
すずめが、うちのおこめをたべていたよ。
わたしは、まどから、
小さくなって
のぞいていたよ。

4．台東区立育英小学校の学校文集『白いくも』の考察のまとめ

　学校文集『白いくも』（1号）を話しことばの視点から考察をした。その結果、児童の作品は、書きことばで綴られつつも話しことばとの関連が深いことが確認できた。書きことばと話しことばとの融合ともいえる作品が存在するのである。その理由は次の2点と考えられる。

（1）単元学習の指導を踏まえて編集をされたものであること

　台東区立育英小学校の国語単元表にその特色が窺える。韻文の要素を踏まえた言葉選びが行われていることが象徴的である。1年から3年までの育英小学校生活単元計画には、ことばに関する韻律及びリズムを国語の学習生活の中で体得する仕組みが、構造化されているのである。母語の基礎的な学習においては、ことばの響きとことばのリズムは不可欠である。とりわけ、入門時期から日本語の調べを、内言や外言を問わずに意識化させるような日常的な指導があってこそ、書きことばと話しことばの共存の上に作品は作られ、味わうことができるのである。

（2）日常生活を見つめる表現活動を行っていること

　自分の身の回りの素材を選び、丁寧に描写し、自分のことばを紡ぎ、綴る。そのような営みや活動からは、生き生きとしてその人らしい話しことばが生まれてくる。たとえば、心から小動物や植物を心配したことばを叫びとして綴らずにはいられないであろう。そして場面に臨場感をもたらすためには、オノマトペを用いるようになっていくのである。さらに、漸層法などの表現技法を使うことにより、文体及び文章全体を読者や聴者にたいして強調するイメージをもたらすようになっていくのである。小学校の入門時期から、年齢に対応した書きことばと話しことばを融合した学びが窺える。

　なお、今回の分析対象とはしなかったが、『白いくも』には未来を見据え

ていこうとする視線がある。算数のノートでありつつも洗練された語彙を持ち、研究記録にすら音律が保たれている台東区立育英小学校の学校文集『白いくも』は、日本語以外の母語学習者に対する、書きことばに内包された話しことばの育成を視野に入れた、インクルーシブな指導への発展をも期待させるものといえる。

5．まとめと課題

　以上より、課題をまとめておく。東京都台東区立育英小学校の学校文集の位置づけである。全体を通して、広義のことばの学習として日常的な学校生活や地域生活が捉えられており、それらの生活を統合する表現物として「文集」が位置づけられていることが理解できる。さらに、指導者が、児童を学び手として尊重し、創造的なことばの学びを継続させ、児童が多様な表現者になることを、期待していることである。それは児童が一個の表現者として自立することを意味している。さらに、都市部では取り上げなかった視点としては、後半部で扱われていた方言への視点がある。背後には制度の変容から、教科書教材が多様になったことがある。戦後も継承されていた国定教科書制度が廃止され、1949（昭和24）年から検定教科書制度になり、幾つかの教科書会社により教科書規範モデルが多様に示されるようになった。そういった時代背景のなかで、東京都及び文部省の方針の後押しも受け、地域の支援力及び昭和26年度版小学校学習指導要領国語編の作成協力者となる志波末吉の指導力により、学校文集が作成されたと推測される。作成された社会的背景も考慮していく必要があろう。

　国語教育史の立場からは、教師たちは、児童による作品のことばや表現のどの部分をどのように導いていったのかという「指導」の実態を示す必要が生じる。今回の学校文集には、当時の指導モデルに導かれた児童作品が掲載されているはずである。それゆえに、文集の作品が書き手である児童のことばを明確に反映していたのかという疑義にもつながる。さらに、台東区の他

の地域や東京都の他の地域、または、台東区であっても他の学校、他の国語単元及び他の学校文集の指導がどうであったのか考察していく必要がある。当時の学習者であった児童たちへの聞き取りも課題として残る。

　当時の文集の傍証としては、『綴方風土記』（平凡社）等のような全国的な多様な作品群の記録がある。戦前からの綴り方指導者たちが結集して子どもの作品を記録しており、貴重なものである。同様に、既に公刊されていた当時の文集を考察していく必要がある。

　国語研究会を開催すると、参加した教師たちは自らの文集を持ち寄り、名刺代わりの交換をする文化があったと言われている。そのような文集を考察することにより、身近な言語生活に結び付いた話しことばの育成の姿が浮き上がってくるのである。

注
（1）小山恵美子「志波末吉の理論と実践―戦後国語教育の動向に関する一考察」帝京大学大学院教職研究科年報　2016年　pp.25-41　小林國雄「志波末吉氏の国語教育実践の考察：駒場東邦中学校主事時代を中心に」全国大学国語教育学会国語科教育研究：大会研究発表要旨集　1997年（93巻）　p.46　河野智文「1950年代における国語科教育の検討―「人間形成」を観点として―」全国大学国語教育学会国語科教育研究：大会研究発表要旨集　2004年（107巻）　pp.81-84
（2）志波末吉『国語科学習相談』朝倉書店　1950年　p.26

参考文献
井上尚美『レトリックを作文指導に活かす』明治図書，1993年
牛山恵『ジェンダーと言葉の教育』国土社，2014年
大熊徹『作文・綴方教育の探究』教育出版，1994年
大内善一『戦後作文教育史研究―昭和35年まで』教育出版センター，1984年
大内善一『戦後作文・生活綴り方教育論争』明治図書，1993年
大村はま『作文学習指導の展開』（大村はま国語教室，第6巻）筑摩書房，1983年
笠井正信他編著『説明文・論説文』東洋館出版社，2018年
倉沢栄吉『作文の教師―指導法の手引き』国土社，1987年
菅原稔『戦後作文・綴り方教育の史的研究』渓水社，2016年

柴田武「ことばの意味を知ろう」『高等学校精選国語Ⅱ』角川書店，1983年
杉藤美代子『日本人の声』和泉書院，1994年
杉藤美代子・森山卓郎『音読・朗読入門―日本語をもっと味わうための基礎知識』岩波書店，2007年
高橋俊三『群読の授業―子どもたちと教室を活性化させる―』明治図書，1990年
田近洵一『生活主義国語教育の再生と創造』三省堂，2022年
田中宏幸『金子彦二郎の作文教育―中等教育における発想力・着想力の指導』溪水社，2008年
寺井正憲編著『深い学びを実現する書き換え学習の授業づくり』明治図書，2016年
西尾実『書くこと・綴ることの探究』（西尾実国語教育全集第3巻）教育出版，1975年
野地潤家『話しことば教育史研究』共文社，1980年
野地潤家『戦後作文教育文献解題―昭和22年～昭和39年』溪水社，1999年
湊吉正『国語教育新論』明治書院，1987年
村井万里子『国語・日本語教育基礎論研究』溪水社，2006年
安居總子『今、『国語』を問う―中学校・国語科教師のプロフェッショナリズム』東洋館出版社，2013年

四．言語環境への着目

1．秋田県雄勝郡西成瀬小学校の文集『真人』と表現の育成

　現在の国語教育では、地域言葉である方言と共通語のそれぞれの長所を活かしながら、子どもの表現作りを行い、幅広い話しことばの教育を行っている。そこでは、子どもを一人の表現者として捉え、一人ひとりのことばの育成を目指し、学校文集を作成したり、広報誌を作成したり、多様な学習や指導を展開しているのである。

　さて、標準語の村として名高い秋田県西成瀬地区の西成瀬小学校においては、独特な「ことばの教育」が行われていた。同小では、共通語（当時は標準語）の発音に重点を置いた遠藤熊吉（明治7（1874）年から昭和27（1952）年）による教育が継続されていたからである。それは地域の支持を得て、長く継承

されていた。北条常久は「遠藤の標準語教育は常に生活とともにあった」[1]と指摘している。さらに、遠藤熊吉の指導した西成瀬小学校の教育活動については、日高水穂が「地域のことばと「ことばの教育」」において、指導段階を次のように規定している[2]。

　　第1期　遠藤熊吉による直接の指導時期・明治29〜昭和25年ごろ
　　第2期　遠藤熊吉の指導の理念の再確認の時期・昭和30年代前後
　　第3期　「ことば先生」制度を伴う指導の時期・昭和42年以降
　　　平成14年3月の閉校時まで続いていた第3期の指導とは、例えば次のような活動を伴うものでした（読売新聞地方部『東北ことば』（2002年、中央公論新社））
　　・「ことば先生」制度：面接、独話（スピーチ）、対話、朗読、筆記、日常会話の力を見る「ことば検定」（年2回）を実施。合格した児童を「ことば先生」に認定。（略）
　　・「ことばの勉強会」：月1回。話し方や表現方法など、コミュニケーション能力を高めるための学習。（略）

　本論では日高の指導段階をふまえ、第2期である「遠藤熊吉の指導の理念の再確認の時期・昭和30年代前後」に着目する。さらに、学校文集『真人』の位置について考察をする。ちなみに、第2期は従来から評価されていた発音指導[3]の体系化の時期である。
　まず、管見の限り、国語教育に関する遠藤と西成瀬の実践に関する先行研究は大きく3つに分けられる。第一は指導者である遠藤熊吉のことば思想に関する知見である。北条常久「遠藤熊吉の話し言葉教育と西成瀬小の実践から」（『国語科教育』第38号、1991年、全国大学国語教育学会）により、その輪郭が明らかにされている。さらに、第二は西成瀬の地域性に重点を置いての解明である。小原俊「遠藤熊吉の国語教育理論に関する考察―住民意識の近代化

を目指した言語の教育―」(『早稲田教育叢書２国語教育史に学ぶ』、1997年、学文社) によりまとめられている。第三は、西成瀬小学校実践の第２期後半時に関する知見が、小野寺泰子「標準語教育の史的展開―戦後秋田県西成瀬小学校における標準語教育の実際―」(『国語科教育』第70号、2011年、全国大学国語教育学会) により触れられている。しかしながら、昭和30年代の時期を、国語の学習指導の表現作りという側面から言及しているものは散見しない。わずかに小野寺が共通語指導 (当時は標準語) の立場から、次時期に遠藤の精神を伝えるための大きな転換期、具体化するための布石時期として触れている。

　以上を踏まえて、本論では、第２期の昭和30年代前後における、西成瀬小学校独特な実践の特色を明らかにしたい。資料として、西成瀬小学校発行校報『西小』(後藤岩雄、イズミヤ印刷、平成13 (2001) 年11月)、学校文集『真人』(増田町立西成瀬小学校) 等を用いる。

２．地域と言語生活の向上

(１) 遠藤熊吉と西尾実の出会い

　指導者である遠藤熊吉は1952 (昭和27) 年、８月31日に逝去する。しかしその直前、４月20、21日に遠藤熊吉の授業は近藤国一により録音されていた。この録音は、同年の５月３、４日に開催された東北六県国語教育協議会「標準語指導の実際」の２日目の会場で公開された。この時、指導講師であった国立国語研究所所長の西尾実が直接に授業実践の録音を聞き、遠藤熊吉の実践指導の実態に出会うこととなったのである。そのような経緯があり、雑誌『実践国語』(165号、昭和29年２月) の「標準語教育の問題」の特集号では、遠藤熊吉は全国的な問題を解決する実践の第一人者として紹介され、遠藤も執筆者として寄稿した。

　なお、特集号では次のように当時の多くの国語教育者や言語学者が執筆しており興味深い。次にこの特集号の概要を述べる。大きく３つの構成で著されており、問題提起、研究、実践という形式をとる。最初に問題提起として、

まず飛田多喜雄「提案者のことば」、近藤国一「標準語教育に関する質問書（一）」等冒頭に掲げられている。次には、研究として金田一京助「標準語の問題について」、西尾実「近藤さんの質問書を読んで」、東条操「質問書に答えて」、大久保忠利「標準語・共通語・方言」、倉沢栄吉「現実に即した考察」、上甲幹一「標準語教育をこう考える」等、当時の論者が執筆している。その３つ目の実践の冒頭に、遠藤熊吉と近藤国一は連名で「入門期発音指導の実際」を著している。他には、工藤武雄「標準語の指導」、野田弘「私はこうして標準語教育をしている」等が掲載されている。

　着目すべきは、既に当時の言語学者の立場から東条操は「標準語教育をする人は、その地の方言と標準語または共通語との相違をかなりくわしく知っていなければ、ほんとうの指導はできない」とし、指導の困難さを述べている。つまり、入門期の指導者である遠藤熊吉の指導技術の高さを指摘している。

（２）学校と地域保護者の連携―遠藤熊吉の指導理念の継承

　このような状況のなかで昭和30年代の西成瀬小学校では学校内の学習だけではなく、地域との連携を強化し、一人ひとりの子どもの声を聴く、個の表現の育成に目を向けていくようになる。

　対外的には西成瀬小学校の実践が内外に知られていき、1964（昭和39）年には指導実践をまとめた西成瀬小学校は、読売教育賞賞外優秀賞受賞となるのである。又、学校内では資料「話しことばの指導」（1964（昭和39）年11月　秋田県平鹿郡増田町立西成瀬小学校　p.30）が作成され、遠藤亡きあとに学校実践の継承指針を構築していったのである。

　そのために、西成瀬小学校の教師集団は、学校と保護者が車の両輪となり協力していく。そのような教育活動を行っていったのである。

　たとえば、当時の学校内外の言語生活を向上させるために、西成瀬小学校教員集団が創刊発行した校報『西小』の存在である。1956（昭和31）年４月10

日から、教師集団が毎週1枚を全校に配布していくものである。この校報はB4の裏表を用いて1枚である。縦書き、新聞4段組みガリ版切りの形式をとる。内容としては学校の方針、学校の様子、郊外活動、PTA活動など、多くの情報を扱う。1958（昭和33）年までほぼ1週間に1回発行。いわば学校づくり機関誌のような位置であり、ことばの生活の向上をねらうものである。

　たとえば、第二期に長く在職していた駒木勝一の手記にそれを見ることができる。

　　　話しことばの指導についても「伝統とは何か」を追究しつつ「言語教育」の復活をめざす勉強が始まった。先輩からの助言、文献資料の収集、先進校視察、そして模索する日々が続いたが、しばらくして読売教育賞賞外優秀賞授賞、言語指導の体系化、自主公開研究会、ことばの碑建立へとつながったことも記憶に新しい。（略）それにしても昭和三十年代は民間団体の教育研究が大きく伸展をみせ、自主的研究実践校も各地に育ちつつあった。西小では群馬の島小をはじめ県内外の先進校に学ぶ機会をつくってくれたし、教科研国語部会など民間団体での研究実践を校内で報告する機会も与えてくれた。一方、官制の研修体制が強化され、内容や方法上の対立も激しくなっていった。（略）しかし、学校に誇りをもち信頼を寄せる地域民を支えに、研究実践の自由を保障し励まし続けてくれた亀沢、工藤校長先生、常に先行に立って企画し推進してくれた後藤教頭先生あっての『西小』であったと思えてならない。私は実に多くの事を学ばせていただいた[4]。

　このように、遠藤熊吉逝去の後、教師集団がことばの教育の中身を豊かにするために指導理論の学びを対外的に継続的に行っていたことがわかる。加えてことばの学習を深化させるために、地域保護者の協力を必要とすることを訴えていく。そのことは、学校のリーダーであった戸薪作蔵校長の「父兄

も職員も子供達も―みんな手をつないで」「伝統をほこる言葉正しく」という保護者への呼びかけに見ることができる。次のような創刊号の巻頭言に示されている。

　よりよい子供に育てあげるには、先生方は各家庭の事を、父兄や子供達は学校の計画や行事を、よく理解し、同一目的に向かって、一致団結して進むことが何よりも大事なことであります。学校報は、この意味に於いて、大変、大切な役目をつとめる仕事であります。第一号を発刊することができまして、心からお喜び申上げます。父兄も職員も子供達も、みんな手をつないで、この学校報をよりよく育てて下さるよう、お願い致します。私は、今年の出発に当って、次のことばをおくりたいと思います。
　　恵まれた環境に育つ子供達よ
　　成瀬の水の如く心は清く
　　真人の岩石の如く体は強く
　　岩松の如く根強く
　　伝統をほこる言葉正しく
　　みんな仲良く朗らかに
　　一人残らず伸び伸びと育つよう（略）[5]

さらに、保護者の方からも呼応して次のような呼びかけがあることは意義深さを増す。具体的には、1956（昭和31）年4月26日のPTA会長遠藤功による次の文言である。

　「PTAって何だ」（略）異なった個性―異った能力―異なった環境で―そして思い思いのコトバ（略）―西小には伝統があるんだ。よりよい姿の顕現のために。―子供を中心に

―よりよい父兄になろう
　―よりよい教師になろう　そして
　―よりよい環境を作ろう　と。(第2号)[6]

　このように学校と保護者の見事な連携がある。遠藤の教育を直接に受けた保護者たちが教師集団、教師、学校を支えていたことを示す。保護者が学校外での言語環境の向上を目指し、自らの言語生活の向上を果たそうとしている。これは、地域が協力して子どもの育成に主体系に関わる姿勢を露呈している。このように校報『西小』は、学校と保護者が子どもを仲立ちとして、言語生活を向上させる土壌を作っていくのである。その内容の一部が、校報『西小』において、児童の表現作りの産物である口頭作文や作文等として掲載されていく。又、それは同時に学校文集『真人』にも窺われる。

(3) ことばの学習への日常的な取り組み

　教師集団は指導理念を具現するために、子どもの口頭作文や作文を重視して誌面を作成している。校報『西小』の半分及び四分の一は、「子どもの広場」「子ども風土記」「子どもの作品」というコーナーが設けられ、選ばれた多くの児童作文・児童詩・児童日記・児童読書感想文等が掲載されているのである。さらに時には、教師からは「教室だより」として学校でのことばの学習への日常的な取り組みと、そのねらいを保護者に知らせていく。次のような交流が生まれており、学びの道筋を示している。

　　「みなさん、きのうはどんなことをしてあそびましたか」
　　はじめてのPTAの日、おかあさん方がずらりとならんで目を輝かしている。私はせめてきょうばかりもうまくお話してくれたらなとねがった。「先生、はい、はい、」子供達の手が次々と上がった。「ぼくはきのうとなりの×さんとはしりっこをしました‥」「私はきのう犬を走らせてあ

そびました」子供たちの話は短かく、「だれが」「何をした」だけでした。でも、私は一年生だからと考えていました。ところがPTAの時です。
　「先生、子供達のお話、さっぱりおもしろくないね。いつも家では「あんなふうにした」「こうしたら、こうなった」とお話するのにね。学校ではきん張するからでしょうか」私の胸はドキドキした。先生がかたくするからだろうか。ことばを気にかけるからだろうか。翌日「みなさん、きょうはね。どんなことばでもいいから、どしどしお話してごらん」と問いかけてみた。やっぱりきのうと同じだった。でも、みんなが「きのう、私は‥しました」とことばのきまりを正しくお話できただけでもよかった。こんどは子供と暮しをともにしながら、なかみを豊かにしてゆくんだと一人教室の整理をしながらつぶやいた。
おはなし（一年生の教室から）[7]

　まさに日頃の教育活動の営みを保護者に伝えようと試みている。ここでの教師は、子どもの生活を描写する口頭作文指導のために、保護者の声を聞き入れている。入門期の児童の口頭作文に着目した指導内容の定着を目指すために、ことばの指導のモデルである保護者の支援を得ようとしているのである。つまり、学校生活内外でも子ども一人ひとりの言語生活の耕しを充分に行おうとしていたのである。教師と保護者が手をとりあい、子どもの言語生活を豊かにする言語環境作りを支えていたのである。

3．児童の表現作り

（1）言語生活の向上意識

　言語生活の向上意識のために、話しことばと作文との両面から、自分たちのことばの生活を吟味させる指導を行った。たとえば話しことばに重点を置いた指導により、子どもの日常の中にその自覚が育っていることが次のような文言よりわかる。6年生は次のように「今年のねがい」を部分的に述べて

いる。

　　　僕は先生のおっしゃった問題がだいたいわかると、すぐ手をあげます。発表するときには、話をどう続けていったらいいかわからなくなってしまう時がたくさんあります。そこでまごまごして、はっきりした発表はできないからかも知れません。今年は答がわかったらしっかり話ができるように頭の中で文をつくってから手をあげようと思います。
　　　　　　　　　　　　　　　　　　　　　　　　　　　（6年、N・H）

　　　最上級生として、学級又学校をよりよくしたいと思います。特にことばの方は、よく気をつけて、みんな楽しく暮らせるようにしたいと思います。
　　　　　　　　　　　　　　　　　　　　　　　　　　（6年、T・E）(8)

　ここに見るように子ども自身が、日ごろのことばの教育の成果を自覚しているのである。特徴的なものとして、第3号の「うんと大きくなってうんといいことをした」という作文を示す。それは4年生3人の作文が全文掲載され、将来はアナウンサーになりたいという児童作文が冒頭に紹介されている。他の児童は物書きや農業従事者であり、特筆すべきである。

　　　ぼくは、ラジオにでてくるアナウンサーになりたいと思っています。朝早くおきるときれいな声でアナウンサーがいろいろなお話をしています。もし、げきなどをやっている時、自分も中でげきをやっているのみたいです。もし、アナウンサーになって、ニュースなどににでて世界の国の人たちのお話したり、またニュースにでてまちがったりしたらどうしようかと思ったりします。だから、勉強するときも、おちついて、アナウンサーになったつもりで、しっかり勉強してアナウンサーになりたいなあと、いつも思っています。
　　　　　　　　　　　　　　　　　　　　　　　　　　　（4年、T・T）

既にこの時期において、学校内外でラジオを聞く学習習慣を持っていたことを示す。その結果として、当時としては珍しい仕事への憧れを記しているのである。そのことは同時に、話しことばを成り立ちとする職業への意識を向ける幅広さが生まれていることを示している。

（２）さくぶん帳や日頃の作文指導
　一方、固有な文字表現作りを目指す、自らの生活を見つめる作文を恒常的に指導し、表現作りを自覚させていることである。そのための日常指導としてさくぶん帳の添削指導があったことを忘れてはならない。
　第13号では、NHKによる西成瀬小学校で録音があったことを扱い、学校と保護者との連携を説いていく。具体的には10時45分から録音が開始され、小学校１年生の木口先生の授業、小学校５・６年佐々木先生の発音練習の授業、小学校２年生の授業となる。特筆すべきは、さらにPTAの録音を行ったことである。その号の裏面には「子どもの広場」により、教師の作文に対する指導言が付与されている作品が掲載されている。まず教師が保護者全体に「子供達の作品の中には、よまれるおとうさんおかあさんのむねをドキッとさせるものもあるだろうと思いますが、そんな時、ぜひその作者にひとことはげましのたよりを書いてください」とある。子どもの表現作りを促すために、積極的な呼びかけを行っていることは重要である。

　　　わたしはおじいさんが、「みずをちれ」（注：ちれは水を汲むの意味）と
　　いったので、みずをちりました。そしたら、おじいさんがよろこびまし
　　た。そして、あそびにいきました。
　　　そしたら、だれもあそばないのでうちへかえりました。
　　　　　　　　　　　　　　　　　　　　　　　　　　　（１年、O・O）[9]

　この作文に対しては、次のような教師による評語がつけられている。

「さっそくいいつけをききいれてあげたので、おじいさんとてもよろこんでくれたのね。おじいさん、おばあさんは体が思うようにならなくなっておられるのだから、みんなで大事にしてあげましょうね。九月十五日は、としよりの日でした。」とある。この評語により、児童はどのような表現を生み出していけばよいのか、その指針を得ることになる。同時にこのような児童とのやり取りを、校報『西小』に掲載し、保護者に広く知らせることを行っている。それは、広義において、学校と家庭との間に児童の作文を含む内面の表現作りを豊かにするための共通の視座を得ることになるのである。

　肝要なことは生活作文に加えて多様な作文が掲載されていることである。児童の創造性を育成するために多様な作文の取り上げを行っているのである。生活文や意見文、手紙文、児童詩、標語、創作、保護者の手紙、保護者に意見文、転勤していった教師の文章、各地域ごとの集会記録、記録、日記、など実に幅広く、文種に富む。日常生活の場に即した表現に加えて、創造的表現も含む幅広い指導が行われていることを保護者に示す。

　同時にこういった児童作品の掲載を積み重ねることで、保護者との交流がさらに盛んになったことが予想できる。それ程に児童の個別の表現を育む独創的な作文を読み物として掲載している。そこで次に、この校報『西小』に前後して作成された学校文集に目を向け、児童はどのような表現作りを行っていたのかを考察することとする。

４．学校文集『真人』

（１）学校文集の意義

　日常的にさくぶん帳を持たせていた西成瀬小学校では、教師集団の話し合いの末、学校文集を作成することとなる。それが、西成瀬小学校学校集団がガリ版刷から作成を開始した『真人』である。誕生事情については、校報『西小』第45号（昭和33（1958）年4月25日）「みなさんから、ご意見をお聞きした線に沿って、厳しく自己批判しました結果、今年度から次のようにするこ

とに決まりました。子ども作品、そしてその生活を何よりも大事にしたい、そのために、今年から学校文集を年三回発刊する。六月、十一月、二月である。その財源等の事も考え合わせ、月一回として、その内容を充実していく。父母の声なども大いにとりいれる」のように記されている。

　さらに教師集団の話し合いを経ての発刊であるため、具体的に発刊されるまで２年半の時間が経過していることも述べられている。特に学校文集の意図について、校長の亀村勇助は次のように「生き方を考え合っていく」ことを語る。

　　私たちは　話すことによって日々の生活のほとんどを続けていますが、書くこと・綴ることも大切です。自分の生活や考えをすなおに　ありのままに書き綴り　そして語り合う中で静かに自分の生活を確かめ、生き方を考え合っていけるのです。
　　また　自分の生活や考えを一つの文にまとめて　あとあとまで　残すことも非常に大切だと思います。私たちがこうして自分たちの生活や考えを残していくことは歴史を進め　みんなの幸福を築き上げていく力にもなることを信じてください。(略)[10]

さらに編集後記ではどのような思いで作成されたのかが後藤岩雄教頭の次の文言により綴られている。

　　四月から全職員が、この文集の出来ることを待ったことと思うし、又、父兄のみんなも、校報で知ってから、どんなのが出来るだろうかと期待されたことと思う。(略)全職員と子どもたちとの力や心のあらわれがこれになったと思うとき、その期待はずれのところは、これから育てていってもらいたいと思う。

このように「自分の生活や考えをすなおにありのままに書き綴る」という理念を掲げ、誕生したのである。

（２）創刊号から窺える指導姿勢

　創刊号の目次を見てわかるように表現を高めるねらいが強く出されていることが読みとれる。次に目次とその内容の要約を掲げる。

（目次）	（内訳）
発刊にあたって	亀沢勇助校長
ぼくのねがい　わたしのゆめ	行事作文　2・3・4・5年
	児童詩　5年
赤かて　白かて	行事作文　4・5・6年
	欄外学校の歴史
手をつなぐ子	生活文　6年
エンピツをにぎって	生活文・分校2年・2・3・5年
参考作品	欄外模範児童詩　4年京都「夜」
とっておきの話	教師による校内のユーモア話4話
きしゃポッポヒョーポッポ	行事作文　1・2・3・4・6年
わたくしのおかあさん	生活文　2・4・5年
参考作品	参考模範児童詩　4年静岡「おかあちゃんのおっぱい」
作文ちょうから	生活文　3年
田植え休みのこと	1・2・3・4・5・6年・分校2年
	欄外模範児童詩　「虫けら」
	模範児童詩　3年長野「おかあさんの手」
	教師の指導のことば

| 思ったこと | 生活文　6年 |
| あとがき | 後藤教頭　他教員3名 |

　ここから次のような指導方針が窺える。第一に生活作文を重視していることである。子どもの日常生活を重視していることがわかる。第二に叙述の幅をひろげようとしていることである。学年や内容に目を配り幅広くバランスを取りながら文集に掲載していることである。特徴的なものは、参考として京都静岡長野等全国的な視野での模範児童詩や作文を掲げていることである。西成瀬小学校以外の作品を読むことを想定し、児童自身の表現作りの幅を広げるための工夫を示している。第三に指導の方向を明確にするために、指導言や評語が加えられていることである。たとえば児童の作品に対して、指導のことばを加え、表現の質を高めようとしていることである。具体的には、田植え休みに所収された生活文、2年生「こもり」に対して、より詳しい叙述を促すような指導のことばが記されているのである。

　たとえば「読んでみると　Mさんと一緒にわたしもこまってしまったような気になりました。（略）こんどは　おとうとさんに　うさぎのせなかを　なでてやると　うさぎがよろこぶことをおしえてあげてください。それからもっと　よく思い出して　いじめられたうさぎと　いじめてよろこんでいるおとうとさんのようすを　かいてくれると　よかったと思います。」。このように良かった叙述と次に何をどのように叙述するとかという丁寧な指導を見せているのである。低学年の児童に対して、口頭作文からの移行を踏まえて叙述内容を含めて指導を行っているのである。

5．昭和30年代のことばの教育―個別の表現作り

　遠藤熊吉の逝去後、西成瀬小学校の教師集団はその精神を継承し、多様な展開を試みるようになった。ひとつは、共通語指導における入門期発音指導の学校としての方向である。それは遠藤の入門期発音指導を継承するために、

駒木正一の手を経て民間教育団体の教科研の援用を受け、体系化が行われていくのである。その成果は、後に入門期の日本語の発音指導の学習本に集約されていく。

　もうひとつは、児童の言語生活に根差したことばの学習の育成である。肝要なのは、遠藤熊吉の主張していた生活に根差したことばの指導指針が、同小学校の教育のあらゆる場面で展開していくことである。入門期指導の発音指導には、一人ひとりの子どもの声に耳を傾けるという姿勢が肝要である。それは、指導者が発話主体が示す表現内容全体を聞き分けることが必要である。指導者が、児童の表現を丸ごと受け止めることを注意する必要である。換言するならば、学習者に対して、表現主体を育もうとする教授精神である。そのように学習表現主体を認識することにより、児童の内面を深める表現を育成する方向を模索していったのである。たとえば、口頭作文と共に内面を深める文字表現にも視野を広げ、言語生活の向上を目指していったのである。

　つまり、昭和30年代は、表現主体を育む個別の表現作りに目を向けることになっていった時代といえよう。発音指導に加えて、音声と文字の両面に支えられた内容表現作りから児童の内面を深める指導になっていった。

　遠藤熊吉の逝去後、西成瀬小学校には、常に学校を支援する地域の保護者集団が育っていった。児童の言語生活を高め、ことばの教育を実践することを共通のねらいとして、教師と地域との連携が生まれた。その過程において校報『西小』学校文集『真人』を媒体として、個別の表現作りの土壌が築かれたのである。

注
（1）北条常久『標準語の村』無明舎出版　2006年　p.33
（2）日高水穂　新「ことば」シリーズ16『ことばの地域差―方言は今―』国立国語研究所　2003年　pp.64-65
（3）発音に着目することは、音声の尊重という側面も視野に入れる必要がある。特に現代では、地域言葉である方言の指導課題については次のような整理もなされてい

る。国立国語研究所第３回国際学術フォーラム「日本の方言の多様性を守るために」（平成22年12月18日）において、語彙や音韻の継承という側面を指摘されている。
（４）「野の学校への歩み」への思い　後藤岩雄編集　校報合本冊子『野の学校の歩み』昭和31年～昭和53年―学校報　縮刷版　2001年１月　イズミヤ印刷　p.63
（５）注（４）に同　昭和31（1956）年４月19日　校報『西小』p.1
（６）注（４）に同　昭和31（1956）年４月26日　校報『西小』p.2
（７）注（４）に同　昭和31（1956）年４月26日　校報『西小』p.3
（８）注（４）に同　昭和31（1956）年４月10日　校報『西小』p.2
（９）注（４）に同　昭和31（1956）年９月25日　校報『西小』p.26
(10)　学校文集『真人』創刊号　増田町立西成瀬小学校　ガリ版刷Ｂ５判縦３段組　昭和33（1958）年７月　p.1

付記　本論文に関して、北条常久先生、大内善一先生、日高水穂先生、秋田県西成瀬遠藤熊吉資料館館長季子和春様及び館長様ご家族の多大なるご支援、ご教示、資料のご提供をいただいた。又、方言に関して植田智子様のご指導をいただいた。記して心から感謝を申し上げる。

五．先駆的な指導の諸相

五―１．昭和20年代の吉田瑞穂の「いきたことば」の指導

１．吉田瑞穂と作文指導

（１）昭和20年代の作文指導

　1947（昭和22）年12月、第一次「小学校学習指導要領（国語科編）」が試案の形で発表され、国語科教育の全面的な刷新が図られた。それは教育現場において、一定の成果をもたらすことになった。その一方で、さまざまな論争や論議を引き起こすことにもなる。たとえば、1952（昭和27）年３月１日の朝日新聞学芸欄「『つづり方』か"作文"か―学校作文への反省」に端を発した「作文か綴り方か」といった論争もそのようなものの一つであった[1]。

経験主義教育の導入に伴い、作文指導は言語の機能の育成を図る国語科教育の一分野として位置づけられる。一方、戦前からの生活綴り方運動の立場では、広い意味での生活教育のための手段として綴り方指導を捉えた。
　このような状況下、吉田瑞穂はこの戦後期に作文と綴り方の指導を止揚するような方向を提案していた人物である[2]。たとえば、高校生の表現指導について助言を求めた竹長吉正に対し、次のように述べているのである。

　　ぼくは東京の下町の小学校から山の手の杉並に移ったんだ。その時、昔の仲間から言われたよ。生活綴方は下町の小学校だからできたんだが、山の手の小学校ではもうできないだろうって。（略）きみがこれまでやってきたことを生かしつつ、新しいことも始めるんだね。変化というのは、そういうものだ。[3]

　ここから、吉田自身が新しいことに挑戦をし続けていたことがわかる。そこで、本論では吉田の実践第4期の杉並時代に限定をし、その指導の特色について考察する[4]。
　吉田瑞穂の作文指導については、戦前の教育指導者としての側面が強調されがちであり、戦後の文章の指導の実態については、充分に検討されてきたとは言い難い。また、そこで本論文は、戦後期の吉田瑞穂が直接に携わった文集を用いて、多様な文種の指導を、自己表出を重視しつつ、社会科的なものや理科的なもの特別活動的なものなどの多方面から行ったことを考察する。とりわけ、吉田の指導言である「いきたことば」の内実に注目する。

（2）吉田瑞穂について

　吉田瑞穂はどのような人物であるのか、次に簡単に記す。吉田瑞穂は詩人である。と同時に国語教育者として大きな影響力を持った人物である。百田宗治に師事し、戦前に『僕の畫布』（厚生閣、1932年）、『牡蠣と岬』（椎の木社、

1935年）を刊行している。戦後は『水の中の世界』（革新社、1952年）を刊行する。さらに、1977（昭和52）年には少年詩集『しおまねきと少年』で芸術選奨文部大臣賞を受賞している。国語教育者としては、佐賀県で小学校教員となり、1928（昭和3）年には東京に赴任し南葛飾郡第三大島尋常小学校に勤める。その後、墨田区などの小学校教員を経て、1948（昭和23）年には東京都杉並区杉並第七小学校校長に着任する。その時期に東京都下の綴り方指導の会である「赤とんぼ会」に関わるのである。その時、吉田瑞穂は小学校校長として、小学校文集『めばえ』を発行する。その過程で、吉田が児童に対する明確な指導観を呈示し、「いきたことば」という指導言を用いるようになる。1948（昭和23）年から1951（昭和26）年の間、文部省の小学校国語の学習指導要領作成委員として主として作文担当をしていた。教員を対象とした児童詩指導書『詩の導き方』（西荻書店、1950年）、作文指導書『私の作文教育帳』（東洋館出版社、1952年）などを同時期に刊行している。以上のように文章指導に関する精力的な活動を行っている。

2．小学校学校文集『めばえ』

（1）吉田瑞穂の「いきたことば」の指導

　では吉田瑞穂がどのような指導を行おうとしたのか。この時期の吉田瑞穂の文章指導のありようを概観する前提として、次のような2つの傾向を確認しておく。ひとつは、題材も含めて児童に自由に書かせる傾向であり、それを「自由題」と呼ぶ。もうひとつは、課題を設けて新しい視点を与えて行う傾向であり、社会科的なものや理科的なもの特別活動的なものなども含めた、広義の学校生活から導き出される多様な文種を扱う。これを「新課題」とする。

　その両者の基盤となるのが「いきたことば」という文言である。場面に即応した臨場感に溢れ、洗練され、かつ個性的な表現を意味する。あくまでも児童の自己表現の表出であり、主体的な表出を意味するものである。

指導言の具体的な事例は、吉田瑞穂の編集した文集に窺える。管見の限りであるが、昭和20年代において吉田瑞穂が校長として編集に携わったものは、東京都杉並区立第七小学校の『めばえ』２号（昭和26（1951）年３月）と『めばえ』３号（昭和27（1952）年１月）である。このうち３号は、日本児童文学者協会の全国文集コンクールで優秀賞を受賞している[5]。着目すべきは『めばえ』２号の巻頭言には吉田瑞穂の「「めばえ」のこどもたちへ」―「いきていることば」―と題された文章が掲載されている。着目すべきは次のような吉田瑞穂の指導言である。

　　「ラジオにも『いきたことばのじかん』というのがあつてこどものさくぶんのほうそうがありますね。いきたことばというのは、じぶんがほんとうにおもつたことをいつたりかいたりするときのことばですよ」

　　　　　　　　　　　　　　　　　（注：下線は筆者による。以下同様。）

　このように、自分が本当に思ったことを言ったり書いたりする時のことばが「いきたことば」であるというのである。それは主体的な表現であり、個性的な表現であることを述べている。さらに３号の文集には、文字通り「いきたことば」と題されたタイトル項目があり、２年生の書いた次のような文章が収められている。

　　○ツリーのでんきにうつったかおは、おいもみたい。
　　○風がふくとスカートがさっとふくれる。かげもいっしょについていく。

　ここからは、自分の日常生活を観察しながら、比喩的・擬人法的な手法を用いつつ、感情を吐露して表現していることが読み取れる。言い直すならば、主体的な、個性的な思いの表現の表出とでもいうべきものである。ここには吉田瑞穂の「いきたことば」の指導言が児童の文章表現によって具現化され

（2）『めばえ』3号の構成と「いきたことば」

　吉田瑞穂の言う「いきたことば」を主体的な自己表現文とすると、それを重視する姿勢は、『めばえ』3号全体にも表れている。以下に引用したのは、その目次である。なお、それぞれのタイトル項目の右に先の「自由題」と「新課題」のいずれにあたるのかを記した。

　　（表紙裏）　十わり（詩）　四年
　　「めばえ」の子どもたちへ（学校長　吉田瑞穂）
　　　えにつき　一年　　　　　　　　　　自由題
　　　せいかつ　よろこび　一年・二年　　自由題
　　　えいがをみて　一年　　　　　　　　新課題
　　　みじかい文　一年　　　　　　　　　自由題
　　　たんぼのかんさつ　二年　　　　　　新課題
　　　いきたことば　二年　　　　　　　　新課題
　　　のりものしらべ　一年　　　　　　　新課題
　　　しょうぼうけんがく　二年　　　　　新課題
　　　手紙　二年　　　　　　　　　　　　自由題
　　　かべ新聞　二年　　　　　　　　　　新課題
　　　せいかつをふかく　三年・四年　　　自由題
　　　学級日誌　三年　　　　　　　　　　自由題
　　　詩　二年・四年・五年　　　　　　　自由題
　　　めだかのかんさつ　三年　　　　　　新課題
　　　山羊日記　四年　　　　　　　　　　自由題
　　　「あげはちょう」をみて　四年　　　新課題
　　　「紀元前百万年」をみて　五年　　　新課題

新しい春（劇）　四年	新課題
生活をみつめる　五年・六年	自由題
たいだん・秋の運動会　五年	新課題
<u>十条製紙工場見学記</u>　六年	新課題
観察ノート　五年	新課題
学級新聞　五年	新課題
ベーブルース（読書感想）　六年	自由題
かえるの生い立ち　六年	新課題
くだもののかんさつ　二年	新課題
編集を終えて	

　この目次から、先の吉田瑞穂の文章指導の枠組みによって分類を行うと次のようなことがわかる。「自由題」に該当するのは、「せいかつ、よろこび」「せいかつをふかく」「生活をみつめる」といった類であることである。一方、「新課題」に類するものは、社会科的なものとしては見学記の類、理科的なものとしては観察記録の類、特別活動的なものとしては映画を見ての感想の類・学校行事をめぐる対談の類、その他のものとしては劇の類・新聞の類というように多様である。そしてこの『めばえ』という文集の真の特色は、この「新課題」において「いきたことば」の指導が多種多様に行われていることである。以下、その点に焦点化して、社会科的なもの・理科的なもの・特別活動的なもの・その他のものに分けて、それぞれの具体的な特色を述べることとする。

3．「新課題」における表現の特色

（1）社会科的なもの

　「十条製紙工場見学記」（6年）は三部構成を取っている。まず、最初のページには見学の際に取った児童のメモが掲載されている。続いて、工場見学を

依頼する児童の手紙例が全文掲載されている。それらを踏まえて、児童の記録文が掲載されているのである。

　つまり、この記録文は、メモを利用しつつ見学体験を再現しつつ記したものと思われる。

　また、記録文は全107文によって構成されている。内訳は以下の通りである。

　　1　工場までの記述　　27文
　　2　洋紙を作る説明　　11文
　　3　工場見学　　　　　66文
　　4　感想　　　　　　　 3文

　とりわけユニークなことに、叙述を補うために挿入された手書き図もある。これもある種の表現といえよう。

　記録文の冒頭部分は次のようになっている。

　　十条の駅から十分ぐらい歩いていくと、つきあたりに、材木がたくさんつんである所へでた。右も左も同じ長さにきった材木が、①山のように積んであるので驚いた。②良くこんなにいっぱい木を集めるものだと感心した。

　　ずっと左前の方に、ふといえんとつがあって、黒い煙がむくむくと出ていた。ここが製紙工場なのだ。材木は二メートル位に全部切ってある。③地しんがあったらくずれるだろうと思った。はじの方だけはくずれないように木を斜にいれて、その上へ木を横にその上へ木を斜にというふうに置いてあった。④右の図のように材木がつんであった。このような積み方はくずれないので安全なのである。　　（『めばえ』3号　p.42）

　　　　　（注：番号及び傍線は筆者による。以下、同様。）

まず①「山のように積んであるので驚いた。」という比喩的な表現を用いていることが注目される。さらに、客観的な説明の合間に、①「驚いた」②「感心した」③「思った」という、６年生なりの主体的な思いによる自己表現が用いられている。また、④は手書き図に対する説明文である。この①〜④の文を挿入することによって、事実を客観的に記録することを主眼とする見学記でありながら、児童の主体的な思いを含んだ表現のありようを見出すことができる。

　こういった表現は、ともすると指導の過程で削除しがちである。それをここでは重視していることが窺える。それがこの記録文を著した児童表現の特色となっているのである。

（２）理科的なもの

　理科的なものとしては、３年生の「めだかのかんさつ」を取り上げたい。この文章は、７月21日から８月31日までの、めだかの観察記録である。ユニークなのは観察記録でありながら、二部構成になっていることである。第一部が観察日記であり、第二部は「まとめ」として、観察を通して判断したことがらが箇条書きで記されている。その構成は次のようになっている。

　　　第一部の観察日記　　　58文
　　　第二部の「まとめ」　　 6文

　それは具体的には次のようなものである。

　　　七月二十二日　　日　晴
　　もの上のたまごを見ると、中に黒いものが小さく二つ見えた。まわりには、ごみのようなかびのようなものがつつんでいた。黒いはんてんは、目なのだとわかった。①もうすぐめだかになるのだな。

七月二十三日　月　雨のち晴
　もの上の水に、たまごがたくさんあるのにおどろいた。よく見ると、上に出てはきえて行く。②もmもいきているので、これはいきをするためにあぶくが出来ているんだなとかんがえた。たまごの黒い目が、はっきりぽつんと出て来た。

　又、第二部の判断文は次のようなものである。

　まとめ
１③目は一ばん早くからでる。
２④たまごからめだかになる前に、たいらな所へおちる。
３⑤体の大きさはあまりかわらない。
４⑥体の色は、はじめすきとおつているがだんだんねずみ色にかわる。
５⑦たべものはぼうふらともだ。
６⑧あまり水をかえなかったり、あたらしいもをいれてやらないと死ぬ。
７⑨めだかは、自分のたまごをたべてしまうことがある。

　第一部はこのように①はめだかの成長を実感し、「な」のような詠嘆的な表現を伴っている。②は観察の結果から、児童が自分自身で現在の現象をみながら、その事実を組み立て「～ので、～なる。」というような予想をして考えた表現文になっている。
　第二部は③～⑥は観察の結果から、めだかの形態である目や大きさ、体の様子、さらにめだかの性質について児童がわかったことがらを表現している。また、⑦と⑧は、めだかの特質について、食べ物、環境について児童がこの観察の過程を通して理解したことを表している。つまり、めだかについての考察が第一部の具体的な記述を根拠として、第二部に児童なりにまとめられた表現文として簡潔に表現されているのである。同様な構成を持つものは、

「かえるの生い立ち」（6年）、「観察ノート」（5年）等が挙げられる。次に特別活動的なものについて取り扱う。

（3）特別活動的なもの

　この当時は映画も学校単位で実施されており、児童にとっては教科外の活動として捉えられていたことがわかる。それについて記された文章である。具体的には映画鑑賞が学校で実施されており、それを題材として用いている文章表現となっている。文章の内訳は20文からなり、会話文を4文含む。なかでも、主体的な表現文は4文である。次にその該当部分を引用する。

　○「えいがをみて」（1年）
　　そこへ、いいこびとがきて、かわいそうにおもって、おもちをひとつあげました。
　　「ありがとうございます。」
といいました。①こびとが、ひときれのおもちをあげたのは、ほんとうにえらいとおもいました。
　　こびとはうちへかえっておかしとみつをのんでねました。
　　こびとがおきて、みつを大きいかめから、小さいかめのなかへいれると、とを、とんとんとたたきました。②ぼくは、ちょうちょうだとおもいました。

　ここより、①のように小人の行為を映画を見つつ「えらい」と自分自身で判断している。又、②のように、鑑賞をしながらも自分から登場人物への思いを表出しているのである。
　このような傾向を持つものには、映画鑑賞についての「紀元前百万年を見て」（5年）も該当する。
　当時の一般的な文集が、「生活文」「読書感想文」「日記」「手紙」等の分類

に従って、学年順に配列したものがほとんどであることと比較すれば、ここには、児童が読者として楽しんで読めるような、一種の娯楽性さえも意識されているように思われる。

そして、際立って新鮮なのは、児童の創作した劇と、児童による対談すらもが含まれていることである。

(4) その他のもの

4年生4人による創作劇がある。登場人物は、田舎に疎開して来た4年生の京子、その兄6年生の新一、京子の母と祖母、田舎の子の二郎（6年生）と千代（4年生）である。

　　○劇（一幕）「あたらしい春」
　　千代　京ちゃん、京ちゃん、もちつきするんだが、手つだいにきてくんな。
　　京子　わあ、すてき。
　　（二人はかけていく。母とび出して）
　　母　　ちょっとまってて。
　　（家へひっこんで、セーターをもって出てくる。雪やむ）
　　母　　千代ちゃん、いいのができたわよ。
　　千代　まあ、うれしい。（すぐきる）
　　京子　あーら、とってもよくにあうわよ。
　　母　　それから、これをおばあさんにあげてちょうだい。（チョッキをわたす）

ここに見られるように登場人物になりきった会話文が自由自在に表現されている。高学年における主体的な自己表現文であり、その象徴的な事例として見ることもできよう。他には、対談として「秋の運動会」（5年）などがあ

る。又、学級新聞等の一部にも含まれている。

4．吉田瑞穂の「いきたことば」の指導の継承

　以上のように、吉田瑞穂の「いきたことば」の文章表現の指導は、『めばえ』の中に示されている。それは、主体的な自己表現文の考え方であり、社会科的なものや理科的なものに象徴的に表されている。ともすると客観的な表現のみを記す傾向が強くなる記録や観察においても、自己表現文を挿入する指導がなされていたのである。それは、吉田瑞穂の児童一人ひとりの個性に即した表現指導がなされていたことの結果であるといえよう。

　しかも、吉田瑞穂の文章表現の指導の実例は、この文集だけの指導にはとどまらなかった。管見の限りではあるが、次のような形で指導の表現スタイルが他の指導者たちに継承されたと推定できる。

　それは、吉田が長く勤務した杉並区の教育委員会主導の研究会の一つである、視聴覚教育研究会の作成する文章表現にその指導の表現スタイルが継承されたのである。こういった指導が、戦後直後の時期に広く指導者に支持をされたということであろう。そういった自己表現をこの時代になって保証されたともいえよう。

　たとえば、『すぎなえ』[6]の中に「校外学習の計画　六年」としてスライドを用いたもの[7]があり、その箇所の文章表現例が吉田瑞穂の指導の表現スタイルに類似している。それは鎌倉に行った様子を、学級外の他者に伝える目的で、報告会で発表する文章表現である。やはり、ここにも、娯楽性を意識した、児童の主体的な表現文などが用いられているのである。また、杉並区の小学校で多用されたスライド学習の、社会・理科・国語のシナリオ文章表現例に同様のスタイルが用いられる。

　「いきたことば」は、1950年代には多様な媒体においても、文章の表現形式のひとつとして用いられるようになっていったといえよう。それは時代の変容に対応して、個性を尊重する、個の育成を目指す表現を育成する指導の

一形態として、国語教育の実践者に継承されていったのである。

注
（１）菅原稔「戦後作文・綴り方教育史研究―昭和20年代における「作文」「綴り方」の位相と実践理解―」『岡山大学大学院教育学研究科研究集録』第146号　2011年　pp.19-27
（２）池田隆一「児童詩教育実践理論の構築―人間形成との関わりを求めて―」兵庫教育大学学位論文　2003年度
（３）竹長吉正「凡庸な詩人の勝利と敗北」『白鷗大学論集』第28巻第１号　2013年　p.323
（４）竹長吉正「吉田瑞穂講述「児童詩創作と作文の指導に関する要諦」」『白鷗大学論集』第28巻第２号　2014年　p.263
（５）この時は特選３点、優秀賞９点である。しかし大半が学級文集であり、学校文集は吉田瑞穂のみである。尚３号は借用している。
（６）責任者　吉田瑞穂『すぎなえ　４号』（東京都杉並第九小学校・昭和32（1957）年３月15日発行　pp.57-59）
（７）杉並区視聴覚研究会『済研スライド解説集』（東京都杉並区済美研究所・昭和32（1957）年３月　pp.2-14）

五―２．東京都杉並区立第九小学校文集『すぎなえ』における会話文指導

１．問題の所在

　吉田瑞穂は、明治31（1898）年に生まれ、昭和戦前戦後期において児童詩や綴り方・作文の指導実践者として活躍した人物である。文部省の昭和26（1951）年改訂版小学校学習指導要領国語科編（試案）作成協力者でもあり、日本作文の会にも所属している。一方、詩人として椎の木社に参加し、数多くの詩集を残している[1]。

　論者は既に吉田瑞穂が指導した東京都杉並区立杉並第七小学校の学校文集『めばえ』に言及したことがある。その指導は、「いきたことば」に注目し、

教科の枠を超えて幅広く学習を展開させていくものであり、個性を大切にした豊かな会話文を育もうとするものであったことを指摘した[2]。本章では、この吉田瑞穂が関わった1950年代の学校文集『すぎなえ』を中心に、話しことば指導の観点を留意しつつ、その指導の特色を考察する。

2．学校文集『すぎなえ』について

　学校文集『すぎなえ』は東京都杉並区立杉並第九小学校の学校文集である。昭和29（1954）年3月に創刊号が発行された。吉田瑞穂は学校長として創刊号からその編集に関わっており、杉並区の研究所資料によれば、5号（昭和33（1958）年3月）まで継続していたことが確認できる。

　その編集上の特色は、以下に示したような目次によく表れている（引用に際して、児童名はすべて省略し、人数のみを記した）。

　　杉なえ　第1号（注：創刊号のみ「杉」の表記）
　　　べんきょうのページ
　　　　1・2年生活文　　　　　　　　（10）
　　　　手紙　　　　　　　　　　　　（13）
　　　　3・4年生活文　　　　　　　　（20）
　　　　学習帳　　　　　　　　　　　（21）
　　　　5・6年生活文　　　　　　　　（37）
　　　　見学日記　　　　　　　　　　（41）
　　　　えにっき　　　　　　　　　　（11）
　　　　実験日記　　　　　　　　　　（46）
　　　　詩の話　　　　　　　　　　　（32）
　　　　台本の書き方（編集部）　　　（43）
　　　生活文
　　　　生活の中にうつる

1年（4名）　　　　　　　（3）
　　2年（3名）　　　　　　　（6）
　生活のまど
　　3年（3名）　　　　　　　（15）
　　4年（1名）　　　　　　　（19）
　生活に生きる勉強
　　5年（5名）　　　　　　　（24）
　　6年（3名）　　　　　　　（36）
児童詩
　　ヘリコプター　1年　　　（14）
　　つらら　　　　2年　　　（14）
　　とびばこ　　　3年　　　（14）
　　朝　　　　　　4年　　　（33）
　　木　　　　　　5年　　　（33）
　　ベランダ　　　6年　　　（33）
　　じてんしゃ　　1年　　　（10）
　　朝のいけ　　　2年　　　（46）
　　しもばしら　　3年　　　（10）
　　先生の目　　　5年　　　（23）
　　はげ　　　　　5年　　　（32）
　　　　☆　　☆　　☆
えにっき　1年　　　　　　　（11）
日記　3年　　　　　　　　　（22）
クラスのみなさんへ　3年　　（12）
かまきり　4年　　　　　　　（38）
電気あそび　4年　　　　　　（22）
井戸水の検査　5年　　　　　（45）

米から作る水飴の実験　６年　　　　（47）
　　　シンデレラ　感想文　４年　　　　　（39）
　　　交通博物館　４年　　　　　　　　　（40）
　　　「台本」友情（めぐりあい）　６年　（42）
　　　学級新聞　５年２組　　　　　　　　（44）

　上記の目次には次のような４つの特色が見出せる。第一は構成の独創性である。大きく４つの分野から構成され、「べんきょう」、「生活文」、「児童詩」、「その他」となっている。48頁の薄さながら、簡潔に児童の学校生活と日常生活の両年を反映することができるようになっている。
　第二は「べんきょう」という独自の分野の設定である。ここからは、児童の言語生活を豊かにするという姿勢を読み取ることができる。
　自分の日々の見聞するものや学校での学びを教材として、それを展開する内容が提示されている。とりわけ、「台本の書き方」には、話しことばの生活を重視する姿勢を読み取ることができる。又、「見学記録」や「実験記録」には戦後の社会や理科の内容を盛り込んだ記録となっている。当時の社会情勢を反映するものである。
　第三には、低学年のことばの多様な文章を提示していることがある。たとえば「１・２年の生活文」が独自に項目化されている。次に「生活の中にうつる」では、１年生の文章が４人、２年生の文章が２人掲載されている。さらに、児童詩では１年「ヘリコプター」「じてんしゃ」、２年「つらら」「朝のいけ」、その他では「えにっき」とある。その豊かな題材からは児童の年齢相応のまなざしが感じ取れる。低学年の文章は、話しことばや絵や音声との関連を踏まえて指導されているのであろう。日ごろから低学年の児童の表現生活を大事にしていることが窺える。
　第四に指導の方針や教師の実践編への提言が（編集部）に明示されていることである。ともすれば、指導した結果のみが文集に掲載され、どのように

してこれらが掲載されているのかということは明示されないこともある。しかし、ここには編集の意図及び指導の意図が、読者にわかるように示されている。このように、多様な文種の作品を低学年から高学年まで均等に選択していることに際立った特色が見出せる。

3．吉田瑞穂の巻頭言

　目次の前に吉田瑞穂の巻頭言があり、そこからは、吉田瑞穂の低学年の児童に対する指導が卓越していたことが窺える。さらに、学校文集を表現生活の向上のためという明確な意識を読み取ることができる。

　以下、具体的に吉田の記述に即して確認していきたい。

　　　杉なえの子どもたちへ　　　　学校長　吉田瑞穂(よしだみずほ)
　　　PTAのおちからで、「杉なえ」第一ごうがうまれました。うれしいことです。
　　　なぜうれしいのか、そのことについてすこしばかりかいてみます。
　　　みなさんのおべんきょうを、二つにわけてかんがえてみますと、そのひとつは、目でみたり、よんだり、耳できいたりすることがあります。これは、本をよんだり、おんがくをきいたり、ラジオのおはなしをきいたり、せんせいのおはなしをきいたりして、ぐんぐんのびていくおべんきょうのことです。
　　　もうひとつは、えをかいたり、工作でふねをつくったり、ひこうきをつくったり、文をかいたり詩をかいたり、りかのかんさつきろくをかいたり、しゃかいのけんがくきろくをかいたりすることなどいろいろあります。これは、なにかをつくりだそうとするよいしごとなのです。
　　　みなさんのおしごとは、つまり、すいとって、のびようとするもの、つくりだしてのびようとするものがあるのです。それらのおしごとのなかで、いままでわすれられやすいのは、つくりだすしごとなのです。

「杉なえ」は、このときとばかりに、げんきなこえでたんじょうしたのです。

この杉なえには、よい文やよい詩をいっぱいのせていきたいのですが、よい文やよい詩は、みなさんのよい生活から生まれるのですから、よい文が生まれるようなよい生活をするようにしましょう。そして、生活を文や詩にかいて杉なえの子どもはぐんぐんのびていきましょう。(p.2)

児童自身が吉田瑞穂の文集に対する意図を理解できるような文章になっている。それは3つにまとめられる。

第一に表記の平明さである。ひらがなを多く用いていることは際立った表記の特色である。読者をあくまでも低学年児童を視野に入れて書いていることがわかる。音読しながら理解できるようになっているのである。吉田自身が巧みな指導の言葉を持っており、具体的には次のような例話に表れている。「みなさんのおしごとには、つまり、すいとって、のびようとするもの、つくりだしてのびようとするものがあるのです。それらのおしごとのなかで、いままでわすれられやすいのは、つくりだすしごとなのです。」。この箇所では、低学年の児童が自分で文章を作ることを読みながら理解できるように記しているのである。さらに「句読点」まで、考慮されている文章である。芦田恵之助の語りかけにも通じる姿勢を読み取ることができる[3]。

第二に大事にしたい内容を「勉強」として括り、その中身を児童にわかるように解説していることであり、ひとつは、学校を中心にしている学びの重要性であり、もうひとつは、創造したり創作したり記録したりするという広義の表現活動である。ここから何よりも吉田は創造することの「仕事」を重要視していることがわかる。人に伝えながら個性を作る活動を、文集指導に組み入れているのである。

第三には、学校文集を児童の言語生活表現の向上のために位置付けてくることである。それは、最後に記されている。「よい文やよい詩は、みなさん

のよい生活から生まれるのですから、よい文が生まれるようなよい生活をするようにしましょう。」といういささか観念的な文言ではあるが、日常の生活を見つめることを重視し「杉なえ」が児童生活の目安を示したいという意識が窺える。

　以上のように吉田は低学年の児童であっても、児童の話しことばも書きことばも尊重しつつ、全学年を対象に指導を展開していたのである。

4．会話への着目

　学校文集のなかに、劇の台本が含まれている。そこではより具体的に台本に沿って、場面との関連や会話文のありようを説き、総合的に話すことや聞くことの指導を行っていたことが窺える。以下にその本文を示す。

　　「友情」―めぐりあい―
　　　　　　　　　　　　　　　　六　年　　○　○　○　○
　―静かな音楽、それが消えていったころ。
　　解説　「ウェークとニコラスがウェストミンスター小学校を卒業してから、四十年後。その頃、イギリスでは国が乱れて、二つの党にわかれてはげしく争っていました。そのころ政権をにぎっていたのは、クロンウェルという人であります。」
　―音楽、また聞えはじめ静かに消えていく。
　　町人Ａ「また陸軍大佐がつかまったそうだ」
　　町人Ｂ「気の毒に。こんな世の中はいやだ」
　　町人Ａ「まったくだ。田や畑は荒らされて……。それからね。こんど裁判にはロンドンから大法官様がいらっしゃるそうだ。」
　　町人Ｃ「エクセターの牢屋から出されて、きょう裁判にかけるそうだよ。」
　―しばらく間をおいて解説。少しおもおもしく。―

解説　「ちょうどその頃、エクセターの町の法廷では、囚人達が大法官の前で裁判にかけられているときでした。」
―解説の終るころ囚人の名まえを読み始め終ったときからだんだん大きく読んでいくようにする。大法官読みあげていく。かげの声で小さく。―
大法官「ウェーク。たしかにウェークだ。聞きちがいではあるまいか
　　　　……。」
―しばらく間をおいて、少し声をふるわせながら―（略）

台本の書き方
　台本を書く時には、ふつうの文章を書く時とちがって、それを使う時のことを、いつも頭の中に入れておいて、書かなければなりません。どんなに美しい文章でかざられていても使えないようなものでは、なんにもならないのです。
　それには、よく物語を読んだり、筋のはこびを、しっかり頭の中に入れておくこと、です。その物語のある場所、時、必要な人物、そして劇の中心になる事件そしてその事件がどのようにして舞台に展開されてゆくかを、頭の中に描きながら書くことです。そして、その筋を「せりふ」の中ではこぶように努力することが大切です。（略）
　又、せりふは、その人物に適した言葉づかいを考えねばなりません。むずかしい言葉はできるだけさけていつも使っていることばを使うようにしましょう。そしていくつかのせりふを聞くうちに、その人物の性格や、考え方が、聞いている人によくわかるようにしくまれているのはよい台本と言えるでしょう。
　学校などで行なわれる劇は、特に台本が中心になりますから、台本を書く時には、細かいところまで、指定しておくことも必要です。
　たとえば、音楽を入れる場合でも、どのような音楽を入れるか、又、人物の動作なども考えてなるべく書き込むようにしましょう。これは、

いろいろな人が集まって一つの劇を仕上げる時に、劇のながれや、考え方をまとまらせるために必要なことなのです。特に「友情」のように、見たり、聞いたり、しただけで、その人物の気持ちが、いろいろに変化するような場合はこれが必要です。放送劇の場合は、人の気持のうごきを音楽であらわすような方法も面白いよい方法だと思います。(略)

(pp. 42-43)

　特に重要なことは児童の表現意欲を踏まえて台本作成があり、「台本の書き方」が掲載されていることである。児童にとっては、発表を前提として場面意識、相手意識、目的意識を表現に即してできるようになっているのである。
　このような舞台発表を想定した台本のせりふを取り上げることには、広義の話しことばを育成することにも繋がるものである。
　何よりも模範例文があることは意義深い。多様な話しことばを育成するための読みものの価値としても、この台本が掲載されていると言えよう。児童の表現の場でありつつ、読者に創作意欲を高めさせる構造を持っているのである。特に会話文の指導についてがわかりやすい。せりふは、その人の背景を語らせることばである必要を伴うからだ。「せりふは、その人物に適した言葉づかいを考えねばなりません。むずかしい言葉はできるだけさけていつも使っていることばを使うようにしましょう。そしていくつかのせりふを聞くうちに、その人物の性格や、考え方が、聞いている人によくわかるようにしくまれているのはよい台本と言えるでしょう。」という部分は、そのことを指摘している。
　さらに、表現の場としての放送劇の注意事項をあげている。「特に「友情」のように、見たり、聞いたり、しただけで、その人物の気持ちが、いろいろに変化するような場合はこれが必要です。放送劇の場合は、人の気持のうごきを音楽であらわすような方法も面白いよい方法」と述べている。こういっ

た劇創作の知識をもここで指導しているのである。

　なお、創作台本は4号にも5号にも継承されている。5号では、「拾ったねこ」というタイトルで主人公春男が拾ったねこをもとの持ち主に返却するまでの起伏に富んだ経過がせりふを駆使して綴られている。会話文と地の文で簡潔に構成されており、人情話としてまとまった作品になっている。題材も自由選択であり、児童による独創的な創作作品になっている。

　以上のように、話すことや聞くことの指導を内包し、児童の言語文化的な生活を高める学習が展開されていたのである[4]。

5．『すぎなえ』の文集意義

　吉田瑞穂は子どもの表現について「その行動から必然的に醸成された気持ちが、子どもの個性をとおして発せられるとき、それは生きたことばになる。」という[5]。学校文集『すぎなえ』は、子どものことばの育みそのものであり、子どものことばを尊重する言語意識の集大成なのである。

　上記の指導において、子どもの表現を認め、話すことの導きである、「相手」を尊重する意識を育成しているのである。

注
（1）吉田瑞穂の先行研究を大別すると詩人の側面からを語るものと、作文指導を語るものになる。前者については次の論考等がある。竹長吉正「吉田瑞穂講述「児童詩創作と作文の指導に関する要諦」」（『白鷗大学論集』第28巻第2号　2014年）。後者には次の論考等がある。田中智生「作文指導の実践的展開—吉田瑞穂氏の児童詩教育を中心に—」（全国大学国語教育学会『国語科教育』1985年　32巻）。管見ながら小学校学校長の立場から自校の文集に論究する論考は散見しない。
（2）有働玲子「昭和二〇年代の小学校文集における作文指導の一考察—吉田瑞穂の「いきたことば」の指導より」『解釈』第62巻第5・6号通巻690集　2016年　pp.31-38
（3）低学年の例話指導の事例が多く掲載されている。吉田瑞穂『子どもの文の見方・導き方』西荻書店　昭和26（1951）年
（4）当時、吉田は西尾実と共に講座『作文の指導』を全7冊刊行している。特に口頭

作文と話しことばの育成の意識の関連を1・2年の指導巻で詳しく述べている。西尾実・吉田瑞穂監修　講座『作文の指導』明治図書　昭和29（1954）年－昭和30（1955）年

（5）吉田瑞穂『文をみる目と指導』明治図書　昭和30（1955）年　p.140

付記　第一章は既に発表した次の論文を基にしている。

〇有働玲子
「昭和二〇年代の小学校文集における作文指導の一考察―吉田瑞穂の「いきたことば」の指導より」『解釈』第62巻5・6月号通巻690集　解釈学会　2016年　pp.31-38

〇有働玲子
「昭和30年代のことばの教育―西成瀬小学校の指導より」『解釈』第64巻5・6月号通巻714集　解釈学会　2020年　pp.53-62

〇有働玲子
「1950年代の表現指導に関する一考察―吉田瑞穂と学校文集『すぎなえ』を中心に」『国語科教育研究』全国大学国語教育学会第140回大会発表要旨集　2021年　pp.289-292

〇有働玲子・小川雅子
「昭和20・30年代の文集などにみる国語教育の話しことばの育成について」『生涯学習研究』No.21　聖徳大学生涯学習研究所紀要　2023年　pp.9-19

〇有働玲子・平林久美子
「1970年代前後の文集指導―入門期への着目」『教職実践研究』第13号　聖徳大学大学院教職研究科　2023年　pp.13-26

第二章　学校教育に関わる諸分野の文集の位置

一．昭和20・30年代の年表と文集作成者の声

有働　玲子

1．昭和20・30年代の年表

　いつの時代でも文集は作成されている。しかし、今の時代と終戦直後の時代とは、国語教育の風潮には大きな異なりがあり、文集の形態や意義にも時代的な相違があろう。特に昭和20[1]・30年代[2]の時代においては、どのような社会的背景や国語教育に関する事象があったのかを確認しながら、文集を読み解くことが肝要であると考えている[1]。

　そこで、戦後の綴り方・作文の特に文集に関わる略年表[3]の作成を試みた。年表で特に着目して欲しいことが2つある。第一は、昭和24（1949）年9月全国教育長会議で教員のレッドパージが開始された前後にも、民間教育団体が設立されており、生活綴方の会が全国的に設立されたことである。市井の教師が、具体的な教室経営を模索する時に多様な場が存在したのである。第二は昭和27（1952）年、教育指導者講習（IFEL）の国語科教育法講座が開講されたあと、官制としての作文指導との関係が螺旋のように継続していることである。話すことにも着目しつつ、教室での営みが行われたのである。

　本報告は架蔵の資料文集の書誌を明らかにすることを眼目としている。そのため、個別の文集について文章表現に示された文言を考察することを主眼とした。そこで第二章・第三章では研究者と実践者研究家に方言、読書、文学、話しことば等の視点を設定していただき、考察をお願いした。そのこと

により、児童の表現物としての文章そのものを多角的に読み解くことができている。

つまり、戦後の社会変動の影響をうけながらも理想を目指して生活を見つめようとする姿勢は一貫しており、多様な人間像を描く姿を許容する世界がこれらの文集には確認できるのである。

2．東京都杉並区の『杉っ子』文集設立に関わった畑島喜久生氏の声

筆者は杉並区の学校文集と秋田県の学校文集の一部について、特に考察を行っている。その過程で、指導者がどのような思いを持ち、文集を作成したのかを明らかにしたいと願うようになった。その指導者の一人が畑島喜久生氏である。杉並区の『杉っ子』文集発刊に深く関わり、詩人として現在も詩集を出し続けておられる先達である。当時のことを語っていただき、それを収録させていただく。当時の教師が学級作りの上で、一人ひとりを尊重するために話し合うことと書くことが深く結びついていることを、確認したい。

注
（1）有働玲子『昭和二〇年代の小学校文集における作文指導の一考察―吉田瑞穂の「いきたことば」の指導より』pp.31-38『解釈』第62巻5・6月号通巻690集　2016年
（2）有働玲子『昭和30年代のことばの教育―西成瀬小学校の指導より』pp.53-62『解釈』第66巻5・6月号通巻714集　2020年
（3）年表作成に関しては、次のものを参照引用している。
『作文と教育』復刻版　岩崎書店, 1986年及び国会図書館デジタルコレクション
髙木まさき・寺井正憲他編著『国語科重要用語事典』明治図書, 2015年
田近洵一・井上尚美他編『国語教育指導用語辞典　第5版』教育出版, 2018年
西尾実他編『国語教育辞典　復刻』朝倉書店, 2001年
飛田多喜雄『国語教育方法論史』明治図書, 1965年

文集『杉っ子』について

畑島 喜久生

1. はじめに

　わたくしはいま90歳のヨボヨボ老人で、病後、そしてやがて届くはずの現代詩集『末期の水の味は？』の発刊をまっているところです。106冊の自著の刊行をば。

　東京・杉並の小学校にいたのは35歳のときから、56歳までの21年間――小学校教師生活の半分を杉並の学校で過ごしたことになります。

　そして杉並の小学校には「杉教研」（杉並教育研究会）とよばれる研究組織があって、わたくしは当時その「国語部」に所属していました。そんなあいだで、国語部の機関誌として作ったのが『杉っ子』で、わたくしもその発刊時の主要な一員だったと思っています。創刊時の国語部長は古田茂美という方で、わたくしは、その当時、子どもの詩即ち「児童詩教育」に打ち込んでいましたので、当然のように児童詩部門の担当者。そして古田部長とわたくしとが、そこでの中心的な役割を担っていたと思います。

　そのこととは別にわたくしは、自分個人としても「現代児童詩教育研究会」なる組織を立ち上げ、『現代児童詩』という機関誌を刊行していました。36歳のときから、子どもが目の前からいなくなる60歳の定年までの24年間にわたって。

　というのは、当時においては「児童詩教育」の世界では、民間教育団体としての「日本作文の会」が主流。そしてそうでないものは"官制派"といわれる教育委員会寄りで、わたくしは、己の児童詩教育を「学校児童詩」として位置づけ、右でも左でもない「子ども本位」の児童詩教育を目指していたのです。「学習指導要領」には準拠しながらの。が、そんな間でもわたくし

は、寒川道夫、江口季好その他、「日作」のメンバーとも親交を結んでおりました。
　……ですから、杉並の小学校での研究団体として立ち上げた『杉っ子』も偏りのない──しかも自信作──自分としては"日本一"と思っており、ことの正統さの意味においては質量共にと。
　……でももう小学校の教師を定年で止めてからでも30年。その間、はじめの10年では白百合女子大・東京学芸大等で、つぎの10年は東京保育専門学校でと、いわゆる目の前に子どものいないそのことからして、書かせる児童詩ではなく、鑑賞詩として読ませる──すなわち感性的資質の向上のため「少年詩」に己のジャンルを変え、そしていま日本児童文学では「少年詩」の発展のための時間を費やしていることになるのです。
　……そんなわけで、杉並での『杉っ子』のことも34年経ったところでは、殆ど記憶の中から消えてなくなっています。で、まともに質問にはお答えできませんが……。

2．『杉っ子』について（注：発刊への思いを語っていただく）

Ⅰ　学習指導要領の趣旨にのっとって、子どもの詩的感性を高める──思想的に偏りのない児童本位の。作成メンバーは国語部員──その中での部長の古田茂美氏と、児童詩部門では畑島の独壇場。

Ⅱ　流派に捉われない教育の中立性を立脚点にする。だから公平・公正を旨とし、あくまでも作品本位に。

Ⅲ　わたくしは現代詩人でもあり、又児童詩教育を学級経営の中核に据え教育に当たってきていた者なので、他言はしないが自信に満ち、周りのどんな者とも対抗できる──ひけをとらないと思っていた。そして周りの者もそれを認めていたとも。

Ⅳ 『杉っ子』を読ませるのは、いうまでもなく全杉並の「杉教研」国語部が中心、そしてその浸透を図っていたと思われる。どこにも負けない自信作教材として。

Ⅴ 本誌が「廃止される」ということは思いもしなかったが、教師たちの間には出世主義その他の日和見が多く、教委主導でないことの自らのマイナー部分に気を用いて、子どもから離れていく──残念ながら、現場にはそんな傾向も。それと又、民間の「日作」自体も影を失っている──そんな中にあってのこととして。

Ⅵ なお若い教師の効率主義は、新自由主義（ネオリベラリズム）時代にあっての「選択と集中」的傾向の現れ。いわば点数主義の即効的ないわゆる教師の自己本位といってよいもの。そしてかつての……「日作」は生活主義オンリー、いわば戦後の反動としての、いわゆる実生活的内容主調……が、基本姿勢は誠実であった。
　それに対し、「学校作文」は、本当に学校作文の意味も分かっていないような官制派丸出し（の者もいて）、いってみても肝心──主体の「子ども」を忘れがち。……と、いまある児童詩教育は共に本当の「子ども本位」のものとはいえない──そんな気もする。厳しくいうならばだが。遠く現場から離れた者がである。

3．おわりに

　私は老齢の万年筆一本のアナログ人間なれば、（中略）質問の趣旨を、思いのままをかきつけたということで、どうかご容赦を。

以上

2021年10月21日

国語教育の自己表現に関わる略年表

西暦	和暦	月日	おもな出版物	月日	おもな研究会など	社会情勢（丸番号は月）
1945	昭和20				名古屋国語研究会　寒川道夫・稲垣寿年ら	⑤「戦時教育令」公布。⑧ポツダム宣言受諾。⑧連合軍進駐。⑨連合軍最高司令官マッカーサー、日本管理方針声明。⑩「日本教育制度ニ対スル管理政策」について総司令部から指令。
1946	21	4.1	『赤とんぼ』創刊　藤田圭雄（～48・10）実業之日本社 『子供の廣場』森脇将光・大久保正太郎・菅忠道・小林純一・国分一太郎・来栖良夫・猪野省三・滝沢不二男　新世界社 『コドモノハタ』小林純一・清水たみ子　新世界社	3.7 4.19	児童文学者協会結成 民主主義教育研究会発足	③第一次米国教育使節団来朝。
		5	『国語教育創造』志垣寛主宰・寒川道夫編（～48・10・14号まで）			⑤文部省「新教育指針」公示。
		6.1	『詩の国』鴨原一穂　臼井書房			
		7.20	『明るい学校』創刊　民主主義教育研究会（～48・1）、『あかるい教育』と改称し48・3～49・8季刊 『新児童文化』巽聖歌　国民図書刊行会			⑧「教育刷新委員会官制」公布。⑨国語審議会、設置。
		9	『生活学校』復刊　菅忠道・国分一太郎・滑川道夫・波多野完治			
		9	『日本児童文学』児童文学者協会（48・12『少年文章』と改題）			
		10	『銀河』滑川道夫・山本有三・吉田甲子太郎　新潮社（～49・8）			⑩ローマ字教育協議会「ローマ字教育の指針」答申。
		11	『少年』光文社	11	秋田県国語研究会 秋田綴方誌上展覧会 『岐阜の子ども』岐阜県教組発行子ども新聞	⑪「日本国憲法」公布。○「当用漢字表」(1850字)「現代かなづかい」公布。
1947	22	1	『痛快少年』尚文社 『三年の学習』『四年の学習』学習研究社			③「教育基本法」公布。③「学校教育法」公布。
		4	『小学一年生』『小学二年生』など復刊　小学館	4.1	『草笛』『やまがた少年新聞』但馬自分文化連盟（須藤克三主宰）	④六・三・三・四制、実施。④「地方自治法」「行政官庁法」公布。

一．昭和20・30年代の年表と文集作成者の声　79

西暦	和暦	月日	おもな出版物	月日	おもな研究会など	社会情勢（丸番号は月）
		7.1	『子どもの村』福島光江・水藤春夫（～50・4）新世界社			④新制中学校発足。⑤「新憲法」「地方自治法」施行。⑤「学校教育法施行規則」制定。
		7.1	『子どもの青空』小峰書店（～48・3・1）			
		8	『教育』復刊創刊号　社会社	9.1	日本童詩教育連盟（京都）鳴原一穂	⑨文部省、教科書検定制度発表。
					『子ども新聞』吉田友治編　新潟県佐渡新報社	
		11	『こどもペン』子どもの窓社		『秋田少年新聞』近藤国一編	⑫「児童福祉法」公布。「学校指導要領一般篇」（試案）発表。文部省、「学校指導要領国語科編」（昭和二十二年度試案）発表。
1948	23	1	『少年少女の広場』（『子供の廣場』改題～50・3）			
		1	『少年少女』藤田圭雄（～51・12）中央公論社			
		2.1	『きりん』竹中郁・坂本遼ら　尾崎書房			②「当用漢字別表」「当用漢字音訓表」公布。
		2	『教育生活』国分一太郎　新世界社			②文部省「指導要領伝達研究協議会」（全国）を開催。
		2	『世界の子ども』世界文学社			
		2	『アンクル・トムズ・マガジン』アンクルトムズ・マガジン社（～50・2）			
		3	『6・3教室』周郷博編「新しい綴方運動のために」特集			
				4.1	『作文』石森延男　作文の会編	④新制高等学校発足。④「教科用図書協定規則」制定。
				4	『教育』世界評論社へ	⑦「国民の祝日に関する法律」公布。
			『作文教育』創刊	8	『友達』岩手県教組	⑦文部省教科書局に検定課を設置。
			『実践国語』復刊	10	児童劇作家協会設立	
				11	『風の子』『青雲』京都府教組文化部	⑫「国立国語研究所設置法」公布。
1949	24	1	『子ども世界』（『赤とんぼ』改題）実業の日本社　『少年少女ペン』土曜文庫（一号で廃刊）			
		1.15	『多摩の子』今井誉次郎・館盛光・綿田三郎ら　昭和印刷	3	赤とんぼ会発足（滑川道夫・柳内達雄・吉田瑞穂）	
		2	『少女』光文社	4	『恵那の子ども』恵那郡文集	④「当用漢字字体表」公布。

第二章　学校教育に関わる諸分野の文集の位置

西暦	和暦	月日	おもな出版物	月日	おもな研究会など	社会情勢（丸番号は月）
		2.15	『風の子』山本映佑　実業の日本社			
		5〜7	「綴方の復興と前進のために」国分一太郎　教育新報（4月1日から教育新聞）	5	『葦の芽』葦の芽会（茨城県稲敷郡）	⑤「教育職員免許法」「同施行法」公布。
		9.20	『一年生の教室記録』石橋勝治　社会書房	10.27	『北の鈴』青森県児童文化誌キョウト・コドモペンクラブ創立	
					『ともしび』志田生活学校友の会（50.4　志田作文同好会、52.4　志田生活教育同好会）	
					『夕煙』新潟国語文化研究会	
1950	25	3.18	『農村社会化カリキュラムの実践』今井誉次郎　牧書店	2.27	全国学校図書館協議会（5月『学校図書館』創刊）	
				4.25	兵庫作文の会発足	④「国語審議会令」公布。
		7.1	日本綴方の会発足	6.25	『綴方通信』無着・八木・古牧ら	
				8	富山作文の会発足	⑧第二次米国教育使節団来朝。
					百合出版創設・後藤彦十郎	
		9.5	『模範小中学生作文集』日本綴方の会　第一出版	9	『青い空』福岡県三潴協組静岡	⑨「中学高等学校学習指導要領国語科編」中間発表。
		10.1	『全日本児童詩集』川端康成編　むさしの書房			
		11.1	『月刊作文研究』創刊　日本綴方の会　双竜社	11.2	恵那綴方教師の会発足　山形県教組文集コンクール　栃木作文の会開催	⑪PTAの全国組織なる。
				12	日教組作文コンクール発表	
				12.7	愛媛県宇和島郡教組発足『子どもの文集』岐阜	
				12.17	房総児童文化研究会　但馬児童文化連盟	
					『子午線』綴方教育同人誌青森県教組	
					民教、日本民主主義教者協会結成（民教協）	
					『明るい学校』『あかるい教育』に改題	
1951	26	1.25	『父の口笛』岩田有史　小山書店			民間ラジオ放送開始。
		2.10	『山芋』さがわ・みちお編　小百出版			
		2.28	『新しい綴方教室』国分一太郎　日本評論社			
		3.5	『山びこ学校』無着成恭編　青銅社	3.31	山形県教組文集コンクール	

西暦	和暦	月日	おもな出版物	月日	おもな研究会など	社会情勢（丸番号は月）
		4.10	『親と教師への子どもの抗議』鈴木道太　国土社			④文部省「道徳教育手引書要綱」発表。
		5.20	『全国作文コンクール入選作品集』日教組編　教育出版			
		6.15	『小学生えんぴつ詩集』百田宗治　第二書房	6	『風ぐるま』京都綴方の会	⑥「児童憲章」制定。
		6.20	『生活する教室』鈴木道太　東洋書館			
				7.1	『山びこ学校』上演　於三越　民芸少年劇	⑦文部省、「学習指導要領一般編（試案）」（昭和二六年度改訂版）発表。
				7.10	山形県児童文化研究会発足	
				7.27〜28	『気流』全高知学童詩集　橋詰延寿編	
		8.20	『君ひとの子師であれば』国分一太郎　東洋書館	8	作文研究集会　於御獄	
		8.30	『学年別作文読本』児童文学者協会　河出書房		赤とんぼの会・西多摩・杉並国語研究会開催	
			『言語生活』復刊		『新作文研究』兵庫	
			『教育』創刊		秋田作文の会	
				9.1	日本綴方の会　日本作文の会と改称	⑨対日講話条約調印。日米安全保障条約調印。
		10.2	『原爆の子』永田新編　岩波書店	10	『紀南教育』紀南作文の会　静岡国語教育同好会発足	⑩文部省、「中学校高等学校学習指導要領国語科編（試案）」（昭和二六年度改訂版）発表。
		10.10	『魂あいふれて』後藤彦十郎編　百合出版			
		10.20	『帰らぬ教え子』今井誉次郎　東洋書館			
		11.1	『教育』再復刊、国土社「日本教育の良心」「山びこ学校の総合検討」特集	11	長崎作文の会　熊本綴方の会　『やつか』島根地域文集　渡部寿賀雄編	
				11.3	読売全国小中学校綴方コンクール	
		11.15	『私たちの作文』来栖良夫　筑摩書房	11.10〜12	日教組第一回教研大会	
		11.20	『山びこ学校から何を学ぶか』須藤克三　青銅社			
		12.1	『月刊作文研究』『作文』と改題（5号）			⑫文部省、「小学校学習指導要領国語科編（試案）」（昭和二六年度改訂版）発表。
			『全国小中学校綴方コンクール作品集』全二巻　読売新聞社編			
		12.18	『大地にかくて子は育つ』多摩の子編集委員会　東洋書館			

第二章　学校教育に関わる諸分野の文集の位置

西暦	和暦	月日	おもな出版物	月日	おもな研究会など	社会情勢（丸番号は月）
		12	『実践国語』12月号「文学教育と綴方復興」今井誉次郎・国分一太郎・波多野完治			
		12	『土は明るい』宍戸秀男　東洋書館			
1952	27	1.18	『最初の問題』鈴木庄三郎　東洋書館			
		1.31	『中学生詩集』巽聖歌　筑摩書房			
		2.10	『村の少年期』国分一太郎　青銅社	2.10	大阪綴方の会	
			『小学○年作文教室』寒川・滑川・今井・小山・佐藤茂・吉田瑞穂　文化研究社	2.20	『作文』、『作文と教育』と改題し、双竜社から百合出版へ（6号）	
		3.5	『ふぶきの中に』無着成恭編　新潮社	3.1	「綴方か作文か」朝日新聞	
				3.27	教育科学研究全国連絡協議会（熱海）開催	
		3.15	『文の話・詩の話』吉田瑞穂・国分一太郎ら編　革新社	3.28～30	日本作文の会・児童文学者協会共催　全国文集コンクール授賞式（朝日講堂）	
		3.15	『みつばしの子』鈴木喜代春　東洋書館			
		3.18	『よい作文のかき方』日本作文の会編　鶴書房	3	富山県国語文化会、第一回文集コンクール	
		3.20	『路ひとすじ』山田とき　東洋書館			
		4.10	『年刊少年少女作文集』日本作文の会編　新潮社			④日華平和条約調印。
		5.30	『年刊少年少女詩集』日本作文の会編　新潮社		日本外人の会結成 福天（京都）作文の会発足	⑤映画『山びこ学校』完成。
		同	『中学生の作文』来栖良夫　筑摩書房	5	東北国語協議会発足	
		5.31	『生活綴方と作文教育』金子書房編	5.30	『北海道作文』北海道作文教育の会	
		6	『作文教育の大学』金沢学生　金子書房	6	小笠（静岡）作文教育研究会開催	
			『日本児童文学史』西原慶一　東海出版			
			『私の作文教育帳』吉田瑞穂　東洋館出版社	7	『友達』岩手県教組編	
		8.5	『夜明けの子ら』石田和男　春秋社	8.1～3	第一回作文教育全国協議会（中津川）	⑧「義務教育国庫負担法」公布。
		8.15	『恵那の子ども』恵那綴方の会　百合出版		釧路作文の会『釧路作文』 河芸（三重）作文の会	⑧「中学校高等学校学習指導要領国語科編」補定。
			『教育』「綴方教育の進展」特集			
		8	『日本こども詩集』小山玄夫ら　泰光堂			
		9.1	『私たちの綴方会議』広田早紀ら　未来社			
		9.1	詩集『家族』大西寛　筑摩書房		岩国川流域（山口）作文の会発足	

一．昭和20・30年代の年表と文集作成者の声　83

西暦	和暦	月日	おもな出版物	月日	おもな研究会など	社会情勢（丸番号は月）
		9.10 10.25	『綴方風土記』国分一太郎編（〜54・10・25）平凡社 『綴方コンクール入選作品集』全三巻　読売新聞社編		『西三河作文』西三河作文の会 四日市（三重）作文の会 『教育科学』岩手作文の会 『越の子』福井大教研サークル 『高知作文』高知作文の会 『氷見作文』氷見作文の会 北遠（静岡）作文の会発足 磐田（静岡）作文の会発足 岩船（新潟）作文の会発足 新潟県作文の会発足 安部（静岡）作文の会発足 福井作文の会発足	⑩教育指導者講習（IFEL）の国語科教育法講座開講。
1953	28	9 12	大石真「風信器」（『童苑』） 『国語教育実践講座』全12巻　石黒修他　牧書店 乾富子「ツグミ」（『麦』）			⑧教員給与三本立て制度成立。 ⑧「学校図書館法」公布。
1954	29	8 12	『作文教育』復刊 児童用『作文学校』創刊 『児童生徒のかなの読み書き能力』文部省 『ことばの研究室』一、二。日本放送協会・大日本雄弁会講習会 『小学生話しコトバの発達と指導』大久保忠利　光風出版 『入門期の言語能力』国立国語研究所	5 8	「日本国語教育学会」結成 「作文教育」復刊	①中教審「教育の政治的中立性維持に関する答申」。 ⑥「へき地教育振興法」「盲学校、聾学校及び養護学校への就学奨励に関する法律」公布。 ⑥「学校給食法」公布。 ⑥標準語教育論争。 「中学校・高等学校学習指導法国語編」 「防衛二法」公布。
1955	30	 12	雑誌『日本のコトバ』創刊 雑誌『日本児童文学』発刊 『読みと作文の心理』阪本一郎　牧書房 『実践生活綴り方ノート』1，2．国分一太郎　新評論 『談話語の実態』国立国語研究所 『国語学辞典』国語学舎　東京堂 『文をみる目と指導』吉田瑞穂　明治図書	 12	 『文学教育』（日本文学協会） 「日本児童文学」発刊	⑦「学校教育法」「産休法」公布。 ⑧「女子教育職員の産前産後の休暇中における学校教育の正常な実施の確保に関する法律」公布。
1956	31		『教師のための作文教育法』今井誉次郎編　河出書房新社	5	日本高等学校教職員組合結成	②「防衛二法」改正。

84　第二章　学校教育に関わる諸分野の文集の位置

西暦	和暦	月日	おもな出版物	月日	おもな研究会など	社会情勢（丸番号は月）
			『文学教育方法論』飛田多喜雄　明治図書 『低学年の読み書き能力』国立国語研究所	10	任命制教育委員会発足	③「就学困難な児童及び生徒に係る就学奨励についての国の援助に関する法律」公布。 ⑨文部省、初めて全国的な抽出学力調査を小・中学校の最高学年について実施。
1957	32	5	『話しコトバの効果』森岡健二　光岡出版 『話しことばの指導』近藤国一　牧書店 『教育基本語彙』阪本一郎　牧書店	1	全国市町村教育委員会連合会結成	⑫文部省、小中学校教頭を職制化、勤務内容などを規定（1960年4月より、管理職手当を支給開始）。
1958	33		『国語教育のための国語講座』全8巻　熊沢竜也　朝倉書店 『生活綴方事典』日本作文の会編　明治図書 『日本こども詩集』小山玄夫・佐藤茂・柳内達雄・吉田瑞穂編　泰光堂			NHK教育テレビ開始。 ④「学校保健法」公布。 ⑧「学校教育法施行規則」改正。 ⑩文部省　小・中学校学習指導要領告示。
1959	34		『国語教材研究講座』全6巻　滑川道夫・倉沢栄一他編　朝倉書店 『生活綴方の認識と表現』今井誉次郎　明治図書	2	全国町村教育長会結成	④「社会教育法」改正。 ⑦「教職員免許法施行規則」改正。 ⑫日本学校安全法公布。
1960	35	 6 7	『小学校国語学習指導書』文部省 『実践講座　国語教育』全10巻　石井庄司　牧書店 『作文指導』倉沢栄吉他　牧書店 『聞くと話すことの学習指導』石森延男　牧書店		「児童演劇地方巡回公演」開始	①日米相互協力および安全保障条約（新安保条約）など、ワシントンで調印。 ⑥テレビ放送による高等学校通信教育開始。 ⑫閣議、国民所得倍増計画を決定。
1961	36	3 8	『読解鑑賞指導』近藤国一　明治図書 『国語教育科学』垣内松三・輿水実編　三省堂 『読書指導辞典』阪本一郎　平凡社 『生活綴方の指導体系』日本作文の会編　百合出版		「話しことばの会」創立	④国民年金発足。 ⑤「学校教育法」改正（五年制高等専門学校の設置）。 ⑥「スポーツ復興法」公布。 ⑨小学校（国語・算数）高等学校（英語）学力調査実施。
1962	37	6	『国語指導法事典』輿水実・沖山光編　明治図書 『思考と言語』上下巻　ヴィゴツキー・柴田義松訳　明治図書		「文学教育連盟」発足	①第一回日米合同文化教育会議を開く。 ③「義務教育諸学校の教科用図書の無償に関する法律」公布。 ③「著作権法」改正。

一．昭和20・30年代の年表と文集作成者の声　85

西暦	和暦	月日	おもな出版物	月日	おもな研究会など	社会情勢（丸番号は月）
		10	『講座生活綴方』全5巻 日本作文の会　百合出版			⑦全国小・中学校一斉学力調査実施。⑪学制九十年式典挙行。
		12	『ぼくらはテレビのけらいじゃない』児童劇集　冨田博之　国土社			
1963	38		『国語教育辞典』藤井信男他編　学燈社 『全国中学校学力調査報告書』文部省 『文章構成法』森岡健二　至文堂 『書くことの学習指導』文部省　東洋館出版社 『読み方教育の理論』奥田靖雄　国分一太郎編　国土社	10	早稲田大学国語教育学会設立	④高等学校新学校過程実施。⑥文部省、全国小・中学校学力調査実施。⑧「学校教育法施行規則の一部を改正する省令」公布。⑩第二回日米合同文化教育会議を開く（ワシントンで）。⑫「公立義務教育学校の学級編成及び教職員定数の標準に関する法律の一部改正案」公布。「義務教育諸学校の教科用図書の無償措置に関する法律案」公布。
1964	39		『分類語彙表』国立国語研究所　大日本図書 『ぼくらの学級学芸会』冨田博之　国土社 『新しい作文教育の探究』吉田瑞穂　明治図書		「批判読み」荒川教研国語部会編 第10回高校演劇全国大会北九州八幡市	②最高裁、義務教育の無償は授業料の無償を意味するもので、その他のものいっさいを無償とすべきものではないと判決。③「幼稚園教育要領」告示。④「健康の日」（第一回、4月7日）を設ける。⑥「国立教育会館法」公布。⑥総合法（一読主義）による読解指導法・文部省、全国小中学校学力調査実施。⑩第18回オリンピック東京大会開催（～24日）。

二．児童・生徒の作文にみられる言語表現―方言と敬語を中心に―

竹田　晃子

1．はじめに

　子どもの文章による文集は、戦前から戦後にかけての時代にさかんに編集・刊行され、この時期における子どもの書きことばと作文指導の様子をうかがい知る資料として貴重である。実際に文集の作文をみてみると、さまざまな観点からの分析が可能であると思われる。たとえば、用字（文字や表記）、語彙（単語数・品詞・異なり語・語種など）、文体、文種、題材、筆者の属性別（学年や進度・男女）などが考えられる。本論では、方言や談話・言語行動など地域差がみられる表現と、敬語という、二つの観点から文集をながめ、特徴を具体的に記述する。

　以降、本論では、まずは対象資料の概要を紹介し[1]、話しことばの反映とみられる表現のうち特に方言と、敬語の特徴を記述し、最後に今後の課題を述べる。なお、作文の引用に際しては、末尾表の番号を引用文の括弧内の冒頭に示し、紙幅の都合で前後や題名を省略したり、改行を省略または／に置き換えたりした場合がある。小書きになっていないとみられる仮名はそのままとし、特徴的な部分に下線、特に注目する部分には二重下線を追加した。

2．資料の概要

2.1　資料の全体像

　文集のすべてを対象とするには、量だけでなく、収集や閲覧などの課題がある。そこで、このたび収集された文集の中から、さまざまな種類（学校文集・地域文集・全国文集）をできるだけまんべんなく選び、1949（昭和24）年から1959（昭和34）年までに刊行された61冊（末尾の一覧表）を対象とし、作文に

おける具体的なことばの分析を試みる。

　文集の構成は、概ね次の①〜⑪の項目による。④〜⑥の順番や配置は、文集によって異なる。また、すべての文集が縦書きを基本としていて、一部の記録文で横書きが使われている。

　　①表紙（児童や生徒による版画が多く、多色刷りも多い）
　　②巻頭言・あいさつ・趣旨説明、巻頭詩・版画・写真など
　　③目次（この部分にのみ筆者の学年が書かれていて、本体には書かれていない場合がある）
　　④本体（児童や生徒による文章：生活文、詩、短歌、俳句、日記、手紙、学級新聞、記録文（観察・見学・研究・実験・児童会など）、童話・劇脚本・ことば遊び、書道作品、版画・絵など）
　　⑤選評・入選者一覧
　　⑥文集活用の手引き、指導者のために
　　⑦作文ワーク、良い作文を書くために
　　⑧父母のみなさまへ
　　⑨原稿募集・受贈誌御礼・研究会記録
　　⑩編集後記・編集委員・奥付、広告（全国誌）
　　⑪裏表紙

　ただし、これらの①〜⑪がすべて揃っているのは全国文集9冊で、学校文集28冊・地域文集24冊（ともに非売品）は⑤〜⑧がないものが多く、④本体が生活文・詩・記録文にかたよる。出版社による全国文集は定価が付いており、投稿募集による採択や、全国の学校文集・地域文集の作品からの再掲載などによって、多様な文章を掲載できた様子がうかがえる。今回対象とした58冊の中には、学校文集の作品が全国文集に再掲載された例もみられた。

　⑤の選評は、評や順位等を記述するために、本体とは別にページを割いて

いる場合である。全国文集や、都道府県など、広域を対象に編集された地域文集に多い。学校文集・市町村など狭い地域で編集された地域文集では、作品の末尾や下段などに、教師による評価文とわかる形で書き加えられていることが多い。文集によっては、指導教師名や指導日が付されているが、それらが書かれていない場合もある。

2.2　文集の全体的な特徴

　文集に収載されている作文には、次のような特徴がみられる。

　表記については、低学年では漢字がほとんど使われておらず、ひらがなの分かち書きで書かれている。また、全体に、仮名遣いや漢字を間違えたまま、あるいは句読点やかぎ括弧等が不完全な状態で掲載されている場合がある。

　この時期の文集では一般に、「ありのまま」「すなおに書く」という姿勢が重視されており、低学年であればあるほど、また集団規模の小さいところで編集された文集であるほど、表記や文法に間違いがあってもそのまま掲載された傾向がうかがえる。間違いをそのまま活字に組んだり書き写したりしたうえで指摘が評などに書き込まれており、⑦作文ワークに引用されているものもある。さらに、作文技術だけでなく、作品中の人物のふるまいや考え方についても教材の一部としていた様子がうかがえる。

　指導という点では、児童や生徒が実際に書いた最初の文章と、文集に掲載された文章との間にどのような違いがあったのか、現時点ではわからない。文集に掲載されるまでには、①児童や生徒による執筆、②教師への提出、③教師による謄写版または活字による複写、という、少なくとも3段階があると見積もられ、何らかの指導や修正が加えられていた可能性もある。「ありのまま」「すなおに書く」とは矛盾する方向のように感じられる面もあるが、日本語として明らかに誤ったことばや表現をそのままにしておくための作文教育ではなかっただろうと思われる。

　語彙については、地の文と会話文に分けてみると、大人の文章であれば、

地の文は書きことばのみで書かれるところだが、話しことば（大人の一般的な文章では書かないほうが適切とされる方言や俗語などを含む口語的な表現）もよく使われている。

　文体について、学校単位の文集は固定的なものがあり、指導の方針の違いがうかがえる。会話文は、どちらかというと低学年で多く用いられる傾向がある。

3．方言[2]

3.1　使用された方言の特徴

　全体に、文集（地域・学校）または作文によって方言の使用頻度が異なり、全く使われていない文集もあれば、ほとんどの作文に方言が観察された文集もある。このことから、作文指導や編集方針が大きな影響を与えている様子がうかがえる。なお、全国誌においては、各地から作文を集めて編集した結果と思われるが、作文によって方言が使われていたり使われていなかったりしていて、文集による特徴はそれほどみられない。

　以下、方言の使い手について確認した後、おおまかに、文法、語彙、談話・言語行動に分けて、具体的な作文を確認していく。

3.1.1　会話文における方言の使い手

　作文に使用された方言は、地の文よりも会話文に多い。地の文で使われる場合もあり、気づかない方言として使っている可能性があるように思われるものもある。

　方言の使い手は子ども、親、兄弟、地域の人々である。作文に登場する教師はもっぱら標準語（共通語）のみを使用しているが、教師も方言を使用している場合がある。次の（1）では、教室の児童全員に対して、教師が二重下線部で引用の「〜いうて」を使っている。（2）では、児童と一対一の場面で、教師が二重下線部のような方言を使っている。また、（2）では、作文

技法の良し悪しではなく、登場人物のふるまいや考え方について、読者に考えるよう促す「評」が付いており、当時の文集の位置づけがうかがえる。なお、近畿地方の文集では、地元の方言が他地域より多く観察され、他地域に比べて、方言を作文に書くことに抵抗がない様子がうかがえる。

（1）せんせいへ（てがみ）（49作文運動　兵庫作文の会機関誌9：頁番号なし、兵庫県・小1・男性）
　せんせい　きょうは　ゆきがふって　さむいですね。きょう　ちょうかいのおり　せんせいのかおが　みえませんでしたので、ぼくは　せんせいが　またよそへいっとてんやろかなと、おもっていました。きょうしつへはいったら、ふみよせんせいが、「こにしせんせいから、かぜをひいたので、やすませてもらいますいうて、てがみがきています」と、おっしゃいました。みんなは、「ふぅーん。」と、いうてでした。

（2）紙ばさみ（48東京の子ども：p.50、東京都・小2・男性）
　おかあちゃんに「かみばさみかってけえろう。」とねだった。「だめだよ」「なんでもゆうことをきくからなあ。いいべえ。」「だめだめ、うちはびんぼうだから。」「いいだんかよ。いいだんかよ。」といっても、ちっともかってくんねえのではらがたった。「けちんぼばばあ、」とでかい声でどなったが、それでもかってくれない。（中略）おれは先生と上り口のとこにすわって話をした。「おかあさんは。」「馬さんの畑へ草とりにいっていらあ。」「水あびにいかねえの。」「るすしてるんだ。」「だってしいちゃんもいるじゃあねえか。」「しいちゃんがいても、おれに

　せんせいは、どうして、（筆者名）くんがかみばさみをほしがっていることを、しっていたのでしょうね。

　紙ばさみがほしくて、おかあさんをこまらせた（筆者名）さんのようすや、先生から紙ばさみをいただいたときのようすが、はっきりかけています。（筆者名）くんの、おかあさ

もいろといったんだ。」「おまえは紙ばさみほしいんか。」「うん。」「じゃあやるよ。ほら、」といって紙につつんだものをくれた。「おまえ、こんなものほしがっておかあちゃんをこまらすな。おとうさんもないんだからな。おかあさんのいうことをきいて、もっとべんきょうすれば、いい子になるぞ。」といった。

んや、せんせいにたいするかんがえかたについて、みなさんからなにか、ちゅうもんすることはありませんか。

3.1.2　文法：命令表現・禁止表現・勧誘表現

　文末に注目すると、命令表現や禁止表現がよく使われており、多くの方言的特徴が観察される。以下の例のように、東日本方言「〜な（よ）」や命令形、西日本方言の連用形による命令表現（なげ／やめ／ねとき等）が多く観察され、中部方言の禁止表現「〜ちょし」などもみられる（(13) 二重下線部）。引用では、個別の作文の題名を省略した。

（3）今日は日曜日なので、おとうさんもお庭で、口なしの花をうえていましたが、「おなかがすいたなあ。なにか口にいれな。」とおっしゃって、口を大きくあけました。（28さくぶん：p.52、東京都・小4・女性）

（4）するとうちでは、「母の日だからせんたくしなと、せっけんをかってきたよ。」とおとうさんとおかあさんはわらいながらいいました。（31すみだ：p.44、東京都・小4・女性）

（5）ぼくはさっそくおとうさんにこぶみたいなもののことをきいてみたら、それは「いなごというんだよ」とおしえてくれた。いつのまにかはれたことを話すと、「どれちょっと見せてみな」といって見ていたが「さてはばいきんが入ったな」といった。（31すみだ：p.66、東京都・小6・男性）

（6）よしこがおきてきたから、「よしこ、ねえちゃんがかってきたおみやげ、これだよ。さわってみな。」っていったら、よしこったらほんとうのかえるかとおもってさわんないでないちゃった。(39ひざし6：pp.57-58、千葉県・小1・女性)

（7）「しずえちゃん、めっかんなよ。」といいながら、ふみ子はいそいででてきました。(39ひざし6：p.48、千葉県・小2・男性)

（8）おとうさんは、「ごはんをもってこい、ごはんをもってこい。」といっていました。おにいさんが、ごはんをもってきました。「めがねをかせ、」といったので、ぼくがほうったら「おとうさんのめがねを、そまつにするやつはだれだっ。」と、しかられてしまいました。「チェ、しけてやんのっ。」というと、おとうさんが、おはしでぼくのことをぶちました。ぼくは、すぐよけてにげました。おねえさんが「はやくしたへ、にげなよ。」といったのでいそいでしたへにげました。「たつを、よんでこい、たつをよんでこい。」と、大きなこえでぼくをよんでいました。ぼくは、おっかなくて、おっかなくて、むねが、どきどきしてきました。(48東京の子ども：p.38、東京都・小2・男性)

（9）すると、バスが走り出しました。わたくしたちは　みちの　はじっこによりました。それからバスのあとを　おいかけて行きました。すこし行って　かけるのをやめました。すると　なおゆきが、「かけろ、かけろ。」といいました。(32とつか：p.10、神奈川県・小2・女性)

（10）ほっぺたが、はれていたので、えみこが、あめだまとまちがえて、「おれにもくろ。」といったので、おかあさんが、「はがいたくてふくれているんだよ。」と、いったら、みんながおおわらいしました。(39ひざ

し6：p.58、千葉県・小1・男性）

(11) 学校からの帰りに富士じゆたくの所りまん中の電線に子つばめがいた。中学生の一、二年生らしい、男の子四、五人の中の一人が、「石をなげ」といった。その時、むこうの方から親つばめがきた。子つばめはまっていたように口を大きくあけていた。中学生の人たちは、もう子つばめに石となげるのをあきらめたらしく、私が見ている所へきた。すると、はじめ「石をなげ」といった人がまた「こんどこそあててやろ」といって石をなげた。すると子つばめの中の一わのすこし横を通った。「ちいくしよう」とまたいった。するといっしよに帰ってきた友だちたちもみんな石をなげた。私はかわいそうだと思った。そして「みんなかわいそうだからやめ」と、いおうと思ったが私より大きい人たちなので、私はなかされると思ったので言うことができなかった。(27がぶっちょ：pp. 17-18、大阪府・小5・女性）

(12) 母は、「三郎はまめなな。」といって、「げんかんの戸をあけてきてくれ。」といった。ぼくが、あけにいくと、母は立ってふらふらしていた。ぼくが、「ねときほれ。」というと、母は「かんまん。」といった。(55作文9：pp. 19-20、徳島県・小5・男性）

(13) 私のきようだいは五人います。そのうちで私は一番上なのでいろいろの仕事をしなくてはならないので、えらくてたまりません。(中略)毎日毎日ねぼうするので、時には掃除を済ませて布団をたたみに行くんですが、その時むりとねまきをまくつてやるとあわててとび起きるので、「時には早くおきて掃除でもしたらどうで」としかると「ふうん、なんぼか姉ちゃんがえらいつち気でいばるじやねえ」というので、私も思わずおもしろくなつてぷつとふき出してしまう時もあります。しかしこの

ごろではすこし早くおきて帰除くらい致しますが、それでもいいつけないとしないのです。ねんじゆう私がぶつぶついうので、時にはお母さんに「<u>なんぼ姉ちゃんでもほうおこっちよし</u>」といわれるので、あまりいうまいかとは思い、ついついいつてしまうのです。早く妹達が大きくなって、いろいろする様になるといいと思つています。(26水の影2：pp. 36-37、山梨県・中2・女性)

勧誘表現にも方言が観察される。次のように、東日本方言の「〜べ(え)／ぺ」や、中部方言の「〜ざあ／だあ」が使われている(二重下線部)。

(14) たんぼのそばの川のみずがこぼれそうでした。「<u>はいっぺや</u>。」と、あんちゃんが、いったので、わたし、スカートを、うえのほうまでまくってはいりました。(中略)あんちゃんが、もっと「<u>さきいくべや</u>」といいました。(39ひざし6：p. 45、千葉県・小1・不明)

(15) きようは、ほうが、「やぐらに<u>のっぺや</u>。」と、いったからぼくは、「うん<u>のっぺや</u> そってやぐらのうへでしようぎ<u>やっぺや</u>。」といってやったらぼく<u>まけちゃった</u>。(39ひざし6：p. 72、千葉県・小1・男性)

(16) 「あっ、<u>火じだど</u>。」とかなめちゃんがいいました。「<u>いぐべえ</u>。」「<u>どこだんべなあ</u>。」「むこうだよ。」「はやく<u>いくべえ</u>。」ぼくは、下駄を脱いで<u>とんでいきました</u>。(7なみき6：p. 23、群馬県・小2・男性)

(17) 父が、「<u>三人ばか上下の道ろに行ってくれよ</u>。」といってぼくの所に来て、「<u>さあいかざあよ</u>。」といい、岩の上を、小とびに上の方に行きました。(42ふもと：p. 16、静岡県・中1・男性)

(18) 先生はいすにどかっとすわっていた。友達は「おら、いやんなっちゃった。」といっていた。おれは内心どきどきして先生がなんと言うか…決心した。友達も決心したらしく「いかだあ。」といった。二人で教員室の中へはいっていった。五六歩歩くと鐘がなった。「やあ、早くいかだあ。」といってすこし早く歩いて先生のところへ行った。(42ふもと：p.24、静岡県・中2・男性)

3.1.3 文法：その他の文末表現形式

　そのほか、会話文には、さまざまな文末形式が確認できた。以下に列挙した作文には、授受動詞（やりもらい表現）、断定辞「～だ／ら／じゃ／や」、伝聞表現「～ど」、引用表現「～といって／って」、自発表現「～ちゃった」、過去回想表現「～け」、疑問表現「～か（い）／げ」、推量表現「～かもしれない／じゃろう」、同意要求表現「～じゃんか／じゃ／じゃないだ／ねっか／がん」、義務表現「～ちゃ」、テンス・アスペクト表現「～とる／よる／～った」、条件表現「～ゃあ／～ば」、原因・理由表現「～から／がん／さかいに／で」、終助詞「～なれ／(も）の／こて／や／ぜえ／ぞ／じょ／ど／せ」、否定表現「～へん／ん」、カ行変格活用動詞が一段化した形式（きょうか）（飯豊, 1984ほか）など、各地で報告されてきた方言形式が観察された[3]。また、文法ではないが、連母音が融合した形式（重てえ／いてえー）や、ウ音便（言うた）なども使われている。なお、ここでも、個別の作文の題名を省略した。

(19) 誰かが、机のそばにおいてあったわたくしのかばんに目をくれて、「シーちゃんのかばんいつごろ買ったの？。」と聞く。わたくしは三年生になってよくこんなことを聞かれる。「五年生の時の試験休みに買ってもらっただ。」と言った。みんなわたくしのかばんに目を注いだ。わたくしはとても恥ずかしかった。(44緑野：p.15、埼玉県・中3・女性、1957年8月)

(20) いつもおとうさんに「うるさくてしようがない。」といってしかられます。(29かつしか：p. 20、東京都・小6・男性)

(21) ある日学校から帰って来ると、いつもいる三毛がいない、おばあちゃんにきくと「くれてしまったよ。」と言った。私はむっとして、「どうしてあたいにだまってやったの。」ときつく聞いた。おばあちゃんは、「お前に言うとうるさいもの。」と言ったので私はぷうっとなってたまにおこった。(43みどり野：pp. 11-12、埼玉県・小5・女性)

(22)「はい、こっちをみてはい写せました。」写真屋さんの声に、待っていたように、「あああ。」という声があちこちでした。「おら、わらった顔、写されたかしんね。」そんなことを話している人もいる。だれかが、「あれ、今日写真のお金持ってこねえ。」というと、増田先生がわらいながら、「買いたい人は、学校で受持ちの先生にお出しなさい。」とおっしゃった。少ししてから整列して、こんどは博物館に向った。(43みどり野：p. 15、埼玉県・小5・女性)

(23) しょうじあんちゃんと、いんばぬまのとおくのほうへ、ふねでふなつりんいった。でっけえ（大きい）ふなだのかもちんだのいっぺつれで、おもしろがっけや、ばけつへひやしたっば、「びょごん、びょごん。」はねで、ふくぬらさっちゃった。もっとつっぺとおもったっば、はりぶっかけで、でっけえふなにがっしゃって、つまんねがっけや。しようねえがん（しかたがないから）、えさ（いえへ）もどってこんど、いっぺはりもってせんろのとどへいってつったっば、かもちん一ぴきつれだっけや。それから、こいみでに　でっけえ（大きい）ふなもつれだ。そのほか、えびがにだのかわいらしいふなだの、おもだくなるほどつれだよ、おらまだせんろんとごいくだ。(中略)あんちゃんが、「きょうは、みすがいっぱ

いだから、とれっど。」といいました。(39ひざし6：p. 45、千葉県・小1・男性)

(24)「それよりあの小犬の名前をつけなくちゃ。」(29かつしか：pp. 18-19、東京都・小6・女性)

(25)「まったく困ったなあ、たいていあの先生じゃあ、土曜日までって言ったから月曜日なんて言えば怒られちゃうぞ。」「怒られたっていいじゃんか、おらが忘れたんだから悪いからしょうがないじゃんか。あやまんないと国語の時間教室でみんなのいるところで怒られちゃうぞ、それこそみっともないじゃんか。」と言っているうちに教員室の前にきた。先生はいすにどかっとすわっていた。友達は「おら、いやんなっちゃった。」といっていた。(42ふもと：p. 24、静岡県・中2・男性)

(26) それから銀をつめて帰った。そのことを兄に話したら、「おもしろいじゃ。」と言ったので、頭をピシャッとぶって、にげて来た。(35文集よこはま：p. 50、神奈川県・小5・男性)

(27) 門から出ると、となりの家のやねから、むこうの木の上まで、山のような赤い雲が出ていた。「あの雲きれいらねっか。」と姉がおどろいたような顔でいった。「ふじ山みたいな雲らあねえ。」と思わずいったら、「あんがに赤いふじ山なんかねいこてや。」と、姉もとても明るい声でいった。『春になったなあ。』と、わたしは姉の声を聞いてまたそう思った。(55作文9：p. 25、新潟県・小6・女性)

(28) ぼくは、くりをむくのをやめて、帰りたくなった。「のぶおちゃん、またきようか。」というと、「うん、そうしようや。」といいながら、い

がをかたづけて、くりの実をポケットにいれた。がっこうから、かえるよりはやく、うちのひとに、「きょうは、よめたかい。」といわれました。
(39ひざし6：p.54、千葉県・小1・女性)

(29) その夕方だった。おとうさんが会社からかえってきていた時、買物からかえった母がおとうさんにこういった。「たたみやさんの人がまさ子がほしいってよ。」と。すると「ばかやろまさ子をあげられっかい。」と、お父さんは、いいました。まさ子はわたしのかおを見て笑った。(31すみだ：p.49、東京都・小4・女性)

(30) ぐいっとモッコを持ち上げた／「重てえなあ」おれが言った／「うん」ねえちゃんが言った／肩から腕が抜けるようだ (46秩父嶺：p.35、埼玉県・中2・男性)

(31) ぼくは思わず「いてえー。」と、さけびましたので、みんなにわらわれました。(28さくぶん：p.10、東京都・小4・男性)

(32) 帰りながら、家でおかあちゃんは、何をしょんじゃろかと思いながら帰った。おふろのそばに、銀二が立っていたので、「銀二、ねえちゃんが、山へ行っとるとき、大きな声で、とうちゃんこられえ言うたんじゃろう、ねえちゃんは、よう山できこえたど。」と、言ったら、「うん、言うた。」と、言ってうなずいた。台所へ行って見ると、おかあちゃんは、おひるのおかずを作っていた。おいもさんが、はがまの中で、ほこほこしていた。「おかあちゃん、おいも一つちょうでん。」「ぬくいのを、たべらええがん。」と言って、おいもさんを、三つだしてくれました。「それから、なあおかあちゃん、もう一っぺん山へ行くんじゃから、おとうちゃんに、おいもさんを持って行って、あげてもええか。」

二. 児童・生徒の作文にみられる言語表現　99

と、言ったら、「持って行って<u>あげりゃあ</u>、おとうちゃんが、<u>喜ばあ</u>。」と、言った。「おかあちゃん、どれにつつんで行こうか。」と、言ったら、おかあちゃんのくすりを<u>つつんどった</u>紙を、持って来て、「これに、<u>つつんでいけゃあええがん</u>。」と言って、おいもを、十ほどつつんで、ふろしきにつつんでくれました。(52小学　作文3月号（第4巻第3号）：p.5、岡山県・小4・女性)

(33) 学校から帰ると、「<u>どしたんぜえ</u>。」ときくと、母は、母はねていた。「あたまが<u>痛いんぜえ</u>。」といった。(中略) 母が、「病気が<u>うつるじょ</u>。」といったけど、「<u>かんまん</u>。」と言いかえした。(55作文9：pp.19-20、徳島県・小5・男性)

(34) おとうちゃんが「としろうは、いとのほうを　<u>むかへんさかいにまける</u>。」<u>いうてでした</u>。(49作文運動　兵庫作文の会機関誌9：頁番号なし、兵庫県・小1・男性)

(35) おかあちゃんに<u>おこられるわ</u>／<u>そやさかい</u>（それだから）あそびに<u>いけへんね</u>。(49作文運動　兵庫作文の会機関誌9：頁番号なし、兵庫県・小1・女性)

(36) すぎがきのなかへはいると　ありんこがみちをつくっていました。どこまで<u>いくんら</u>（いくのか）おもって　<u>さがしよったら</u>　あなゝかへ<u>はいりよった</u>。(49作文運動　兵庫作文の会機関誌9：頁番号なし、兵庫県・小1・男性)

(37)「かあちゃん、<u>なんであしたあめふんねどいいの</u>。」と、私はランドセルをおろしながらいいました。「なんだ、さよ、<u>きいったのか</u>。あ

した日ようだからなれ、ぬまたの山さ、かれこしょうさいぐどおもってや」とかあちゃんは私のほうをみていいました。「べんともっていぐのげ。」「うん、さよ、がっこやすみだからなれ。」「ばんかだ、なんじごろかえってくんの。」「はやくけってくるからなれ、火だけあぶなくしねでいろな。」と、こんどはとうちゃんがいいました。「うん。」と、私はいいながらランドセルをあけていいました。(50作文クラブ1：p. 41、宮城県・小3・女性)

(38) わたくしはたかがり山はどこだとおもってただみちさんにきいてみました。ただみちさんは「てっぺんのげたとこせ。」といったのでわたくしが「二年生にはむりじゃないだ。」ときいたらただみちさんが「ここから見ればとういと思うけれどいってみるとそんなにとうくないだよ。」といいました。かつみさんが「先生がきたでならびなさい。」といったので、わたくしはすぐならびました。(25あゆみ3：pp. 33-34、長野県・小2・女性)

(39) わたくしも　くさと　おなじように　よくたいそうをして　げんきをだそうと　おもっているんですが、　よくたいそうができなかったら、くさみたいに（のように）げんきを　だされへんと　おもいました。まだからだの　おもさが　ただの20（20きろぐらむ）なので　げんきをだされへん（ない）と　おもいました。(49作文運動　兵庫作文の会機関誌9：頁番号なし、兵庫県・小1・男性)

(40) ぼくはただしくんとゆきだるまをつくってあそびをした。そしておっちゃんとしょうほうちゃんがきて「なんだそんなきたない雪だるまくろいや」といいました。そしてただしくんは「きたなくもいいや」といいました。(7なみき6：p. 6、群馬県・小1・男性)

3.1.4　語彙

　文末表現と同様、会話の部分で方言語彙が多く観察される傾向がある。地の文で用いられる場合もある。方言と気づかずに書いている可能性がある。

　そのほか、方言語彙の使用が認められたものの中からいくつか使用例をあげておく。以下では、促音化語形「おっこって」、「じきそば」（すぐ近く）、「いくじ」（何時）、「てんで」（程度副詞）、「いくら」（値段）、「こんまい」（細かい）、「かいて」（掻いて）、「じみじみして」（湿度が高い様子）、「えらい」（つらい）、「かなん」（かなわない）、「らいさま」（雷）、「ズック」（スニーカー靴）、「うちもん」（家の人たち）、「いかい」（大きい）、「こえー」（疲れた）、「かんかん」（缶）、「おさい」（惣菜）、「チョコチョコ」（猫の呼び声）などの方言が使われている。(41)では、「トブ」が遊具「めんこ」を表すことについて、注記が付いている。このような注記はすべてに付いているわけではなく、おそらく文集の版下原稿に転記する教員が「わかりにくい」と思った部分に付したものとみられる。

　(41) 博一と房子は<u>トブ</u>（めんこのこと）の取りっこでけんかをしていた。私は「この<u>ばかやろう</u>。」とどなった。房子が泣き顔で「だって、博一がおれの<u>トブ</u>を<u>とっちゃった</u>んだもの。」と言った。私は博一に「だめだよ、人の物を<u>取っちゃあ</u>。」と言った。すると博一は「<u>それじゃあ</u>みんな<u>やらい</u>。」と言った。(46秩父嶺：pp. 31-32、埼玉県・中2・女性、1958年6月)

　(42) ぼくのは、給食ぶくろに入れておいたら、<u>おっこって</u>しまいました。(28さくぶん：p. 7、東京都・小4・男性、地の文の例)

　(43) うちはおゆやの<u>じきそば</u>の「かしわや」っておそばやです。(48東京の子ども：p. 6、東京都・小1・男性、地の文の例)

(44) おかあさんは、あたしに、「いまいくじ。」といいました。(48東京の子ども：p.44、東京都・小2・女性)

(45) するとむこうから福田君が、なにかもってやってきました。「福田君。」とぼくはよんでみました。「なんだあ、おもしろブックか。」と福田君がいいました。おもしろブック、というのは少年とおなじく毎月出る雑誌です。ぼくは、「ちがわい、少年だよ。」とちょっと、とくいになっていいました。すると福田君は、「そうかあ、あのなあ、おもしろブックてんでたかいぞ。」といいました。福田君の持っていたのはおもしろブックでした。ぼくが、「そうか、いくらだ。」というと、「ねえ、百三十円。」といいました。(30あらかわ：p.16、東京都・小5・男性)

(46) ひこうきがとんでいた／わたくしは／おおきいひこうきがとぶのはびっくりした。／こんまいひこうきがとぶのは／びっくりしない。(49作文運動　兵庫作文の会機関誌9：頁番号なし、兵庫県・小1・女性)

(47) おべんとうを食べ終ってから、かわらの方へおりて行くと英ちゃん勝ちゃんが、かなづちで岩をかいていた。そばへ行くと、「ああ、なかなかひっかけねえや。」といいながら、一生けんめいかいている。私が、「かなづちを持って来るんだっけ、そんしちゃった。」というと、英ちゃんがかしてくれた。青っぽいよさそうな岩を選んでかいてみたが、なかなかかけない。(43みどり野：pp.15-16、埼玉県・小5・女性、1950年5月)

(48) 夜になると、／じみじみしてくる。／かやの中であばれる／弟たち。(43みどり野：pp.63-64、埼玉県・小5・男性、1950年6月)

(49) せんせい　ゆきがふったね。きようもさむいね。せんせい　えら

いで　がっこうへ　こられへんのやろ。せんせいがきてなかったら、ぼくかなんなあ。(49作文運動　兵庫作文の会機関誌 9：頁番号なし、兵庫県・小1・男性)

(50)「ゴロゴロ」となった。すすむちゃんが、「らいさまだ」といった。西の空に雲がたれさがっている。つりをはじめるとまもなく、「ザザー」と大つぶの雨がふってきた。道具をかたづけだすと、こんどは「パタパタ」とラムネの玉のようなものがふってきた。「ひょうだ」と気がつくと「けえれねえかな」と思った。すすむちゃんがえびがにをふっちゃった。こうちゃんもふっちゃった。おれもふっちゃった。みんなバケツをかぶった。ひょうがバケツにぶつかって「ガンガン」となっている。みんなむちゅうになってかけだした。ズックの中につめたい水がはいってきた。あきらくんの家のうしろでこうちゃんがなきだして、とまってしまったが、「いっちまうど」といったらまたかけあしでついてきた。ガンガンとなおはげしくなって坂道には、まっしろにいっぱいひょうがつもっていた。(中略)やすみながら「うちもんはどうなっているかな」と思うとむねがドキドキして急におそろしくなった。(40ひざし 9：pp.74-75、千葉県・小5・男性)

(51) バスをおりたとたんに、まん中からはしがわれた。「かちどきばしがあがったぞ。」「うわあ、すげえ。」「ちょうどいいあんばいでしたね」男の子の声、おとなの人の声「先生、いかいふね、とおんねえで」なんていうのも聞える。(中略)ながいかいだんをのぼる時、「ああ、こえー、ああ、こえー」といいながら、のぼっていった。(40ひざし 9：pp.87-88、千葉県・小4・男性)

(52) 私が、「なにかちょうだい。」というと、おかあさんは、「かんかん

におかしがあったらたべてもいいよ。」といいました。私が「はい。」といって、かんかんの中をみると、おかしはなかったけれども、あめがありました。（2高鈴クラブ作品集1：p.5、茨城県・小5・女性、1958年7月）

(53) 六月二十五日のことでした。家に帰って勉強をしていると、姉ちゃんが「よし子、わるいけどネ、たろうえもんへいってマヨネーズを買ってきてよ」といいました。「なにつくんの」ときくと「サラダをつくんだよ」といった。「こんばんのおさいだな」と思ったので、とちゅうだけど勉強をやめた。（40ひざし9：pp.58-59、千葉県・小5・女性）

(54) ぼくが、「チョコチョコ」とよんだらニャンといってへんなものをくわえてでてきた。「あっねずみだ」とさけんだかあちゃんが「あらあら大きなねずみだこと」といった。（40ひざし9：p.52、千葉県・小4・男性）

3.1.5 談話・言語行動の特徴

会話の進めかたなどの談話や言語行動の特徴を確認できる場合がある。
(55) では、筆者と友人と兄の3人でのことば遊びが確認でき、会話を楽しむ近畿方言話者の様子が確認できる。

(55) ふねつくり（27がぶっちょ1：pp.11-12、大阪府・小3・男性）
ぼくと、とだくんとふねをつくりました。ふねのかたちをつくってから、とだくんに「あああつい」といいました。そこへいままでべんきょうしていたおにいちゃんがきて、「へたのう、つくったあら」といいました。ぼくが、「おにいちゃんなんかべんきょうしとったらええわい」というと、「なにお。ひろっちゃん作ったろか」と、とだくんにいいました。「つくってなんかいうなよ。つくっていらんといえ。」とぼくがいいました。おにいちゃんが「ひろしつくったろか」「つくってくれ。さき二か

いだてをつくるから」と、ぼくがいいました。くぎをかなづちでたたきました。(中略)きゅうにおにいちゃんがおこりはじめました。「はよつくれ。もうつくったれへんど」「ほんだらつくっていらん」「つくったるつくったる」とにいちゃんがいいました。「あれちょっとくりくりばあや」と思いました。「なにをつくんねん」とにいちゃんはまたおこりはじめました。「えんとつつくんねん」「えんとつどこにつくんねん」「二かいのてっぺんのいちばんまんなかや」「よしわかった。にかいのまんなかのてっぺんか。わかったわかった」といってえんとつを作りはじめました。「ごしごしとってんかってん」「なにをつくってんねん」「えんとつ」「え‥‥ん‥‥と‥‥つ‥‥あちゃこ」「やっとできた」とにいちゃんがいいました。とだくんも作りました。

また、(56)では、地域差があるとされる言語行動が確認できる。子守りなどで相手を泣き止ませようとするときに、次の作文の下線部のように、動物を登場させて相手を脅すという手法である(椎名, 2005)。

(56) あかちゃんのおもり (28さくぶん4年5号：pp.4-5、東京都・小4・女性)
わたしは、おべんきょうをすましてから、くに子ちゃんの家へ、あそびに行きました。えっちゃんというあかちゃんもいます。おままごとをしていたら、えっちゃんが、なきだしたからあそびをやめておもりをしてあげました。えっちゃんを、おんぶして中学校へあそびにいって、いけの石の所にすわって見ていました。すこしたったら、くにちゃんがきました。えっちゃんがなくので中学校のうらのしずかなおはかの方にいきました。とてもしずかで、すこしこわくなりました。でも、あかちゃんをねせるのには、こういうところの方がいいのです。こわくて、くに子ちゃんがなきだしました。そしたらえっちゃんもなきました。わたしはくに子ちゃんに「そんなになくと、わんわんがくるわよ。」といったら

なきやみました。けれどえっちゃんはまだなきやみません。えっちゃんがねむるまでとあるいていくうちに久が山にきました。くに子ちゃんがつかれたつかれたといいました。わたしはもうあせびっしょりです。わたしももうつかれたので、かえり道をあるきはじめました。いつのまにか、えっちゃんも、すやすやねむっています。いそいでかえろうとして小ばしりしながらかえってくる道、中学校でまたえっちゃんがなきましたが、またねむりました。かえったらおばさんにほめてもらいました。うれしくなりました。

3.2 方言をテーマにした作文

　文集には、調査報告・研究記録や生活文の中で、方言をテーマにした作文があり、教育現場での興味関心がうかがえる。対象の文集には、児童・生徒による方言の調査報告（研究）が4作品と、方言を題材にした生活文が3作品あった。どれも、身近なところで使われたことがきっかけで方言を調べた作品のようであるが、書き方は異なる。(57)のような調査報告もあれば、(58)のように身近な人々に聞いていった過程をまとめたものがある。どちらも、方言についての良し悪しの評価を行わずに、意味や語源、使い方について書いている。

(57) 校内児童研究発表会　方言の研究（35文集よこはま6：pp.133-135、神奈川県・小5・女性）
〇きっかけ
　ラジオなどで、京都や鹿児島のことばをつかったげきを時々放送しています。ほんとうにこんなことばが使われているのかと思って調べてみました。

〇研究のきっかけがはっきりと書けていますね。

○方法

　夏休みにはいって、すぐ日本を八つの地方に分けて県庁や府庁、道庁に手紙を出してしらべました。／八月三十日ごろだいたいお返事がとどきました。こない所は、さいそくの手紙を出しました。それを、もぞう紙にまとめました。

○わかったこと

イ、北海道・東北・北陸は、だく音をよく使う。おどさん・おがっちゃん・どど・おど・で・てで・かが・あば・んがだ・おが

ロ、北海道・東北・北陸は、つまった音をよく使う。どっさん・おがっちゃん・わっち・ばっば・じっち・じっこ・じっちゃ・ばっちゃ・おっどっつあん・おっかあ・つあつあ

ハ、秋田と島根・鹿児島は、ことばが同じでも、使い方がぜんぜんちう。

ニ、ぼくのことを、秋田をわといい(4)島根ではきみのことをワーといいます。

ホ、関東では、おじさん・おばさんのことを、おじ・おばといいますが、鹿児島ではおじ・おばというと、おじいさんおばあさんのことになります。

ヘ、京都では、おとうさん・おかあさん・おにいさん・おねえさん・きみ・ぼくなどは、だいたい共通語に似ていますが、わたしということばだけは、共通語とぜんぜんちが

○調べる方法として手紙を出した点はいい。

○調べたことをイ、ロ、ハ、ニ、ホ、ヘ、と箇条書きにした点は読む人にもわかりよい。

○特に例をひいて一つのまとめとしているなどよいと思います。

○この文は研究の記録としてむだのない書き方です。味が少しすくないけれどこのような

います。

　　ウチ・アテ・ウラ・ワテ

○感じたこと

　わたしは、以上のように人の呼び方についてしらべましたが、ほかのものが調べられなかったことが残念です。色々の調べ方があります。イ、アクセント／ロ、物につけた名前／ハ、いい方　　　などです。

　（瀬谷小　（男性名）先生指導）

まとめ方も大せつですね。

○一らん表にまとめた点とてもわかりやすかったね。（次のページ）

方言しらべ

備考	九州鹿児島	高四国知	中国島根	近畿京都	中部新潟	関東茨城	奥羽秋田	北海道小樽	共通語東京
	とうちゃんとうさん	オトヤン	オトッチャンチャッチャンオトッアン	おとうさんとうちゃん	オトツアオトト	とうちゃんとっつあで	とどおどとでとて	とっさんおどさん	おとうさん
	かあちゃんおっかあ	オナン	オカカオカカサンカッカサン	おかあさんおかかあちゃん	カカタ	おかあちゃんおかあさん	あかがぱ	おかあさんおがっちゃ	おかあさん
	じいちゃんオジ	ジンジ	オジジ	おじいさんじいちゃん	ジジジサ	じちゃ	じさまじっちじっち	じさ	おじいさん
	ばあちゃんオババ	バンバ	オババ	おばあさんばあちゃん	ババパサ	ばっぱ	ばんばばんばっぱ	ばさま	おばあさん
	にいちゃん	アンチャン	アンニャンアンチャン	おにいさんにいちゃん	アンニャ	あんちゃん	あんちゃひな	あにさ	おにいさん
	ねえちゃん	アネサン	アネチャン	おねえさんねえさん	アネサ	ねえちゃん	ねえちゃ	あねさ	おねえさん
	アタイアタシ	オリャァ	ワスイダダー	ウラわたしアテワテ	オラ	あたい	おれりゃおれ	ワッチ	わたし
	オイアタイドン	オリヤン	オラ	わぼちし	オレガ	おれ	わしゃ	オレ	ぼく
	オイオマンサ	アオマンミヤ	オンシワリー	カンタ	ナ	わお前あ	おめえ	おっんはんがだんい	きみ

(58)「でご」という方言—研究記録から—（41ひざし10：pp. 64-66、千葉県・中2・女性）

　みなさんは、「でごある」という言葉を聞いた事がありますか。私が富里中学校へ始めてはいってきた時、私と同じように富里の南部からも、北部からもたくさんの友だちが、この富里中学校へはいってきました。ですから、同じ村で使っている言葉の中にも、これはおもしろい言葉だな、これは変な言葉だなと、聞きなれない言葉をたくさんききました。／ある日、南部からきた人と学校の家畜小屋へにわとりを見に行きましたら「あーらでごいる。」といったので、私は変に思いながら「たくさんいるって事？」とその人に聞いてみました。その友達は「うん、あんたら知んない」と、さもびっくりしたようにいいました。私はどうして「でご」なんていうのかなアと、その時考えました。それからこの「でご」という言葉を、ふしぎに思い始めたのです。私はふしぎでならなかったので富里村のおじいさん、おばあさんに、この言葉について聞いてみようと思いました。それは、いつまでも、この言葉に対する関心がすてられなかったのです。私は始め古部落の久能へ用事で行ったので、その家のおばあさんにきいて見ました。（中略）今度は入木野の知り合いの家へ用事で行ったのでそこのおばあさんにききました。（中略）もう三人もきいたのにだれもしらないので富里村のおじいさん、おばあさんの中に知っている人はいないのだろうと思うとじりじりしてきました。（中略）私の家からほど近い新橋へ行きました。（中略）「ばあちゃんこんにちは。」というと「こんちは、よくきたな遊びにきたのか。」と、しわをよせてわらいました。（中略）私は「ばあちゃんいっぱいある事をでごっというべ、どうしてでごっていうだ？」とたずねるとちょっと間をおいてからおばあさんは「ああ、それかそれはこういうわけだよ」といわれたしゅんかん本当にホッとしました。なんだかかけ出したいような気持で胸がわくわくしてきました。おばあさんは手を休めて、ひざのほ

こりを払いながらゆっくり話し始めました。「江戸時代の話でよ、佐倉へ年具米を納めるここらの百姓たちは、ちょっとでも少なく持っていくと『こらあ、おまえは佐倉堀田様に失礼だ』とどなられただ。」と大きな声でいったので私は思わず笑いそうになりましたがじっとがまんしていました。又、おばあさんは話し出しました。「それで年具米が少いと堀田様の気にさわってろうやへ入れられたりしたっぺ、だからききんでとれない米の中から、自分たちは食わねえでちっと多く持ってくだよ。そうすっと刀をさしてちょんまげをゆった武士が目をぎょろぎょろさせてみてるだ。家来がていねいにますではかるだよ。そうすっと百姓が多く持っていったっぺ。だから「出合」になるはずだ⁽⁵⁾。この「出合」をいつのまにか「でご」と呼び、たくさんある。と、いう意味にしただとよ」と、おばあさんは、目をつぶりながら話をしたのです。「百姓はかわいそうだったなあ」と私は思いました。そして昔は、武士の方が百姓よりもえらかったけどほんとうにえらいのは百姓だと思いました。私がホッとしていると「どうだねえちゃんわかったか？」ときいたので私は「うん、だけどどうして知ってる？」ときくと「うんおれが小さい時にはばあちゃんからきいただよ」と、いいました。私はうれしくてたまりません、今までふしぎでならなかった「でご」のおこりがわかったので、早くいってだれかに話してあげようと思い礼をしてすっとんで帰りました。／こうして私は「でご」という言葉のおこりを理解しました。私は一つの言葉を理解した時、だれよりもえらいような気がしました。一つの言葉のおこりも決して簡単ではなく人間の生活から生まれたものだという事を知って本当におどろきました。ただ毎日ばくぜんと、何もしらぬままに使っている言葉はまだ外にたくさんあります。私は言葉に対して、とても興味をもちこれからももっと関心を持って研究していきたいと思いました。／(指導　（女性名）先生)

【評】ちょっとした方言でも聞き落さないで研究しようとする態度は尊

いものです。どんな言葉でも生きています。今後ももっともっと関心を
もって生きた言葉を身につけて下さい。ただあなたの文を見ると三つの
段落から出来ていますが真中の部分などはもう少し分けることが出来ま
せんか　構文に注意して下さい。

　(57) については、「評」にもあるとおり、無駄のない調査報告の形式で、
人の呼び方について報告している。ただし、誰から誰への呼び方であるかや、
場面差については、触れていない。
　(58) は「でご」の語源を求めて地域の古老に尋ね続け、とうとう結論を得
たという内容である。紙幅の都合で省略した部分にも、随所に方言が使用さ
れている。会話文のあいさつ（こんちは／あばよ（引用では省略した））、同意要
求表現（いうべ／したっぺ／いったっぺ）、文末表現（いうだ？／どなられただ／
もってくだよ／しただとよ／きいただよ）などのほか、地の文にも方向を表す助
詞「へ」や接頭辞（すっとんで）など、関東地方の特徴的な語形が使われて
いる。
　また、教師の方言について書いた作文もある。(59) では、教師のことばを
「いなかっぺみたいなことば」と表現していて、教師自身も「ことばが少しへ
んになりますが」と述べたとあり、方言に対する評価が含まれているが、具
体的な語や表現は指摘されていない。

　(59) 私たちの先生（31すみだ2：p.55、東京都・小4・女性）
　　私たちの先生はとてもいい先生です。でもいっとうさいしょは、ちょっ
　といなかっぺみたいなことばをしていました。でもあとになったらおし
　えてくれました。先生は自分で「もとは四国にいたのでことばが少しへ
　んになりますが笑わないでください。」といいました。四国の学校はす
　てきだそうです。先生たちの教室のまわりはまっ白なすながあります。
　そのうらは池がありふなや、こいがたくさんいます。それに先生はお話

が大すきです。さんすうでも大てい話しながらべんきょうしています。

一方、(60) では、方言を話す下宿人の様子を述べており、中国地方の方言と思われる方言「そりゃそんぎゃあじゃ」と、それを口癖にしている下宿人との共同生活の様子が書かれている。ここでは、「東京ではそんな言葉はつかわない」等という発言があり、方言に対する評価が描かれている。

(60) 家のかずとさん（31すみだ2：p.57、東京都・小5・女性）
家のかずとさんは田舎の言葉をつかいます。私がなにか言うと「そりゃそんぎゃあじゃ。」といいます。私が「なによ。東京ではそんな言葉はつかわないのよ。そりゃそんぎゃあじゃなんて言葉はつかわないのにばかみたい。」と言うとまた「そりゃそんぎゃあじゃ」といいます。私がおこってひっかくとかずとさんは、「東京の子がひっかいた。これを記念にしておくんだ。」といいます。けれどかずとさんはおこったりしません。いつもねているのかおきているのかわからないような顔をしているので、みんなが、「かずとさんはねているの。」ときくと「ねむいはずだよ。昼まは遊んで夜は勉強だもの。」といいます。

また、文集の題名に方言が採用されている場合がある。大阪府池田市の「熊野田小学校作文の会」による「がぶっちょ」は、教員による巻頭言に次のようにあり、魚の名称であることがわかる。なお、ここにも「熊野田へん」という方言的な表現が使われている。

(61)「がぶっちよ」によせて（27がぶっちょ1：冒頭、大阪府・男性）
「緑の広場」が北摂綴方の会に引きつがれて、文字どおり共同の広場となるので、今度熊野田校独自のものとして「がぶっちょ」が生まれた。「がぶっちょ」は熊野田へんにとくに多い。なまずに似た、頭の大きい

二．児童・生徒の作文にみられる言語表現　113

淡水魚の愛称である。紀州の海でとれる魚にも、「がっちょ」とか「がしら」とか呼ばれるものがある。これも頭が大きい。「かぶ」は「とぶ」と同類の語で、「かたまり」をさす。人間の頭も古くは「かぶ」といった。頭の大きい点からいって、「がぶっちよ」もこの「かぶ」と関係がありはしないか。とにかく「がぶっちよ」は熊野田の名物である。文集の「がぶっちよ」も熊野田の名物として、地域の特性をじゆうぶんに出してほしい。いったい、豊中の児童の作文はきれいごとでありすぎる。「山びこ学校」を求めるのではないが、も少し生活に根ざしたものが、現われてもいいと思う。この点「文集の内容は、あくまで熊野田の水で育つ「がぶっちよ」であってほしい。「がぶっちよ」である以上、素朴でたくましくあってもらいたい。かくということは、じっと見つめて、ありのままを——感じたままを、かざりけなくしるすことである。正直に生活をあらわして線しい。「がぶっちよ」はどん食で、たくましいそうである。文集「がぶっちよ」も、あらゆる素材をむさぼり食って、たくましく成長することを願っている。

4．敬語

4.1　使用された表現の特徴

　敬語には、それが使われる社会の階層構造が反映される。日本語の敬語には大きな地域差が認められ、使用形式の種類や数だけでなく、使用場面や使用意識においても大きな地域差があることが知られている（加藤，1973・1977）。特に近畿地方では、社会的階層構造に対応するように、形式の種類も多く、相手や場面によって細かく使い分けることが報告されている（真田，1990）。実際、後述のように、近畿地方の文集では、敬語がよく使われていることが確認できた。他地域に比べて、子どもの頃からさまざまな場面を認識し、身近な大人たちが敬語形式を使い分ける様子に触れてきたことで、作文でも敬語をよく使いこなしているものと推測される。東日本では同一登場人物に対

する敬語の不統一が観察されたが、近畿地方の作文では、最後まで敬語が使用され続けるものが多い。

謙譲語の使用は稀で、多くが丁寧語「です・ます」と、尊敬語である[6]。尊敬語で最も多いのが「言う」に関わる動詞で、これを敬語にした「おっしゃる」「言われる」もみられる。「教える」「くれる」「もらう」についても、「教えてくれた」のほか、敬語の「教えてくださった」「おしえていただいた」「くださった」「いただいた」も多く使われている。存在の「いる」に対する「いらっしゃる」「おる」「おられる」もやや多い。また、「きていられた」のように、テイル形に助動詞レル・ラレルが付いた形も観察される。

謙譲語が使われている場合でも、使用に混乱がみられる作文もある。中学生による（62）では、「お父さん」について「おっしゃいました」「申しました」の両方が使われており、「お母さん」には「飼って下さるとお母さんが申されました」とある。

（62）白ねずみ（45綴KODAMA 2、pp. 5-6、埼玉県・中1・女性、1950年11月）
私の家では此の間おとうさんが白ねずみの子を四匹もらって来ました。家ではそのねずみがめずらしく、又、かわいらしくて家中の玩具です。（中略）電気を消して家のものがみな寝てしまうとほかからふつうの二十日ねずみがきて遊ぶのでしょうか、あまり大きな音がするので、母が電気をつけて見るとあわててにげて行くそうです。仲間の匂いがするのだろうとお父さんがおっしゃいました。このねずみはだいたい医学の研究に用い、血液は人間の血ににているとか、お父さんが申しました。一ヶ月に数万のねずみが研究材料に用いられるそうです。飼って楽しく面白くすこしでも人のためになることになればたくさん飼って下さるとお母さんが申されました。毎日学校から帰るのが楽しみでえさをやり、お掃除をするのが私の日課のひとつとなりました。

敬語の徹底について、作文中に繰り返し現れる同一人物に対して、最後まで敬語を使い続けた作文は、中学生など学年があがるほど増えるが、小学生では徹底されていないものが目立ち、最初は敬語を使っていても途中から使われなくなる場合が多い。この背景には、筆者である児童・生徒は、敬語の運用を完全には理解しておらず、学校での作文指導という枠組みの中で敬語を使うよう指導されていたという事情があると考えられる。

　特に東日本の文集や作文では、身の回りの大人の中でも、教師、両親、祖父母に対する敬語が中心で、通りすがりの人や近隣の人など、初めて会った知らない大人には敬語が使われない傾向がある。(63)では、先生の動作には敬語が徹底して使われているのに対して（二重下線部）、初めて会ったお寺のおばさんの動作には敬語が使われていない（下線部）。

(63) 共同研究：おじぞうさましらべ（28さくぶん4年5号：pp. 41-42、東京都・小4・女性2名と男性2名）
　わたしたちのがっきゅうでは、しゃかいかで、どうろしらべをするために、おじぞうさまや、みちしるべ、こうしんとう、ばとうかんのんなど、いろいろしらべることになりました。(中略)しらべにいくまえに、先生が、いろいろちゅういを<u>してくださいました</u>。ばらばらにならないこと。あぶないところはちゅういすることなどです。そして「もし、字がよめないようだったら、がせんしをあててうつしていらっしゃい。」と、<u>おっしゃいました</u>。／わたしたちは、「おたまじゃくしだれのこ、かえるのこ。」といったり、わらったりしながら歩きました。じだゆうぼりに、はしがありました。はしの名まえは、ちょうふばしと、かいてありました。どんどん、さかをのぼっていくと、お寺がありました。門をはいると、犬がわんわんほえたので、みんなちょっとびっくりしましたが、ゆうきをだして、中に入っていって、「おばさん、おじぞうさまをしらべさせて下さい。」といいました。「なん年生ですか。」と<u>きいた</u>ので、「四

年です。」とこたえました。そうしたら、おばさんは、「四年なのに、おじぞうさまをしらべたりして、えらいわね。しらべてきていいですよ。」と<u>いった</u>ので、どんどん中へはいりました。いろいろなおじぞうさまがありました。（中略）それから、おばさんのところへいって、「このそばの道は、いつごろできたのですか。」ときいてみました。おばさんは、にこにこして、「この道は今から、三百年前にできたのですよ。」とやさしく<u>いいました</u>。そのことをちょうめんにかいてから、さっきしらべたおじぞうさまのえもうつしました。わたしたちは、「ありがとうございました。」とおれいをいって門をでました。（後略）

　この背景には、身近な大人である教師・両親・祖父母などは作文に頻繁に登場し、作文指導の中で繰り返し注意されるため敬語を使って書くことが多くなっていくが、めったに登場しない通りすがりの人や近隣の人などへの敬語はあまり指摘されることが少ないためあまり使われない、という事情があるのではないかと思われる。ただし、敬語についてどの程度の指摘や指導が行われていたかは不明である。
　教師や両親の動作について敬語が使われていても、途中から不徹底になることもある。(64)には、一貫して先生が説明を続けている様子が書かれている。作文の最初では、先生の動作に敬語が使われているが（二重下線部）、途中から敬語が使われなくなる（下線部）。また、教師による「評」では敬語の不徹底には触れず、内容についてのみ指摘がある。

　(64) 見学の記録（28さくぶん4年5号：pp. 58-59、東京都・小4・女性）
　　昭和二十九年六月四日（金曜日）わたしたちは、社会科の勉強のため、四年二組ぜんたいで、向ケ丘へ行きました。お天気はよすぎるぐらいよい天気です。（中略）「昔、東の方へすんでいた、おとの様が水田を作るのに、水がなくてこまってここへ用水を作りました。」と先生がお話を

二．児童・生徒の作文にみられる言語表現　　117

して下さいました。(中略)／すこし歩いて行くと、地そうのある所へ行きました。青いすじが一本あります。ねんどのすぐ上の所から水がたれています。ここは、海のそこだったから土が青いのだと思いました。「それから、どうして、ねんどのすぐ上から水がでてくるかしっていますか。」と先生がおっしゃいました。だれもしらなかったので、先生が、「それは、ねんどは水をとおさないので、そこから水がでるのです。」とおしえて下さいました。／さかを上って行くと地そうが見えなくなりました。今度は、さかをさがって行くと、地そうが見え出しました。上のほうがきめが大きくて、下のほうは、きめがこまかいでした。地そうの所がなぜけずられているのだろう、と思って先生にきくと、「昔はここまでたま川がながれていて、そこをけずったのです。」とおっしゃいました。／つぎに青い土で切り通し、みたいな所で化石を一つとりました。横にぼうくうごうがいくつもありました。男の人たちが「長じゃ穴がある。」とおしえに来ました。みんなで長じゃ穴の所へ行きました。(中略)長じゃ穴の前は麦畑です。先生が、「昔もここは、畑でした。長じゃ穴は、おはかなのです。それで、おはかの中に入っている人が、いつも畑が見えるようにとここに畑を作ったのです。」といいました。少し歩いていくと、だんそうがありました。先生が「このひびの所からこっちがおちたのです。」といいました。がけの所に化石がありました。わたしは、かきみたいな化石をとりました。(中略)つぎの切り通しへ行きました。(中略)それから切り通しに何本もすじがありました。わたしはどうしてすじがあるのかわからなかったので、先生にききました。そしたら「それはふじ山やはこねの山がふんかした時のあとです。なんかいもふんかしたので、そこにいろんな土がおちたからせんが出きたのです。」とおしえてくれました。かる石になる石もありました。赤土もありました。その下にねんどがいっぱいありました。わたしはねんどをとりました。かる石になる石もとりました。がけの半分ぐらいからは海のそこで、

上は川のそこだという所がわたくしにはよくわかりません。これを先生にききたいのです。／今度の見学はとても面白かったので、もう一度いきたいと思いました。／帰りは、学校まで先生たちといっしょに帰って、学校の所でわかれました。家に帰ったら化石をせいりしました。わたしのとった貝の化石は「三、四千万年も前のものだから大じにしなさいね。」と先生が<u>いいました</u>。

((教師名) 先生指導)

> (筆者名) さんは、六月十七日（木）に又、組全体で向ヶ丘へ見学に行きました。その時の研究記録も、これと同じように、よくできています。／長尾神社のあたりで大昔の人たちがどんなふうにくらしていたか、米を多く作るようになってから、どうなったか、などについてよい勉強を<u>された</u>あとがよく分ります。

(65)では、「おかあさん」の動作について助動詞レルによる敬語表現（二重下線）と非敬語表現（下線）が混在し、(66)では「おとうさん」の動作について非敬語表現（下線）と敬語「なさる」（二重下線）が混在している。

(65) 四月二十二日木よう日（28さくぶん4年5号：p.23、東京都・小4・女性）
きょう学校のしゅくだいがむずかしかったので、おかあさんにきいたら、おかあさんは「ゆみちゃんは先生にしゅくだいをだされたのでしょ。おかあさんがだされたのじゃあないでしょ。だからゆみちゃんは、一人でやりなさい。」と<u>いわれました</u>。わたしは「やだわ、むずかしいんだもの、わからない」といったら、おかあさんは、「わからないからじぶんでべんきょうして、わかるようになるのよ」と<u>いいました</u>。わたしは「おかあさんのいじわる。」といったら、おかあさんは、「おほほほ」と<u>わらいました</u>。わたしはしぶしぶしゅくだいをやりました。

(66) 梅雨（28さくぶん4年5号：p.26、東京都・小4・女性）
おとうさんは、つゆの時はよくさしきがつくといって、あじさいや、まさき、ばらなどを、ずいぶんたくさんさしきしました。つくかどうかはわかりませんが、おとうさんはいっしょうけんめいなさいます。

文末と句末を丁寧に見ていくと、(67) のように、敬語表現（二重下線部）と非敬語表現（下線部）が混在する例も多い。

(67) 日食（31すみだ2：p.26、東京都・小4・男性）
きょうは日食です。ぼくは朝から、日食を見るのを楽しみにして、学校へ行きました。最後の、体操の時間が終ってから、ぼくたちが帰りのしたくをしていると、先生が教室にはいって来て、「日食を見に行きますから、下じきを持って校庭に出なさい。」と、いわれました。ぼくが碓氷君といっしょに、先になってかけだして行ったら、先生が、「水沢と碓氷は、一番あとから来い。」と、いわれたので、ぼくは少しはらが立ちましたが、かけ出したのがわるかったと思って、碓氷君といっしょに、一番あとからついて行きました。校庭に出ると、空には雲が多くて、太陽の光がぼんやりしているので、「大じょうぶかなあ。」と思って、下じきを太陽にあてて見ました。しばらくして、太陽が雲から出てきました。

例は省略するが、東日本には、敬語表現そのものが用いられていない作文も多い。昭和初期に小中学生だった方々（本論の執筆時に80代の7人・いずれも東日本出身）に聞いてみると、当時のことをあまりよく覚えてないという方もあったが、日常で話すときは誰に対しても基本的に敬語を使わず、作文を書くときのみ敬語を使った、作文の敬語は書きことばであるという認識だった、という内省をした方が多かった。
　一方、近畿地方の作文には、敬語がよく使われているものが目立つ。たと

えば、近畿方言のいわゆるテヤ敬語（ヤ敬語）は、かつて京都・大阪・兵庫などで使われていたが、近年では使われなくなってきたとされている（楳垣, 1962・1974、辻, 2009）。しかし、兵庫の文集ではテヤ敬語がさかんに使われており、闘病中の同級生に宛てた手紙の作文でも「よしたかちゃん　はやくなおって　くださいよ。ごはんも　たべずに　ねとってんですね。（中略）はやく　なおって　下さいね。」(49作文運動9：頁番号なし、兵庫県・小1・女性) などのように観察される。(68) では、担任の先生に対してかなり徹底して使われている様子が観察される（二重下線部）。

(68) こにしせんせい（49作文運動　兵庫作文の会機関誌9：頁番号なし、兵庫県・小1・女性）

　<u>わたしら</u>が、おしえてもらっている　せんせいは、こにしせんせいといいます。めがねをかけた、おとこのせんせいです。／せんせいは、がっこうじゅうで、一ばん　せがたかいです。／きょうしつへ　<u>はいってや</u>（はいられる）ときは、上の　<u>しき</u>に、<u>つかえそうやので</u>、いつも　ひょいっと、あたまをさげて、<u>はいってです</u>。／かおは　すこし　ほそながくて、<u>でぽちん</u>（ひたい）が　ひろいです。／はなは　すっと　たかくて、さきが、とがっています。／そして　くちびるが、おねえちゃんが、くちべにを、<u>つけちゃった</u>みたいに、いっつも　あかいです。あさちよっと、くちべにを、つけて、おけしようして　<u>きよってんかなあ</u>（こられるのかなあ）と、おもっています。けれども、あたまのけが、いつも、ふわんふわん　になっています。／たまに　あぶらをつけて、きれいに　<u>け</u>を<u>といてきてです</u>。／せんせいが、よそへ　しゅっちょうのときは、よくわかります。よそいきの　せびろをきて、すじのついた　ずぼんをはいて、<u>け</u>をきれいにといて、よいくつしたを、<u>はいてきてです</u>。

　それで　わたしはすぐ、きょうはまた　<u>しゅっちょうやな</u>　とおもいます。／ふつうのときは、くろの　じゃんばーをきて、あおみのかかっ

たくろいようなずぼんをはいています。このあいだ、ひざのところが<u>やぶれとった</u>ので、「せんせいのずぼんやぶれとる。」と、いうと、「そら　ぼろやもの。」と、へいきなかおで　<u>いうてでした</u>。／それから、いつもは、<u>くつしたやなしに</u>（くつしたでなく）、たびを<u>はいてきてです</u>。たびの　こはぜの一ばん上のを、一つだけしか<u>とめとってない</u>ので、<u>きびすが</u>、<u>ぎょろで（まるだし）</u>です。わたしは、いつも　おかしいとおもっています。／このあいだまで、ぼろぼろの　うわぞうりを、<u>はいとってでした</u>が、いまは　かわの　すりっぱをこうて、<u>はいとってです</u>。「<u>かたらん、かたらん。</u>」いわしもって、ろうかを　<u>あるきよってです</u>（あるいておられます）。それで、どこに<u>おっても</u>、いま　<u>きよってんは</u>、こにしせんせいや　いうことが　よくわかります。せんせいも　ちょっと　<u>いかん</u>（いけない）ところがあります。／それは、<u>わたしらの</u>こどもかいで、「きたないことばを　つかったら　いけません」いうことになっているのに、「おべんじょを　よごさぬように」と、つきばんの人が　ちゅういしてでしたら、せんせいは、おとこのこの　ちんちんのことを、「おとこのこは、ほうす（ホース）があるから、どこへでも<u>できるでよいねえ。</u>」と、<u>いうてでした</u>。／わたしらは、大わらいしました。せんせいも　わろてでした。ひろい　でぼちんに、すじが、三ぼんつきました。／こにしせんせいは、こんなせんせいです。／あさ、せんせいの、つくえの上に、みんなの　おはなしのちょうめんが、たくさんでていたら、一ばん、うれしそうに　<u>しとってです</u>。

「作品について」（教師名）●この作品は、一年生の終わり近い、三月十三日にかいたものです。●学級で、お互に、友だちについて、かかせた時、（筆者名）が、「たけちさん」「こういちさん」「かずのりさん」などとかいたので、「（筆者名）ちゃん、せんせいを、一ぺん<u>かいてんか</u>」「うん」にやりと笑って、「わる口かいても、<u>かまへんか。</u>」「あゝ、どん

なことかいてもいいよ」「そんならかく。」その翌日、これをかいたノートが机の上に出ていた。半ば、わる口のつもりでかいたらしい。●この文は、ほとんどが、私に対する、外見的な印象といったもののみによって、かかれている。●こまゝしたヤケに、小さいことを見ている用だが、どんなことでもよくみるこのタイドは、のばしてやりたい。これからこのカンサツに対する自己の考えが、あらわれるように、すべきでなかろうか。●わるいことば、について、小さい子供は、オヘソ、とか、オシリ、オナラ、クソといったことばを、わるいことばとおもっている。サクラがうつくしいからよいことば、ドロはきたないからわるいことば。一年生の終わり頃の毎今は、そんな考え方をもっているらしいが、私のクラスだけか、教えていただければ、うれしい。

　上の作文に限らず、近畿地方の文集や作文には、敬語が使われている例が多く観察された。

4.2　人称

　最後に、敬語や待遇表現に類する丁寧な表現、あるいは書きことばの表現として、人称や親族名称について触れておく。地の文における児童・生徒の一人称は性別によって明確に分かれており、女性が「わたし（私）」「わたくし」「あたし」「あたい」「自分の名前」などで、男性が「ぼく（僕）」「おれ（俺）」などが使われている。ただし、一つの作文で統一的に使われているわけではない。(69)のように「わたし」「わたくし」など複数の人称が混在する作文もあり、指導の不徹底あるいは筆者によるゆれによるものとみられ、話しことばでは使わない、慣れない人称を作文で使っているのではないかと思われる。同時期の『綴方風土記5：関西篇』(1953年刊行、平凡社)にも、「みんな　私のことを　うちといったり／わいという子も　わたえという子もあります／詩（し）にはみんな　私とかいてある。」(大阪府・小3・女性)

p.164のような作文があり、話しことばと書きことばで意識的に人称を使い分けていた様子もうかがえる。

(69) <u>かえりみち</u> (24教の園116：p.8、石川県・小1・女性)
がっこうかえりに雨がふっていたけれど、あるいていきました。とちゅうでいぬがいました。いぬが<u>わたし</u>のほうへおいかけてきました。<u>わたくし</u>はおそろしいので、よそのおうちのよこにちいさくなっていました。たかはしさんが、いぬを<u>ほうてくれました</u>。いぬがわんわんとないて、ひだりのまがりかどをまがっていきました。

なお、特に会話文では、女性でも男性でも方言的な「おれ」「おら」が使われている場合がある。

親や兄弟を表す語形やその表記は多様で、一つの作品中に複数の別語形や別表記が用いられる場合も見られた。特に「母」を表す語形は「お母様」「お母さん」「お母ちゃん」「かあさん」「かあちゃん」「おかあ」など多様で、人称の中で最も多く使用されている(竹田・有働, 2022)。また、題名では「お父さん」や「おかあさん」、本文中で「お父様」や「母」などが使われている作文や、(70)のようにその逆のものもある。なお、教師については「先生」「(名前)先生」「せんせい」「(名前)せんせい」などと書かれている。

(70) <u>とうちゃん</u> (32とつか2：頁番号なし、神奈川県・小1・男性)
うちの<u>おとうちゃん</u>は、おもしろい<u>おとうさん</u>です。あさぼくが、がっこうへいくまえのときです。<u>おとうさん</u>が、ごはんをこぼしてたべていましたから、「<u>とうちゃん</u>のおっちょこちょい」といいました。そしたら、<u>とうちゃん</u>も、「おまえも、おっちょこちょいだ」といいました。そして、<u>とうちゃん</u>と、<u>かあちゃん</u>が、「わははは」と、わらったので、ぼくはふとんの中にもぐってしまいました。すこしたつと、<u>かあちゃん</u>

が、「けいきをかってきたよ」と　いいました。僕は、いそいで　てをあらって、けいきをたべました。

4.3　敬語表現をテーマにした作文

　今回対象とした文集には多くはないが、敬語を取り上げた作文もあり、教育現場での興味関心がうかがえる。(71)では、日本語の特徴を記述したもので、最初にアクセント、次に良いことば（敬語）と悪いことば・流行語を比べている。続く教師による「評」には「正しくないコトバ」という文言があり、児童たちへの指導方針がうかがえる。なお、「昆布」「唾液」の名称と「悪い言葉」、各語のアクセント型は、それぞれ東京方言と思われるが、そのことについては触れられていない。

　(71)　言葉の研究（18あさ風1：pp.53-54、東京都・小5・男性）
　　私の言葉の研究の第一は、一つの言葉にアクセントのつけぐあいによって、その言葉の意味が一つ一つちがってくるということです。たとえば‥‥アサのアの方に力をいれてよむと太陽ののぼる朝になり、また反対にサの方に力をいれてよむと、センイのしゅるいの中にある麻になります。またほかにもこういった物がたくさんあります。次の表にでてくるものもその中の一つです[7]。

　　コブ（海の中にはえている昆布）　　　　ニホン（国の名の日本）
　　コブ（ぶつけたりなぐられたりすると　　ニホン（一本二本の二本）
　　　　できるこぶ）
　　タビ（足にはくたび）　　　　　　　　　クリ（一里二里の九里）
　　タビ（旅行）　　　　　　　　　　　　　クリ（木の実の栗）
　　ツバキ（花のしゅるいにある椿）　　　　ハシ（ごはんを食べるはし）
　　ツバキ（口から出るつばき）　　　　　　ハシ（川やどぶにかけてある橋）
　　アシ（川などにはえている葦）
　　アシ（人間の休にある足）

言葉の研究の第二は、よい言葉、悪い言葉、流行語です。これは、次の三つの言葉のしゅるいを集めたものです。

良い言葉	悪い言葉	流行語
おかあさま	バカヤロー	のさ言葉
おとうさま	なんだと	アジャパー
申し上げます	おれ	サイザンス
いらっしゃいました	きさま	ギョギョッ
おっしゃいました	おまえ	家庭の事情
おいでになりました	ぽけなす	バッカジャナカロカ
ごめんくださいませ	ちきしょう	
ございます	へのかっぱ	
みませんでした	おたんこなす	
どういたしまして	うるせいな	
さようですか	よびつけ	
おじゃましました	あだな	

（中略）

【評】私たちの周囲を見廻すと正しくないコトバがとても多く用いられています。この研究を続けてほしい。

5．おわりに・まとめ・今後の課題など（例）

　以上、本論では、表にあげた合計61冊の文集に掲載された作文で使用された言語表現について分析し、特に方言と敬語の特徴を記述した。その結果、およそ次のことを指摘した。

〔１〕方言や敬語をテーマにした作文があり、学校現場でのことばに対する興味関心がうかがえる。

〔２〕作文における方言の使い手は、児童・生徒とその家族や近所の人が中心だが、教師も含まれる。

〔3〕方言：文法現象では、命令・禁止・勧誘、授受動詞、断定辞、終助詞のほか、伝聞、引用、自発、過去回想、疑問、推量、同意要求、義務、テンス・アスペクト、条件、原因・理由、否定などの表現に、方言的特徴が観察された。音声や語彙、談話・言語行動についても、方言研究で地域差が指摘されていた現象が観察された。

〔4〕敬語：尊敬語と謙譲語のうち、尊敬語が多く、特に「言う」「教える」に関わる動詞の尊敬語が多い。敬語が使われるのは身近な大人である教師・両親・祖父母などの動作が最も多いが、東日本では初めて会った知らない大人に対しては使われない傾向、あるいは敬語表現そのものを作文に使わない傾向がみられた。また、使われた場合でも、東日本の作文には敬語使用の不徹底が多く観察され、敬語の運用を完全に理解しておらず、学校での作文指導という枠組みの中で表面的に敬語を使っていたと考えられる。これに対して、近畿地方の作文には敬語が多く使われており、他地域に比べると敬語が徹底される傾向がある。この結果は、特に近畿方言で敬語が発達しているというこれまでの方言研究の成果と重なる。

以上の分析を通じて、文集や作文には、当時の大人にとって望ましい子ども像が、文集の編集や、個別の作文指導によってかたち作られている（表現されている）と感じた。当時の作文指導には、よく「ありのまま」という文言が掲げられるが、文集に掲載された作文は指導の成果であり、まったくの「ありのまま」ではないと考えられる。

今後は、本論で確認したような、この時期の作文における言語表現の特徴の一端を足がかりとして、さらに分析を行いたい。また、現代の小学生や中学生は、作文では、方言や敬語をどのように使うのだろうか。現代の作文と

比較することで、1950年前後の作文の特徴をさらに見いだすことができるだろう。今後の課題としたい。

128　第二章　学校教育に関わる諸分野の文集の位置

表　対象とした文集一覧

No.	種類	誌名・巻号等（学年等）	発行年	発行所所在地	編集者	頁数
1	学校	学校文集　石岡の子ども・第7号（4・5・6年）	1956	茨城県石岡市	石岡小学校・国語研究部	77
2	学校	高鈴クラブ作品集・第1号	1958	茨城県日立市	仲町小学校・作文クラブ	34
3	学校	やつ池・第7号	1953	埼玉県入間郡	東金子小学校・国語部	53
4	学校	こばと・第2号	1950	千葉県印旛郡	成田小学校	63
5	学校	見つめる子ら（低学年）	1956	千葉県木更津市	西晴小学校	95
6	学校	わか草・第1号	1954	埼玉県浦和市	本太小学校・国語編集部	71
7	学校	なみき・第6号	1958	群馬県高崎市	佐野小学校・国語部	83
8	学校	めばえ・第2号	1951	東京都杉並区	第七小学校	82
9	学校	めばえ・第4号	1953	東京都杉並区	（奥付なし）	58
10	学校	すぎなえ・第4号	1957	東京都杉並区	第九小学校	82
11	学校	ほうなん	1958	東京都杉並区	方南小学校・国語部	105
12	学校	くがやま：高井戸第二小学校児童文集・第4号（高学年）	1957	東京都杉並区	高井戸第二小学校・文集委員会	56
13	学校	ほのお・第5号	1951	東京都杉並区	松ノ木中学校・生徒会	72
14	学校	さくぶん・第5号	1954	東京都新宿区	淀橋第一小学校	77
15	学校	サイレン・第3号（5・6年生用）	1954	東京都江東区	第三砂町小学校	46
16	学校	白いくも：育英小学校文集・第13号	1958	東京都台東区	育英小学校長	99
17	学校	ひが志：創立25周年記念誌	1952	東京都大田区	矢口東小学校	90
18	学校	あさ風・第1号	1954	東京都大田区	徳持小学校	84
19	学校	くすの木・第7号	1958	東京都足立区	千寿第一小学校・国語科研究部	134
20	学校	青山・第4号	1955	東京都港区	青山小学校・国語研究部	80
21	学校	やよい　児童文集・第1号	1957	東京都板橋区	弥生小学校	213
22	学校	いそご・1号	1951	神奈川県横浜市	磯子小学校	37
23	学校	やまもと・第2号	1954	神奈川県横浜市	山元小学校	73
24	学校	教の園・第116号	1950	石川県小松市	芦城小学校	62
25	学校	あゆみ・第3号	1951	長野県北安曇郡	大町小学校・国語研究会	128
26	学校	水の影・No.2	1953	山梨県八代郡	右左口中学校	87
27	学校	がぶっちょ・No.1	1955	大阪府池田市	熊野田小学校・作文の会	25
28	地域・区	さくぶん：区内小学校児童作文集・4年5号（4年）	1954	東京都世田谷区	世田谷区教育委員会・国語部	65
29	地域・区	かつしか・第7号	1957	東京都葛飾区	葛飾区教育研究会・国語研究部	81
30	地域・区	あらかわ・第3号（高学用年）	1952	東京都荒川区	荒川区教育研究会・文集編集委員	69
31	地域・区	すみだ・第2号	1955	東京都墨田区	区立小学校長監修・墨田区立小学校教育研究会・国語部	85
32	地域・区	とつか：戸塚小学校・第2号（小1・2年）	1953	神奈川県横浜市	市立戸塚区小学校教育研究会・国語研究部	172
33	地域・市	にいたやま・その1	1957	群馬県太田市	内田正紀	51
34	地域・市	にいたやま・その2	1958	群馬県太田市	史苑太古庵内　新田山刊行会	53

二. 児童・生徒の作文にみられる言語表現

No.	種類	誌名・巻号等（学年等）	発行年	発行所所在地	編集者	頁数
35	地域・市	文集　よこはま・第6号（高学年用）	1959	神奈川県横浜市	横浜市小学校・国語教育研究会	147
36	地域・市	文集　さがみはら・第9号（高学年）	1957	神奈川県相模原市	相模原市小学校教育研究会・国語部	68
37	地域・市	あおいそら・第12号（1・2年）	1952	静岡県静岡市	「青い空」編集委員会	61
38	地域・市	作品集・第1集	1949	北海道旭川市	北教組歌志内支部文教部	31
39	地域・郡	ひざし・第6号（小1・2・3年）	1953	千葉県印旛郡	印旛郡国語同好会	86
40	地域・郡	ひざし・第9号（小4・5・6年）	1956	千葉県印旛郡	印旛郡国語同好会	118
41	地域・郡	ひざし・第10号（中学校）	1957	千葉県印旛郡	印旛郡国語同好会	108
42	地域・地区	ふもと（中学校）	1954	静岡県富士地区	富士地区教育研究協議会出版編集部	48
43	地域・県	みどり野・創刊号（小学5年）	1950	埼玉県	埼玉県教育委員会事務局指導部監修・埼玉県文集北足立（三市）地区編集会	65
44	地域・県	緑野・第9号（中学3年）	1957	埼玉県	埼玉県国語教育研究会北足立地区	67
45	地域・県	冴　KODAMA・昭和25年度第2号（中学1年）	1950	埼玉県浦和市	埼玉県教育委員会事務局指導部内　埼玉県文集編集会	33
46	地域・県	秩父嶺（中学2年）	1958	埼玉県秩父市	埼玉県文集秩父地区編集会	51
47	地域・県	作文　ちば・7月号	1952	千葉県千葉市	作文ちばの会	36
48	地域・都	東京の子ども・昭和29年度（小学1・2・3年）	1954	東京都千代田区	東京都教職員組合教育研究会議	66
49	地域・県	作文運動：兵庫作文の会機関誌・第9号	1952	兵庫県豊岡市	兵庫作文の会	70
50	全国	作文クラブ・1号	1954	東京都品川区	全国作文教育研究所（指導・編集）	67
51	全国	小学　さくぶん（小学初級用）	1956	東京都千代田区	作文の会	42
52	全国	小学　作文・3月号、第4巻第3号（小学中級用）	1956	東京都千代田区	作文の会	42
53	全国	小学　作文・3月号、第4巻第3号（小学上級用）	1956	東京都千代田区	作文の会	42
54	全国	中学　作文・3月号、第4巻第3号（中学校）	1956	東京都千代田区	作文の会	50
55	全国	作文・第9号（小学上級用）	1957	東京都千代田区	作文の会	43
56	全国	作文の力（3年生）	1957	東京都文京区	今井誉治郎・来栖良夫・野口茂夫	58
57	全国	さくぶん　がっこう・第5巻第6号（1年生）	1959	東京都文京区	日本作文の会	112
58	全国	さくぶん　がっこう・3がっき（1年生）	1959	東京都文京区	日本作文の会	36
59	地域・市	氷見作文（論文集）	1953	富山県氷見市	氷見作文研究会　東小学校校内（富山県氷見市）	61
60	地域・県	作文開拓・3月号No.20、特集：児童詩の考え方・導き方（論文集）	1956	福岡県	みやこ作文の会	46
61	学校	柴峯・第1巻第2号（卒業生の文集）	1949	東京都杉並区	杉並第七小学校第16回生同期会	42

注

（１）本項「２．資料の概要」と末尾の表は、竹田・有働（2022）の「資料の概要」を改変しつつ再録した。

（２）本論での「方言」は、語形や使い方に地域差が認められることばである。共通語や標準語で使われている語や表現であっても、使われる地域が限られるものは「方言」とし、使い方に地域差があれば「方言」とする。

（３）ここでは方言形式を／で区切って列挙したが、列挙した形式が全く同じ意味用法を持っているわけではない。

（４）原文のまま。

（５）「でご」について、『日本国語大辞典』には、「でごう」（出合）が名詞として立項されており、「江戸時代、検見で、坪刈りによって検量した籾（もみ）の合数をいう。」とあり、用例には「徳川幕府県治要略」（1915年）の「貢租」「出合（デガフ）は検量せし籾の石数を云ふ」が掲載されている。

（６）本論では、丁寧語「です・ます」についてはいったん扱わないこととしておく。

（７）引用に際して、原文のアクセント表記が傍線で表されていたのを下線に変更し、この部分を二段組みに変更した。

参考文献

飯豊毅一（1984）「カ変動詞の一段化：東部方言を中心として」『ことばの研究5』、国立国語研究所、pp. 88-111.

楳垣 実（1962）『近畿方言の総合的研究』三省堂.

楳垣 実（1974）「方言敬語心得帳」『敬語講座9：敬語用法辞典』明治書院、pp. 155-195.

加藤正信（1973）「全国方言の敬語概観」『敬語講座6：現代の敬語』明治書院、pp. 25-83.

加藤正信（1977）「方言区画論」『岩波講座日本語11：方言』明治書院、pp. 41-82.

小林 隆（2011）「感動詞「猫の呼び声」」『宮城県・山形県陸羽東線沿線地域方言の研究』東北大学大学院文学研究科国語学研究室、pp. 162-172.

真田信治（1990）『地域言語の社会言語学的研究：研究叢書84』和泉書院.

椎名渉子（2005）「子守歌における「おどし表現」と「甘やかし表現」」『月刊言語』34(5)、pp. 82-89.

尚学図書編（1989）『日本方言大辞典』全3巻、小学館.

竹田晃子・有働玲子（2022）「昭和20・30年代の文集にみることばと表現」『聖徳大学

生涯学習研究所研究紀要』20、pp. 15-26.
辻　加代子（2009）『「ハル」敬語考：京都語の社会言語史』ひつじ書房.
国分一太郎編集代表・辻村太郎監修（1953）『綴方風土記5：関西篇』平凡社.
日野資純・飯豊毅一・佐藤亮一編（1982-1984）『講座方言学』全10巻、国書刊行会.

追記

　本論は、2022年3月に刊行された科学研究費報告書『昭和20・30年代の文集を用いて多角的に子どもの表現力を探求する研究』の掲載原稿に若干の加筆修正を加えたものである。本論をふまえて、敬語については次の論文を発表した。

竹田晃子（2024）「児童・生徒の作文にみる尊敬語の地域差―『綴方風土記』全8巻の作文から―」『方言の研究』10、pp. 73-97.

三. 読書感想文の批判的検討
　―昭和20年代・30年代の論考や学校文集を例にして―

稲井　達也

１．問題の所在

　本を読んで読後の感想をまとめる指導というのは、国語科の指導を中心として長く取り組まれてきた。国語科のいわゆる読解指導の中で、初読の感想を書くという学習は校種を問わず、広く行われてきた。読後の感想を読書ノートにまとめるという指導も読書指導の一つである。昭和20年代には読書日記による読書記録が提唱されていた。

　読書感想文は発達段階にもよるが、ある程度まとまった分量の読後感想を書くことが求められる面がある。そのことも含めて、学校の学びにおける日常的な読書指導の一つとして行われている。

　その一方で、とりわけ読書感想文コンクールへの応募のために書くという読書感想文がある。青少年読書感想文全国コンクールというコンクール制度は、全国という名が冠されているとおり、全都道府県で実施される大規模なコンクールであり、多くの児童生徒がコンクールへの応募のために読書感想文に取り組んでいる。コンクールのために書くということは、コンクール制度の規定の中で、読書感想文を書くという制約があるということでもある。自由読書は読書指導として戦後初期から行われてきたことであるが、青少年読書感想文全国コンクールには自由読書の他に課題読書という課題図書を読む枠がある。小学校では担任教員が、中学校と高等学校では主に国語科の教員が指導を担う。

　読書感想文は、言語生活の中における生活文の一部として位置付けることができる。萬屋秀雄（1997）[1]は、読書感想文について「作品を読んだ子ども

（児童・生徒）の感想・意見・疑問・評価などがトータルに文章表現されたもの」と定義したうえで、「読者の読みの事実・実態を重視・尊重する」という読者論的研究の立場から「教師の指導があまり（時にはほとんど）入らない、子ども自身の生の感想文であることが多い」と肯定的に捉えた。しかし、その一方で教師が手を入れる読書感想文の指導が見られる。子ども自身の認識を尊重すれば、自ずから読書感想文もまた子どもの「生の感想文」である必要がある。

　戦後教育のなかで読書感想文は、独自のジャンル、独自の文種として発展を遂げてきたように見える。学校文集や学級文集、生徒会誌などでも扱われてきた。その一方で、青少年読書感想文全国コンクールが、読書感想文というジャンルの発展に果たした教育的な役割は大きい。読書感想文というジャンルを歴史的な経緯も見ながら、その位置付けを検討する必要がある。

2．研究目的と方法

　本稿では、学習指導要領、『学校図書館の手引』、民間雑誌といった資料に見る読書感想文の取り扱い、学校文集における読書感想文での取り扱いをみながら、青少年読書感想文全国コンクール以前の読書感想文の捉え方を考察することを目的にしている。

3．読書感想文の歴史と教育的意義

3.1　戦後初期の学習指導要領（試案）と読書感想の指導

　1947（昭和22）年の学習指導要領国語科編（試案）では、中学校の学習指導として、「二　生徒の実際の言語活動の諸場面」の項目に「必要と興味とのないところに言語の学習は成りたたないから、教師はつねに生徒の日常生活の中における実際の言語活動に注意し、そこから言語学習の動機をつくっていくようにする。この年齢の生徒として次のような言語活動の場面が拾いだされる。」として19の言語活動が示された。このうち「（十八）　読んだこと

について書きとめておく。」は、「(十三)　新聞・雑誌を読む。」、「(十四)　広告や掲示を読む。」、「(十五)　知りたいこと（たとえば野球の規則や水泳法）について本を読む。」、「(十六)　楽しみのために本を読む。」とも関連し、読書感想文に関わるものになっている。

　主に読書指導は当然「読むこと」で取り扱われており、1947（昭和22）年の中学校学習指導要領国語科編（試案）の「第四節　読みかた」では、読書力について言及されている。

【資料1】1947（昭和22）年の中学校学習指導要領国語科編（試案）／「第四節　読みかた」／「二　読む力とは何か」中の「(七)　書物をたいせつにする態度」
※下線は筆者

> 　わが国の「読みかた」は、広く読むよりもふかく読むことを目的としていた。そうして、学校で養成する文を読む力の本質は、文法的な知識のほかには、豊富な生活体験と高い教養および心情とからくる一種の直覚力であると考えてきた。この見解に誤りがあるわけではないが、もっと実際生活面に役だつ読書力を養成するということが新しい課題となっている。

　このように、国語科で行われる読解指導とは別に、「実際生活面に役だつ読書力」、すなわち生活と読書を一体のものとして捉えることの意義が示されている。

　昭和26（1951）年の小学校学習指導要領国語科編（試案）改訂版を見ると、「第二章　国語科の内容」の「第一節　おもな言語経験にはどんなものがあるか」では、言語経験が整理されている。「四　書くことの経験」としては、「17　通信文を書く」、「18　日記・記録・報告を書く」、「19　掲示・広告・ポスターを書く」、「20　創作をする」、「21　編集をする」がある。「18　日記・記録・報告を書く」は次のように示された。

三. 読書感想文の批判的検討　135

【資料2】昭和26年（1951）年の小学校学習指導要領国語科編（試案）改訂版／「第二章　国語科の内容」／「第一節　おもな言語経験にはどんなものがあるか」／「四　書くことの経験」

> 主として、社会科・理科などの学習において扱われる研究・観察・調査・訪問に関連した記録や報告文を書くことが、ますます多くなろうとしている。そうして、そうした記録機や報告の中で、図表や統計を書く機会もきわめて多い。また、日記の形で、飼育・観察・栽培の状況を書いたり、さてはまた、書物を読んで、その要点を書き抜いたり、簡単なメモをとったりすることなどは、児童の言語生活の中に広く見いだされる経験である。

　読後に要点の書き抜きやメモが示されており、読書感想文という文言は見当たらない。むしろ、書くことの指導においては、「批正」が重視された。今日でいうところの批評に当たるものである。読み物は図書に限定されず、新聞や雑誌、広告など、さまざまなものが対象とされ、広義の「読むこと」の学習に資するものとして捉えられていた。

3.2　民間教育誌に見る読書感想文の指導

　読書指導は、民主主義の形成の担い手を育てる教育運動の面がある。学校図書館の教育と結びつけられる中で取り組まれてきた経緯がある。戦後初期の民間の教育誌で、読書指導が特集されることも少なくなかった。1948（昭和23）年発行の『教育改造』[2]では読書指導が特集された。「讀む指導」という枠組の中で、日本女子大学附属小学校の小山玄夫が読書感想文の指導法について言及している[3]。

【資料3】「読書力を養うために」　※下線は筆者による

> この方法も極くかんたんなもので、一冊の圖書例えば小公子なら、小公

子について、(學級文庫の場合) 最初讀んだ子供が自分のありつたけで感想を書く。すると第二の子供がその感想について、自分の感想をもとに、批評するわけである。これを十人二十人と讀んだ子供が重ねてゆく。これで次第に讀みそのものも深まつてゆく。第一の子供も、第二の子供も、そのノートの友達の批評文を讀んでは、又小公子を讀み返し、第二、第三の感想の發表もする。(紙面の都合で例略)

　これで、その讀物を讀むことに興味を覺え、感想を書くことにも興味を覺え出すのである。

　感想文の指導と言いながらも「批評文」と言っている。この方法は、読書という本来的には個人の営みを外部に開き、ともに感想を育て合うという視点に立っている。学び合うことによって、感想が引き出される、育てられることを期待したものになっている。「ありつたけで感想を書く」とは、子供の生の感想をそのまま外に出すということに他ならない。

3.3 『学校図書館の手引』における読書指導

　『学校図書館の手引』は、連合国軍最高司令官総司令部（GHQ／SCAP）に置かれた民間情報教育局（CIE）が中心となり、1948（昭和23）年に文部省から発刊されたものである。民間情報教育局（CIE）の関与は大きく、学校図書館は民主主義教育を進める重要な施設・設備として重視された。図書室ではなく、「学校図書館」として独立した施設・設備として位置付けるとともに、学校の中心に置き、教育内容を提示した。この本の内容によって、1953（昭和28）年に施行された学校図書館法の理念とともに基盤がつくられたと見ることができる。

　『学校図書館の手引』では、良書を与え、読書に親しみ、読書習慣を身につけて「読書生活」を確立するという方向性が示された。「読書生活」という概念を新たに示し、戦前から続く教養主義的な考え方を民主主義国家建設

に欠かせない態度として示したことに大きな意義が認められる。また、読書生活は、読書を通した生活指導の方向性を示唆している。

　とりわけ、読書と「書くこと」を関連させ、読書日記、読書作文といった具体例を示した。また、新聞、雑誌といった図書以外の読書を重視し、特に新聞の読み方の指導を提示し、民主主義の言論の要として重視した。読書日記は記録的な要素があり、読書作文は読書感想文に当たるものである。

4．学校文集に見る読書感想文の捉え方

　1959（昭和34）年3月編集・発行による長野県諏訪市立高島小学校の学校文集『たかしま』（信濃教育会出版部印刷）[4]から見てみる。掲載されている作品は、詩（児童詩）、創作の他、多岐の文種に及んでいる。

```
・詩
・創作

・生活文
・感想文
・読書感想文
・映画感想文

・手紙文

・日記　　　・学級日記　　・観察日記
・見学記録文　・観察記録文　・調査記録文　・採集記録文
・会合記録文

・編集・かべ新聞　・新聞
```

【図1】文集『たかしま』における文種と掲載作品

　巻末にある「文の種類とねらい」には次のように記されている。呼びかけ形式の文章であることから、児童向けに書かれたものであることがわかる。

【資料４】「文の種類とねらい」⁽⁵⁾　※下線部は筆者による

生活文	生活文はいろいろの事がらを題材として、その中で自分の行動や、考えをあらわすことによって、自分の生活をより良くし、考え方を深めていくために書くものです。そのためには、つぎのようなことがたいせつです。 ○自分の生活をよくみつめて、<u>自分のほんとうの心をありのままに</u> ○自分のことばで分かりやすく ○題材をしっかりとつかむ ○自分の生活からはなれないで、いつも、その中で生きている自分を書く。
感想文	お話を聞く、本を読む、映画や劇をみる、音楽をきく、そんなとき、皆さんは、いろいろのこと——おどろき、感心、喜び、悲しみ、いかり、おかしみを心に感ずるでしょう。そういう<u>自分の気持ちを、ありのままにまとめたのが感想文</u>です。 　ところで、皆さんは、映画を見るたび、音楽をきくたびに、「何でも感じたことを書きなさい」と先生に言われて、「またか」と、顔をしかめることがありませんか。そういうことがあるのは、感想文を、何のために書くのかわからなかったり、わかりにくかったりするからだと思います。 　わたしたちの心は、いろいろな作品にふれたとき、いろいろのことを感じたり、考えたりするということは、さきに言っておきましたが、それは、わたしたちの心が、この作品はどうだろうか、と考えながら読んだり、みたりしているからです。ところが、わたしたちの心は、わがままや、すききらいで、その作品のたいせつなものを見落していることがあります。そんなときは、わたしたちは、作品のほんとうの心にふれていないのです。 　感想文は、いろいろな作品に対する心の動きをくりかえし書いてい

> く人によって、自分の心をたしかめ、わがままや、すききらいをはんせいして、心をゆたかにするために書くものなのです。そのためには、つぎのようなことがたいせつです。
> ○作品のあらすじや、主題をまちがいなくつかみ、それを中心に感想を書く。
> ○感想が、作品のどこから出たかわかるように、そのうらづけになることがらを書く。
> ○感じたことはたいせつにして、すなおに書く。
> ○自分の生活や心もちとくらべて書く。

　下線部に見られるように、生活文と感想文は自分の「ほんとうの心」(生活文) や「気持ち」(感想文) を「ありのまま」に書くという点で共通している。
　このことから、対象に向かう児童の生の心を書くという点で、児童の認識を尊重していることが読み取れる。
　文集では全ての児童の文章のおわりに教師が付けた「評語」も載せられている。評語を見てみる[6]。
　資料5のように「評語」からは、本の筋を工夫して読み取ったことも交えて書くこと、本の筋を順序よく構成すること、そして、自分の気持ちを書くことが読書感想文の要件として考えられていることがわかる。
　また、学校文集『たかしま』では、感想文、読書感想文、などと明確に文種が分けられているが、生活文として全ての文種を包括的に捉えることができる。

【資料5】読書感想文に対する評語
> ○児童Aによる「おくびょうなうさぎ」をよんで (3年) に対する評語
> 〔評〕お話の筋がわかるように　よく　くふうして　書かれています。動物たちの動きをよく読み取っていることがわかります。終わりに　感想が

> まとめられていますが、これからの読書では あらすじの中に 感想をいれていくようなくふうをすることもよいと思います。
>
> ○児童Bによる「こばんのげた」を読んで（3年）に対する評語
> 〔評〕だいじな ところを つかんで、お話のすじを じゅんじょよく まとめて います。自分の気持ちも入れながら、文のまとめかたの くふうもできています。これからだんだんに、読んだ感想が書けるようにしていくことが、だいじです。

　学校の教育活動の中で、生活経験と言語経験が結びつき、編集に当たっては、文種に対する意識が働いている。単なる教育活動の成果物として雑駁にまとめられた学校文集ではない。このような児童の生活経験と言語経験の位置付けは、右のような図としてまとめることができる。

5．制度としての青少年読書感想文全国コンクール

　青少年読書感想文全国コンクールは、読書運動の一つとして誕生した。児童生徒・勤労青少年を対象として、読書活動の振興等を目的に1955（昭和30）年に始まった。小学校（低学年1，2年、中学年3，4年、高学年5，6年）の部、中学校の部、高等学校の部、勤労青少年の部という応募区分があり、それぞれ課題読書と自由読書の区分が設けられてきた。なお、特別支援学校はそれぞれの対応する部への応募、中等教育学校と中高一貫校の「前期課程」は中学校の部への応募、「後期課程」は高等学校の部への応募、義務教育学校はそれぞれの学年に対応する小学校の各部と中学校の部への応募をすることとされている。

　また、勤労青少年の部は第59回まで行われたが、第60回から廃止された。この変革により、学校教育に限定されたコンクールとなった。全国学校図書館協議会と毎日新聞社の共催により、各都道府県学校図書館協議会の協力の

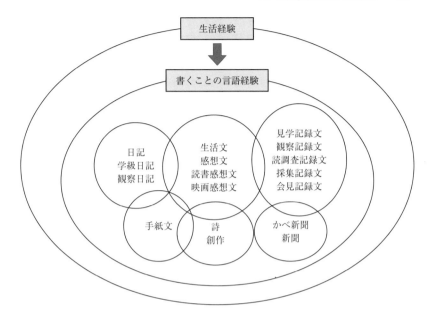

【図2】文集『たかしま』における生活経験と言語経験の関係

下で毎年開催されている。

　コンクールの趣旨は資料6のとおりである。1点目に「読書の習慣化」とあるように、まずは読書の目的を明確にしている。そして、2点目に「豊かな人間性」とあるように、読書が人間形成に働く意義が重視されていることがわかる。読書が人間形成に働くことの意義については、戦後初期の読書指導において強調されてきたものであり、その精神はコンクールの中で脈々と継承されてきた理念でもある。

【資料6】青少年読書感想文全国コンクールの「趣旨」[7]

◇子どもや若者が本に親しむ機会をつくり、読書の楽しさ、すばらしさを
　体験させ、読書の習慣化を図る。

> ◇より深く読書し、読書の感動を文章に表現することをとおして、豊かな人間性や考える力を育む。更に、自分の考えを正しい日本語で表現する力を養う。

　コンクールには個人単位での直接参加はできず、学校単位での参加である。校内審査、地区審査、都道府県審査を経て都道府県代表作品が決定する。「応募」とは言わず、「参加」と表現している。

　資料7のように、都道府県ごとに表彰が行われ、都道府県の代表作品は全国審査会を経て、部ごとに内閣総理大臣賞、文部科学大臣賞、共催する毎日新聞社賞、全国学校図書館協議会長賞、協賛するサントリー奨励賞などの各賞が選ばれる。全国審査会を経ての表彰式は受賞した児童生徒や保護者、学校関係者が出席した盛大なものとなっている[8]。

　このように大変に規模が大きいコンクールであり、入賞作品は、読書感想文集『考える読書』(毎日新聞出版刊)として刊行される。なお、前述の「趣旨」に合わせて、審査基準が設定されている[9]。

6．考察

　以上、読書感想文の捉え方を見てきた。生活経験を言語化する指導として、学校文集や国語科などで指導されてきた。やがて、読書感想文は、青少年読書感想文全国コンクールによって制度化され、独立したものとなった。同時に、読書感想文は、書き方があるわけではないが、読書生活と密接に結びついた文種としての捉え方がメタ・レベルにおいて共通認識とされている。今も読書感想文は、言語経験と生活経験と不可分の関係にある。これは読書感想文に生活経験を書かねばならないということではなく、自己の生活の実感という認識に読書経験を関係付けるということである。このことによって、批評文でも評論文でもなく、読書感想文という独自のジャンルを確立してきたのである。

【資料７】審査のプロセス[10]

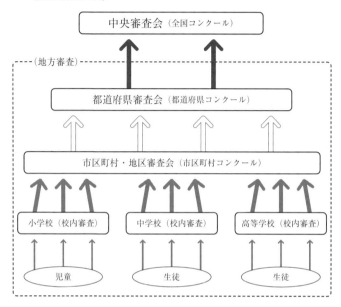

　コンクールという制度を軸として、読書感想文という文種とコンクールとは緊密な関係性を長年にわたって維持するようになった。そのことは学校現場における読書指導の難しさに影響している面もある。読書感想文はコンクールと切っても切れない関係にあり、読書感想文はコンクールへの応募を前提に指導する対象という認識が広がったためである。

　特に、インターネットに溢れた読書感想文の書き方サイトからの剽窃や過去の作品からの剽窃が懸念され読書感想文は、指導なしには成立しにくくなっている。読書感想文を書くということが、読書嫌いを生むという批判も見られる。

　国語科教育の関係者が読書感想文コンクールに主体的に関わっているわけ

ではなく、学校図書館担当者を中心として、課題図書の選定によって出版界とも関係性を保ちながら、コンクールを発展させてきた。

　しかし、今後は子どもの対象への自己認識を尊重し、どのように読んだのか、何を感じたのかという原点に立ち返って、子どもの感想を書くことだけに直ぐに落とし込むのではなく、子どもの感想を育てるという観点に立った指導を行う必要がある。読むことと書くこととの間には、次元の異なる認識の転換が伴うからである。気持ちのままに書くということほど難しいことはないが、どのように感じたかを伝え合うことで自己認識化できる面もあるからである。読書という個の営みを、教室の中で協働的に交流し共有することを通して、子どもの感想を育てていくような取り組みが求められる。読書という個人的な営みを、読書感想文という個人の認識の枠内にとどめるのではなく、ともに読み合い育て合うことを志向する必要がある。

　読書感想文という独自の文種が、今後どのように展開されていくのか、推移を見守りつつ、生活経験と言語経験をつなぐという観点を持ちながら、読書指導の在り方、さらには読書感想文とは何かについて、批判的に検討し続ける必要がある。

注
（1）萬屋秀雄『読書感想文の読者論的研究』，明治図書出版，1997，p.7.
（2）成城教育研究所『教育改造』第16号，1948.
（3）同上（2），pp.32-36.
（4）長野県諏訪市立高島小学校『たかしま』，信濃教育会，出版部（非売品），1959.
（5）同上（4），藤森久雄による。pp.142-145.
（6）同上（4），pp.53-55.
（7）第70回青少年読書感想文全国コンクール「第70回青少年読書感想文全国コンクール応募要項」，公益社団法人全国学校図書館協議会ウェブサイトによる。
（8）これまでの表彰式には皇太子殿下がご臨席されることが多くあった。また、表彰式後のパーティーには課題図書等の作者が招待され、受賞者との面会が実現する場合もある。

（9）発達段階に応じた適切な本を選んでいるか、読書のよろこび、楽しみが感じとれるか、登場人物の心情や、作品の語っているものを的確にとらえているか、規定の文字数を十分に生かし、自己の思いを表現しているか、読書によって得た自己の変革がみられるか、などの複数の審査基準が設定されている。毎年、慎重に見直しがなされ、一部変更される場合もある。2020年には、審査基準の補足として、2019年全国審査の傾向から確認という位置付けで、'基準ではないが、感想文のタイトルが「『○○○』を読んで」は、感想文のタイトルとしてふさわしくないと審査委員にとらえられるので、内容にあったタイトルをつけたうえで、必要であれば副題として「『○○○』を読んで」としたほうが良い。（副題はなくてもよい）'という参考意見が付け加えられた。

(10) 同上（7）.

四．児童雑誌『銀河』と批評指導

松村 裕子

1．はじめに

　1872年の学制発布以降、児童雑誌は作文教育の一端を担ってきた。木村小舟（1881-1954）は「明治初期に発生したる少年用の雑誌は、殆ど其の總てが、作文練習用を主とするものであった」と述べ、代表例として『少年園』『少国民』を挙げている[1]。また教科書改訂にあたり、木村が上田萬年（1867-1937）の助力を得て小学校校長向け講習会に参加したことを記しており、学校教育との連動を意識した雑誌づくりがなされていたことが伺われる[2]。1918年に鈴木三重吉（1882-1936）が『赤い鳥』を創刊し、児童による自由作文や自由画などを募集した。1929年、『綴方生活』が発行され生活綴方運動の基盤となった。戦後発行された『赤とんぼ』『銀河』『子供の広場（後に『少年少女の広場』と改題）』でも児童の作文を募っている。『少年少女の広場』に児童生徒の作文を投稿していた教師たちの連携が、同人雑誌『つづりかた通信』に繋がったとの指摘もある[3]。

　本論ではこのうち、『銀河』（1946-1949、新潮社）が、作文教育に与えた影響について考察をおこなうものである。戦後すぐ、良心的と呼ばれた児童雑誌が次々と創刊された。1946年創刊に『赤とんぼ』『子供の広場』『少国民世界』『銀河』がある。このうち『銀河』は批評を募集した点に特徴がある。この雑誌は山本有三（1887-1974）が中心となり、当時成蹊学園で主事を務めていた滑川道夫（1906-1992）を編集長に迎えて出発した。石井光男（1918-1981）、のちに吉田甲子太郎（1894-1957）らが編集に携わった。文字を横組みにしたり、社会科研究作品の募集をしたりと、批評募集以外にも革新的な取り組みをおこなっている。批評の選者となったのは古谷綱武（1908-1984）で第3巻

第5号（1948年5月）より第4巻第8号（1949年8月）の終刊まで批評欄を担当した。なお1948年は毎日新聞社「読書世論調査」が実施されたり、文部省の『学校図書館の手引』が発行されたりと児童の読書指導についての準備が進められた時期でもある。『銀河』初代編集長の滑川は1947年から手引作成の準備に関わっている[4]。また1950年には全国学校図書館協議会が発足している。批評募集がおこなわれた背景には、戦後の学校図書館活動や読書指導の必要と関連していると考えられる。

2．『銀河』の書評と指導

2.1　原稿募集と目的

　吉田甲子太郎が編集長をつとめていた1948年の第3巻第3号で古谷綱武が「銀河の読者について感じたこと　こんど募集することになった読者の作品批評の選者として」[5]という記事を載せている。批評を書く意義について「この雑誌にのった作品の批評の文章、つまり評論といってもよいであろうが、それをつのることになった。いままでの日本の少年少女雑誌には、まったくなかったくわだてである。（中略）人間らしい人間になってゆくための、もっともたいせつな精神である観察のふかさ、考える習慣、はんだんできるしっかりさ、批評できるもののわかり方、そしてさらに、それをいゝあらわすことのできる力、そういうものを、ほんとうの自分自身のものとしてゆく、その勉強を、これからこゝで、してゆこうというわけである。」[6]とまとめている。

　吉田甲子太郎は第3巻第4号の「みなさんへ」という記事のなかで「何ごとに対しても、ハッキリした判断をくだすことのできる人を個性の強い人といいます。みんなが強い個性を持つということが、民主々義の基礎になります」[7]と述べている。この文章から吉田は批評の募集を民主主義教育の一端として捉えていたことが伺える。古谷が選者として選ばれた理由は、『育児雑誌時評』や、『全人宮沢賢治』など児童書に関する仕事をすでに行ってい

たこととともに、1941年に発足した「日本児童文化協会」文学部で滑川と協働していたこととも関係があるだろう。

2.2 古谷綱武の批評観

　批評とは、物事の是非、善悪、正邪を判断し、評価をくだすことである。狭義には芸術批評、文芸批評を指す場合があり、文芸批評はさらに客観批評と主観批評に大別される。また児童文学の批評は、一般の文学批評と比べて特殊な立場にある。それは、長い間児童文学は一般文学より劣るものとして批評の対象とされてこなかったこと、著者と読者と批評する者の年齢差が評価を難しくしていることが主な理由である。

　では、古谷はどのような批評を念頭においていたのであろうか。古谷が印象批評を想定していることは、以下に示す『批評文学』の文章からわかる。「あらゆる批評方法論とは、なによりも批評家の感受性を根拠とした、この印象批評の上に生きてのみ、眞の藝術となり得るのである。究極的な批評も印象批評であるが、またもつとも初歩的な批評も印象批評である」[8]。印象批評とは、19世紀後半に興隆した批評理論で、自己の直感的印象を重視するものであり、客観主義に対抗する方法論と捉えられる。『銀河』第3巻第3号に批評を募る記事を掲載した折、「自分の感じたことや、考えたこと」をよく確かめて書くように繰り返し述べているが、これは印象批評を児童にわかりやすい表現に置き換えたと捉えられるだろう。

　また「(児童文学者は)子供から教へられて自分を深めることで教へられたものを子供へかへすひとだ」[9]という言葉からは、子どもの批評を作家に届けることで、作家自身の創作活動の糧にしようという意図も垣間見られる。実際、第3巻第5号では作家マツサカ・タダノリが作品に寄せられた批評に対して、「ムダのない文章、これがわたしの念願なのです。しかし、いずれにしても、安西さんの意見を読んで感じたことは、コドモのための作品は、むしろ、オトナのための作品以上にシンケンに書かなければならないことで

四. 児童雑誌『銀河』と批評指導   149

す」[10]と説明している。第3巻第6号では古谷が「作品の批評は、それを書いた作者に一つ残らずよんでもらうことにしているから、どしどし書いて送ってもらいたい」[11]と、雑誌を介した作家と読者の交流への意欲を示している。ただし、その後作家と読者の交流はおこなわれていない。

2.3 掲載批評

各巻号で掲載された書評は以下のとおりである。

発行年月	巻号		備考
1948.3	第3巻第3号	銀河の読者について感じたこと（古谷）	原稿募集告知
1948.4	第3巻第4号	君たちの批評とぼくの批評（古谷）	批評の例
1948.5	第3巻第5号	2編：A（千葉、中1）、M（高知、小6）	
1948.6	第3巻第6号	4編：K（長野、中1）、H（東京、小5）、K（長崎、中2）、K（大阪、中2）	
1948.7	第3巻第7号	6編：T（北海道、中2）、K（大阪、中2）、H（山形、中2）、O（東京、中2）、H（埼玉、中2）、K（長野、中2）	
1948.8	第3巻第8号	5編：O（福岡、小6）、K（東京、中2）、N（兵庫、小6）、K（長崎、中3）、H（東京、中2）	
1948.9	第3巻第9号	「飛び立つカル」をめぐって（10編を古谷がまとめる）：（長野 広島 香川 宮崎 京都 岩手 東京 富山／小6〜中3）	
1948.10	第3巻第10号	6編：K（新潟、小6）、H（埼玉、中2）、I（東京、中2）、Y（宮崎、中2）、H（愛知、中2）、K（長野、中2）、I（岐阜、中2）	愛媛大洲中学に「銀河の批評会」発足
1948.11	第3巻第11号	3編：O（福岡、小5）、N（山口、中3）、K（長野、中2）	
1948.12	第3巻第12号	7編：K（新潟、小6）、O（福岡、小6）、G（東京、中2）、K（長野、中2）、I（広島、小6）、K（東京、中3）、W（和歌山、中2）	
1949.1	第4巻第1号	わたしたちの作品：K（新潟、小6）、K（長野、中2）、U（兵庫、中1）／全4編	雑誌掲載作品以外の評論、感想に範囲を広げる
1949.2	第4巻第2号	わたしたちの作品／全2編	3月から「私たちの作品」のページが2倍になる

150　第二章　学校教育に関わる諸分野の文集の位置

1949.3	第4巻第3号	わたしたちの作品：H（中1、埼玉）、I（中2、東京）／全4編	
1949.4	第4巻第4号	わたしたちの作品：批評なし／全5編	
1949.5	第4巻第5号	わたしたちの文集：批評なし／全5編	
1949.6	第4巻第6号	わたしたちの作品：K（小5、熊本）／全5編	
1949.7	第4巻第7号	わたしたちの文集：批評なし／全4編	
1949.8	第4巻第8号	わたしたちの作品：批評なし／全3編	最終巻

　主な書き手は小学校高学年から中学生であること、全国から批評が寄せられていることがわかる。また複数回掲載されている者も少なくない[12]。第3巻第10号では愛媛の中学で「銀河の批評会」ができたことが報告されている[13]。しかし、原稿の募集範囲を広げた1949年以降はあまり批評が寄せられていない。そのかわり「感想」として、映画の感想や詩について考えたことなどが取り上げられている。

3．掲載批評と古谷の指導

3.1　第3巻での古谷の指導
第3巻第4号「君たちの批評とぼくの批評」
　批評を募集するにあたり、児童生徒に批評を書かせて指導例を示している。O（東京、小5）が書いた「ようちくさくなくてい、」[14]という文章について、古谷は吉田甲子太郎の批評と照らして「正面から取り組んでいった態度」[15]と言い換えている。H（東京、女学校3年）の「あたり前の小説で、少し年のいった人にはおもしろくない。けれど少年少女には平凡なのが、かえって喜ばれるし、かざり気もないから、少年少女小説としてはい、だと思った」[16]という文章を「通俗」と言い換えている。古谷は、二名の批評を尊重しながら大人の批評の言葉と合致させようと指導を試みている。

第3巻第5号「批評を批評する」

　2編の批評のうち最初に掲載されたAの批評「『石にさく花』について」について述べる。Aは、「題の選び方がじょうず」「はじめの書き出しの書き方がとても良く、ただむだがなくて（中略）表現がうまいところです」「聞いたお話をこまかく書いたら、もっと文がよくなるのではないか」と、作品の表現について評価をしている[17]。

　それに対し古谷は、「題名からだけでも、これだけのことをこゝろに浮かべたのは、ずいぶん深い味わい方だ」「するどく問題に目をつけている」「（無駄がない文章ということは）ぼくもほんとうにそうだといつも思っていることだ」と賛同している[18]。また二人の批評を読んで作者であるマツサカが文章を寄せていることは前述したとおりである。ここには生徒と大人がひとつの作品の評価をめぐって対等に話し合っている姿がみられる。しかし一方で創作態度や批評態度のあり方に終始し、批評の妥当性や文章表現については具体的に触れていないという特徴が挙げられる。

第3巻第6号「批評」

　4編の批評のうち最初に掲載されたK（長野、中1）の批評「ジンタとヒサ」について述べる。Kは心に触れたという文章を引用したのち、「不注意からおこさないでもよいことをしてしまった後のあやふやな気もちは、ジンタの場あいばかりでなくいろいろあります。そして悪い結果があらわれたりすると、終わりになってさわいで後悔したり、わからねば知らん顔をしていたりしますが、ほんとうに悲しい人間の性質だと思います」と、作品を通して人間の在り方について考察している。また最後の段落では、「今でも貧乏や戦争で、たくさんのヒサのような子がいるのではないでしょうか。新しい日本から新しい少年少女がでてこねばならないが、どうして人間はみんな苦しみをたくさん背おってゆかなければならないのでしょうか。今の新聞をちょっとみても、おそろしいあわれなかなしい話でいっぱいです」と、当時

の社会状況についても言及している[19]。

　この批評に対して、古谷は「自分がその身になって考えるということが大切なのである」「ジンタの批評文は、作品のできぐあいまでするどく批判している点で、より多く文学論のほうにかたむいた批評であるというふうにいうのであれば、ヒサの批評では、それはもっと人生を論じ、社会を論じて、大変にどうどうとしている」と評価し、「ぼくはＫさんを発見したことがうれしい」と批評の出来栄えを褒めている[20]。文章表現については、「いゝ方が少しゴタゴタしてむだなところもある」として古谷が削ったことを明らかにしているが、表現についての具体的な指導はない[21]。

第3巻第7号「批評」

　古谷は6編の批評を掲載し、「批評は『よく考えたこと』を書くことだ」、「『自分は何を考えたか』ということを書くことなのである」と説明する[22]。個々の考え方の違いを尊重することが書かれているが、「よく考える」とは何か、またどのように記述するかは示されていない。

第3巻第8号「批評」

　5編の批評のうち、最初に掲載されたＯの批評「石にさく花」について述べる。Ｏは「話の筋がたくみに変化し発展して、非常におもしろ」いと評価しながら、「出てくる人たちはあんまりきれいすぎ、どの子もみんな同じで個性味がとぼしいようにも思われる。（中略）けしきのあらわしかたが少しさびしい」と、作品のプロットとキャラクター造形、描写について評価をしている[23]。

　いっぽう古谷は掲載された批評全体について「じぶん自身の目で、たしかにひとつことを見て、感じて、考へていることに、ぼくは関心もし、教えられたこともある」と述べるにとどまっている[24]。掲載順からいえば、Ｏの批評は高く評価されていると考えられるが、いっぽうで読者にはどの点を評価

されたのかが伝わりにくい。本号では選外となった批評文については、古谷は「自分というものをみつめて、その自分について書くということも、りっぱな批評だ」[25]と書いており、内省を促す読書が推奨されているように読者には感じられるのではないか。

第3巻第9号「批評 『飛び立つカル』をめぐって」

投稿の多くがすみい・すえの作「飛び立つカル」について書いた批評であったことをうけ、古谷が「トリ屋のじいさん」という登場人物に対する反応によって投稿を分類している。まずごくふつうの感じ方として嫌いな人間だと評価する批評を挙げ、つぎに自分自身を反省する方向へ論を発展させている批評、爺さんへ同情を寄せる批評を紹介し、最後に爺さんを通して社会へ関心を向ける批評を紹介している。古谷は「おなじひとりの人物に対しても、人によって、その感じ方がいろいろにちがうことを知るのは、みなさんが勉強してゆく上にも、たいへん役にたつ」[26]とまとめている。

第3巻第10号以降の批評について

第3巻第10号では、第7号に掲載された社会科研究作品についての批評が寄せられなかったことを嘆き、文学批評ばかりでなく研究作品や雑誌全体についての批評を求めると書いている。第3巻第11号では、「今後のみなさんの批評文研究は、作品批評のなかにだけとゞまることなく、人間論、人生論、社会論と、考えることがひろがって、それを書いておくってもらいたい」と述べる[27]。

3.2　第4巻での批評指導

第4巻第1号では投稿4編のうち3編が『銀河』掲載の「ひなスズメ」「人民の、人民による、人民のための政治」「やさしい心」についての批評で、1編が漫画全般についての意見であった。古谷は「選者の言葉」として「ど

ういう短文でもいい、書いてみたいと思うことを、評論、感想にして送ってください」[28]と述べている。その後映画や小説全般に対する意見、社会時評や創作が掲載されるようになり、批評の数は減少する。

3.3 『銀河』における批評指導

　古谷が行った指導の特徴は、文章表現よりも内容を重視したこと、批評の妥当性にはふれず個々の意見を尊重したこと、次第に内省や社会批判に通じる批評を評価していくようになったことが挙げられる。また、批評募集の当初は、作家と児童生徒である読者が対等に意見を述べ合う民主主義教育の一環として考えられていたが、実際に実現したのは1度のみであった。また、批評は全国各地から寄せられ、中学で研究会がつくられるといった発展はあったものの、掲載数が減っていったことや特定の児童生徒の投稿が目立って掲載されていたことを考えると、一般的に普及するには及ばなかったと考えられる。

4．まとめ　作文における批評の定着

　『銀河』は、第4巻で廃刊となる。その理由をめぐり、娯楽雑誌が流布することによって良心的な児童雑誌が継続できなくなったとする意見と、子ども読者の気持ちにこたえる内容ではなかった、つまり面白さが足りなかったとする意見がある。いずれにせよ、戦後児童文学の方向性を議論する契機となっていく。

　『銀河』で試みられた小中学生による批評は、作文指導に取り入れられたのであろうか。残念ながら、今回の文集リストの範囲では「批評」として掲載されている文章は見られない。ただし今回のリストにより、1955年の青少年読書感想文全国コンクール開始に先立ち、1950年の文集にはすでに読書感想文が取り上げられていることがわかった[29]。その一冊は成蹊学園のものであり、『銀河』初代編集長である滑川の勤務先でもある。

成蹊学園で図書館運営に携わっていた滑川は、1946年にはすでに「正しい本の読み方」という文章を『少女クラブ』に掲載し、読書クラブを勧める文章を書いており、そのなかで感想をノートに書くことを推奨している[30]。1947年におこなわれた菅忠道や波多野完治らとの討論会では、読後感を書かせることについて話し合っている。ここで滑川は「一般の場合は感想を書きなさいとか、読後感を書くカードを渡すと、それのこわさのために、本が読みたいけれど図書室へはいらないという例が方々にあつて、失敗している」[31]と発言している。それを受けて波多野も「今の感想を書かせることは、これは一生かかつても、ちゃんとしたりつぱな批評はできるようにならないという人がいるわけです。そういう人でも日記のおしまいに、こういう本を読んで、これはおもしろかつたとか、これはつまらなかつたということをちよつと一言書いたり、本の扉に感想を書いたりするということはいけると思う。高度の批評は何も日本中の人間がみなできなくてもよいわけだから、その程度まで連れていくということを目標にしてやるならば、むづかしいことではないと思う」[32]と述べている。この時期は、読後指導として記録をすることの大切さを感じながら、何をどのように書かせるのかを模索している時期であったといえるだろう。その試行錯誤のひとつが『銀河』での批評指導だったと捉えられるのではないだろうか。

いっぽう、批評指導過程で浮かび上がってきた、読書と人生論や社会批判を結びつける考え方は、戦後の読書指導のなかに散見される。1948年の『学校図書館の手引』の「第三節読書指導の実施　二指導の具体例」において、高学年の目標に「4　よく味わい、よく考えながら読もう」「9　本を批判して読む心を養って行こう」という記述がみられるが、これも批評的な読書を勧めているとも捉えることができる[33]。『現代読書指導事典』で阪本一郎がハリスの読書の目的「発達的読書」「娯楽的読書」「機能的読書」に「教養的読書　人間的適応を促すのが目的の読書の指導領域」を加えている[34]。後年の滑川は「文学を読むことによって、主人公に同化したり、その考えかた・感

じかたに同調共感したり、あるいは反発したり批判したりする。その過程で、人生を学び、生活の知恵を獲得して生きかたを考えさせられていくのである」[35]と文学の教育性をまとめている。読書を通じて人間形成を促すという考え方は、戦後の読書指導のなかで次第に浸透していったとみられる。

　『銀河』で試みられた児童生徒に批評を書かせるという行為は定着するところまでは到達しなかったと考えられる。しかし投稿指導から次第に形成されていった、児童生徒が読書を通して人生や社会を考えるという読後指導のあり方や批評の方向性は、阪本や滑川の提唱する読書指導の目的と重なる。これらのことから『銀河』批評指導は、戦後の読書教育形成の一過程を示すものと捉えられる。

注
（1）木村小舟『少年文學史　明治篇　別巻』p.45
（2）同上　p.338
（3）菅原稔「昭和20年代における作文・綴り方教育実践の位相（その1）」p.91
（4）中村（2004）によると、1947年にはすでに原稿が完成していたと考えられる。
（5）『銀河』第3巻第3号　pp.22-25
（6）『銀河』第3巻第3号　p.22
（7）『銀河』第3巻第4号　p.64
（8）古谷綱武『批評文学』p.20
なお、古谷の人生求道的な批評のあり方について、萬田務は『宮沢賢治研究』解説の中で「昭和十年代後半から戦後にかけての世相の困乱、つまり倫理感と価値感の喪失といったものが背後にあったからではないだろうか」（p.6）と推測している。
（9）同上　p.263
（10）『銀河』第3巻第5号　p.56
（11）『銀河』第3巻第6号　p.39
（12）7編の批評掲載が確認される中学生は、1952年に作品集『冬鳥ノオト』（創成社）を発表し、帯の推薦文を古谷綱武が書いている。
（13）『銀河』第3巻第10号　p.55
（14）『銀河』第3巻第4号　p.22
（15）同上　p.23

(16) 同上　p. 22
(17) 『銀河』第 3 巻第 5 号　p. 54
(18) 同上　pp. 55-56
(19) 『銀河』第 3 巻第 6 号　p. 36
(20) 同上　p. 39
(21) 同上　p. 38
(22) 『銀河』第 3 巻第 7 号　p. 59
(23) 『銀河』第 3 巻第 8 号　p. 13
(24) 同上　p. 15
(25) 同上　p. 15
(26) 『銀河』第 3 巻第 9 号　p. 18
(27) 『銀河』第 3 巻第 11 号　p. 45
(28) 『銀河』第 4 巻第 1 号　p. 43
(29) 1950年：『こみち文化』成蹊中学、『谺』埼玉県文集兒玉地区編集会、1951年：『わかば』江東区教育研究会国語部、『かしの木』神奈川県愛甲郡半原小学校、1952年：『どんぐり』墨田区第一吾妻小学校、『みつば』印旛郡第一部会国語同好会、『かしの木』半原小学校、『埼玉』埼玉県文集編集委員会、『ぽぷらの木』北海道月寒小学校、『ひばり』学芸大学附属岡崎小学校、『ひのぼりの子』島根県日登小学校、『あおいそら』福岡市小学校国語研究委員会
(30) 『少女クラブ』第24巻9号、講談社、p. 39
(31) 滑川道夫『生活教育の建設』p. 127　初出は「読書指導と生活教育」『生活学校』1947年9月号。座談会出席者は、波多野完治、菅忠道、関野嘉雄、国分一太郎、稲垣友美、飯沼文子。
(32) 同上　p. 127
(33) 文部省『学校図書館の手引』p. 96　この項目の内容は、前述の「正しい本の読みかた」と重なる部分が多く、滑川が担当したか、滑川の文章を参考に作成されたと考えられる。ただし引用をおこなった二文については、「正しい本の読みかた」には記述がない。また「低い目標から、次第に高次の目標に置き換えていくようにすべきである」とも書かれており、批判的な読書活動を高次目標ととらえていることが伺える。
(34) 阪本一郎編『現代読書指導事典』第一法規出版、1967「読書指導の目標」p. 55
(35) 『児童文学と読書指導』牧書店、1969　p. 97　（初出『教育の時代』第22号、東洋館館出版社、1964）

参考文献

『銀河』第1巻～第4巻、新潮社
　国立国会図書館デジタルアーカイブ、及び白百合女子大学児童文化研究センター（冨田文庫）にて閲覧をおこなった。
岡屋昭雄「生活綴方における子どもの文章表現の研究」佛教大学教育学部論集、第14号、2003
菅原稔「戦後作文・綴り方教育史研究―第1回作文教育全国協議会（中津川大会）に見る戦後作文・綴り方復興の一側面―」岡山大学大学院教育学研究科研究集録、第155号、2014
菅原稔「昭和20年代における作文・綴り方教育実践の位相（その1）―「作文と教育」誌所収論稿の分析を中心に―」全国大学国語教育学会　国語科教育研究：大会研究発表要旨集、106、2004
中村百合子「『学校図書館の手引』編集における日米関係者の協働」日本図書館情報学会誌、第50巻4号、2004
中村百合子「『学校図書館の手引』にみる戦後初期の学校図書館論の形成」日本図書館情報学会誌、第51巻3号、2005
なめかわみちを「正しい本の読みかた」『少女クラブ』24巻9号、講談社、1946
根本正義「戦後綴方教育の研究―雑誌「赤とんぼ」と『綴方集風の子』のこと―」東京学芸大学紀要第2部門人文科学、第33号、1982
古谷綱武「育児雑誌時評」愛育、第3巻10号、1937
古谷綱武「藝術家としての兒童文學者」新児童文化、第2号、1941
増田信一「作文教育史における『作文』と『綴り方』」奈良教育大学国文：研究と教育、21巻、1998
山田泰嗣「戦後初期における学校図書館の展開―『学校図書館の手引』編集の時期を中心に」佛教大学教育学部学会紀要、第7号、2008
「児童文化白書―その歴史的展望と今日の問題点―」子どもを守る文化会議参考資料1、1953
今井福司『日本占領期の学校図書館　アメリカ学校図書館導入の歴史』勉誠出版、2016
上野瞭、神宮輝夫、古田足日『現代日本児童文学史』明治書院、1974
加藤宗厚「『学校図書館の手引』の編集」図書館雑誌、41巻2号、日本図書館協会図書館雑誌編集委員会、1947
菅忠道編『日本児童文学大系』5巻、三一書房、1955

菅忠道、百田宗治ほか『新兒童文化2』第2号、有光社、1941
菅邦男『「赤い鳥」と生活綴方教育』風間書房、2009
木村小舟『少年文學史　明治篇』（上下別巻）童話春秋社、1933
阪本一郎編『現代読書指導事典』第一法規出版、1967
塩見昇『日本学校図書館史』全国学校図書館協議会、1986
瀬田貞二『瀬田貞二子どもの本評論集　児童文学論』福音館書店、2009
千葉省三他『新選日本児童文学③現代編』小峰書店、1959
滑川道夫『生活教育の建設』牧書店、1948
滑川道夫『児童文学と読書指導』牧書店、1965
滑川道夫『読解読書指導論』再版、東京堂出版、1974
滑川道夫『日本作文綴方教育史』全3巻、国土社、1983
滑川道夫『日本児童文学の軌跡』理論社、1988
滑川道夫『体験的児童文化史』ききて：冨田博之　国土社、1993
日本作文の会監修・編集『戦前戦後　日本の学級文集』大空社、1994
ピーター・ハント編『児童文学批評の展開』白百合女子大学児童文化研究センター、1997
福田清人・山主敏子『日本児童文芸史』三省堂、1983
古谷綱武『批評文学』三笠書房、1936
古谷綱武『少國民文藝選　僕たち人間のほこり』帝國教育會出版部、1942
古谷綱武『宮沢賢治研究』復刻版、日本図書センター、1984（日本社出版、1948）
文部省『学校図書館の手引』師範学校教科書、1948
吉田甲子太郎『銀河名作選　少年少女小説』新潮社、1950

第三章　表現指導実践者による文集の考察

一．文集『すみだ』第2号の児童作品から

平林　久美子

１．創刊当時の文集『すみだ』について

　昭和30年1月　文集『すみだ』（第4学年から第6学年の作品）、文集『ひなた』（第1学年から第3学年の作品）第1号発行

　昭和30年9月　文集『すみだ』、文集『ひなた』第2号発行
　　　　　　　☆文集を活用した学習期間を長くすることを目的に、6月から夏季休業中にかけて編集作業を行っている。

本報告書は、文集『すみだ』第2号を主な参考資料とした。
目次による文種は、以下のようである。

詩（俳句を含む）、見学紀行、脚本、リレー童話、研究記録、生活記録（動物）、生活記録（行事）、生活記録、手紙・感想

　掲載作品の作者である児童の生まれ年と令和6年度現在の年齢は、以下の通りである。

学年	年齢	生年月日	現在の年齢
第4学年	9歳～10歳	昭和20年4月2日～昭和21年4月1日	78歳
第5学年	10歳～11歳	昭和19年4月2日～昭和20年4月1日	79歳
第6学年	11歳～12歳	昭和18年4月2日～昭和19年4月1日	81歳

2．その後の文集『すみだ』の変遷

　現在も、墨田区立小学校教育研究会国語部が編集する文集『すみだ』は存続している。文集『ひなた』は廃刊となり、全学年の作品を掲載した『すみだ』のみが存続している。令和2年度文集『すみだ』第50号が発行された。現在の文集『すみだ』の第1号は、昭和46年度の発行となる。今回扱う文集『すみだ』第2号とは別に、新たに発行されたことになる。表紙の記載が、「墨田区立小学校長会監修」から、「墨田区教育委員会」と変更されていることから、区の事業として予算化された昭和46年度を創刊として、再出発をしているようだ。

　平成元年度発行の文集『すみだ』19号に見る文種（項目）は以下のようである。

学校生活の中から、くらしの中から、感想文、意見文、日記、詩、見学記録文、観察記録文、生活記録文、創作文

　平成27年度からは、文集がより日常的に有効活用されることを目的とし、掲載作品を国語科授業の学習内容に絞って編集されている。「『○○○（教材名）』を学習して」という作品が多い。巻末には、「詩・俳句のコーナー」「すみだコーナー」を設けている。

3．昭和30年度発行の文集『すみだ』に見られる特徴

　昭和30年度発行の文集『すみだ』第2号に見られる特徴をまとめてみた。

（1）踊り字について
　「一の字点」「くの字点」などの踊り字が、区長、教育委員会幹部、校長等の巻頭文から児童の作品に至るまで多く使われている。昭和36年早生まれの

一．文集『すみだ』第2号の児童作品から　163

私は、学校教育では踊り字について習ってはいないが、母が祖母に当てた手紙の中で用いていた「くの字点」に憧れ、使ってみたいと思った記憶がある。祖母の家には電話がなく、何か小包を送っていただいた時など、親子でよく礼状を書いたのが、家庭における作文教育であった。

- なか〲入れない。
- 「東武日光、〱。」
- スヾカケ
- え、ちらお、ちら

（２）敬語について

両親、祖父母、兄や姉、学校の先生、家族以外の年長者等に対して、ほぼ敬語が使われている。「先生が言った。」「お母さんが言った。」などの表現はほとんど見られない。（以下、下線は筆者による）

かちどきばし　　　　　四年　女子

この前の日曜二十六日お父さんとおねえさんと私と朝の五時に起きて、みんなで都電に乗って、お散歩に行きました。むこうについてから、お父さんがおりんごとキャラメルを買ってくださいました。すこしあるいて行くとかちどき橋が見えてきました。（中略）大きな材木がつぎつぎに川の上におろされていきます。下ではたくさんの人が板にのっていて、つぎつぎにいかだに組んでいきます。その船の中には、大きな丸太が百本ぐらいあると、よその人がおっしゃったので私はおどろいてしまいました。その材木をみんなおろすのには、お昼までかかるということなので、私は野原の方へいって花つみをしました。そしたらおねえさんがクローバーの花できれいなくびかざりを作ってくださいました。（中略）見ていると大きな舟が三台通るとかちどきばしはみるみるうちにしまってしまいました。私は帰りにどうして橋があくのかと思ってお父さんにわけをききました。そうしたら、「橋上より高いお舟は通れないので一日に時間をきめてあくのだよ。」とおしえてくださいました。

（3）いわゆる「女の子言葉」について

　私事だが、幼稚園入園や小学校入学の節目で、よく両親から「悪い言葉を覚えた。」と言われた。記憶にあるのが、「〜だよ。」と「ばか」である。「ばか」は論外として、「〜だよ。」と言ったときに、めったなことでは注意や叱責をしない父に「女の子が、『〜だよ』などと言っちゃいけません。『〜だわ。』と言いなさい。」と注意された記憶がある。昭和40年代には、既に私の周囲の子供たちは、そのような言葉では話していなかったので、違和感を覚えた記憶がある。

　昭和30年度発行の本文集においては、小津安二郎の映画で、女優の原節子が話すような言葉が、高学年女子児童の作文に登場する。平成・令和の時代、少なくとも墨田区立小学校の女子児童がこのような話し言葉を使用しているのを聞いたことはない。

（前略）「あら、あんな低い所に雀がとまっているわ。つかまえない？」というと、友達の一人が「いやだわ、雀には羽があるじゃないの、つかまりっこないわよ。」とひやかされてしまった。私はそろそろ雀に近づきながら、「でも、やってみない、こんなに近づいたって逃げないわ。」（中略）「でもだめよ、手を出せばどうせ逃げちゃうわ。」（後略）

（4）学校生活について

　今では、使われない言葉や情景に、懐かしさを覚える。書き抜いてみる。

- ・先生が原紙を切っているときの顔　　・春の小運動会、秋の大運動会
- ・腰掛け　・下駄　・帳面　・ナイフでえんぴつをけずった
- ・手ぬぐいであせをふいている者　　・学校のパンをおみやげに
- ・学校でじゅうしまつを飼う　　・こづかいさん
- ・ハンケチ（ハンカチのこと）

　今、私たちが失いかけている大切なものが表現されている。

> 教室　　五年　男子
>
> まだ、だれも来ていない教室。
> きれいにふいてある黒板、先生の机に、カーテンがうつっている。
> 机も、腰掛もきちんとならんでいる。
> ぼくは、そっと、おじぎをして、はいった。

> 鉛筆　　六年　男子
>
> ずいぶん短くなった僕の鉛筆
> これは五年生の時、秋の大運動会で初めて三等をとってもらったんだっけ
> あの時はとてもうれしかった。
> たしか十月だったから
> あれからもう八ヶ月もたったんだ。
> その間、うんと勉強してこんなに短くなったんだ。
> あの時よろこばしてくれたおれいに
> ぼくは、この鉛筆をいつまでもだいじにとっておこう。

（5）家庭生活について

当時の下町の情緒が伝わる言葉がたくさん見られたので、書き抜いてみる。

・かじやさん　　・はえとり　　・用水おけ　　・えりまき
・とうふ屋のラッパ　　・金魚屋の呼び声　　・ホドチン（防虫剤）
・赤チン　　・どてら　　・湯たんぽ　　・火ふき竹　　・かいぼり

・五百円札、百円札、五十円札　　・ねずみをとるために猫を飼う
・テレビを見に行く　　・お菓子屋のところでテレビを見た

子供が家族の一員として家庭の中で重要な役割を果たしている。作文は、当時の子供たちの生活の記録でもある。

夕日の風呂たき　　　　　　六年　男子

今日は夕焼だ。
ぼくは一しょうけんめい火ふき竹をふいた。風呂場のはしらにひょっとこがぶらさがっていた。僕はそれを見ては、わらった。とてもあつくなって、あせが流れ出た。
風呂がわいたら行くよと、僕はいった。空はまっかだった。
じいちゃんが風呂にはいりにきた。僕はあわててかんなくずをくべた。じいちゃんが、「友達がまってるから、くべたらあそんできな。」といったので僕はじゃんけんくべた。
うら口にまわったら友達がいた。「おおい、どてへ行かないか。」と友達がさそった。
いっしょにどてへいった。すずしかった。
きゅうにれいぞうこへはいったようだった。

かいぼり　　　　　　四年　男子

今日は日曜だったのでかいぼりをした。
金魚はおどろいたのでなかなかつかまらなかった。やっとぜんぶつかまえてたらいに入れてやった。
池に水を入れてやるとだんだんすきとおってきた。
金魚を入れると気持ちよさそうにおよいでいた。
金魚はなんだかお礼をいっているように思われた。

一．文集『すみだ』第２号の児童作品から　167

(6) 戦後生活綴方復興の時代

　国語教育辞典（日本国語教育学会編　朝倉書店　2009年）によれば、「生活綴方は、みずから身のまわりの現実にかかわり、書くことを通しての人間的な成長を促すものである。(亀村五郎)」とある。その価値は、個人情報、プライバシー、人権等に配慮することよりも重視された。文集『すみだ』第２号には、今なら掲載できない作文が数多く掲載されている。しかし、そこにあるがままの下町風情が表現され、魅力的なのである。

　平成27年度より、文集『すみだ』は、国語科授業の学習内容に絞って編集されるようになった。長年文集の編集に携わった教員によると、人権やプライバシーに配慮するために生活をありのまま綴った作文を掲載しづらくなったことにより、移動教室をはじめとする学校行事の作文が多くなってしまったという。また、人権上の配慮のために校正作業を進める過程で、作品のもつ元々のよさが失われるということに、大いに思い悩んだという。

　文集『すみだ』第２号より、自ら身のまわりの現実にかかわり、生き生きと生活が描かれている作品の一部を紹介する。親の死に関する作品も複数掲載されている。

　うちのあかちゃん　　　四年　女子

（前略）
　その夕方だった。おとうさんが会社からかえってきていた時、買い物からかえった母がおとうさんにこういった。「たみやさんの人がまさ子がほしいってよ。」と。すると「ばかやろ、まさ子をあげられっかい。」と、お父さんは、いいました。まさ子はわたしのかおを見てわらった。わたしもまさ子の笑顔をみていると、どこへもあげたくないと思った。（後略）

おかあさん　五年　男子

ぼくのおかあさんは毎日働いている。雨の日も風の日もどんな日でも働いている。家がこまっているのでいつも働いている。おかあさんが家にいる日はすくない。月に二回ぐらいしかいない。（中略）おかあさんはいつも朝早く起きてご飯をたく。ぼくはそれを食べて学校に行く。帰ってくるとこづかいをおいていってくれる。夕飯は、朝ごはんののこった分をたべる。家は二人だからごはんもそんなにたくさんいらないし、食べない。（中略）
ぼくは世の中でおかあさんよりいい人はいないと思う。ぼくは早く大きくなりたい。

（7）生き物や事象をじっと見つめる目

「研究記録」という項目があり、当時の子供たちが鋭い観察眼で詳しく様子を書き綴った作文が掲載されている。このような一つのものをじっくり見つめるということが、今は少なくなっているように思える。

くものす　五年　男子

かきの木の枝と枝との間に、じょうぶそうなくものすがかかっていて、そのまん中にまっ黒い大きなくもと、青光りのするこがね虫が、死にものぐるいで、大かくとうのまっさい中なのだ。くもは、ときぐ〱こがね虫に近よったと思うと、とたんにする〱ととおのいて、ようすを見、また近づいていく。こがね虫は、逃げようと、もがいては、足をのばしたり、ちぢめたりふれるものはなんでも、つかもうとしている。まるで、きかいが動いているように、たえまなしに足を動かしている。だけど、一本の足がくもの糸をやっとはなれると、ほかの足がべたべたひっつき、大こまりだ。足をはずしてしまえば逃げだせるのだと思うが、それにしては、こがね虫が大きすぎる、まったくふべんだ。こうして、こがね虫はだんぐ〱弱っていった。

（8）想像の翼を広げて

　想像力をはたらかせて、何かになりきった作文や夢をかなえる作文などにも、力作が見られる。二つの作品を紹介する。

かえるになった私　　　　　　　　　　　　　　　　四年　女子

　雲一つない、晴れた日の朝でした。親がえるが小川で、卵を生んでいました。卵は細いひものように、一列にずらっとならんでいます。黒い小さなあるい卵です。その中の一つに、私がいたのです。生まれてから十四日目に私は卵からかえりました。明るい空、青々とした草葉のかげに生まれた私は、こんなけしきを見て、びっくりしてしまいました。また私のかっこうは、とてもへんな形です。体中まっ黒で、おまけに頭の方が大きくて、しっぽの方は長いのです。よちよちおよぎます。お母さんは、ときどき帰って来てくれますが、またすぐどこかへ行ってしまうのです。私は水の中ばかりおよいでいなければならないのに、お母さんは、ぴょんぴょんとはねて、水の中でも、りくの上でも遊べます。私は始めは、どうしてお母さんばかりはねられて、私がはねられないのかとふしぎでなりませんでした。（中略）そのうちにしっぽが小さくなってきました。そしてとうとうとれてしまいました。その時きしべから声がしました。お母さんの声です。「お池の上へいらっしゃい。とてもおもしろいですよ。」と手をふって、おいでおいでをしています。私はうれしくなって思いきって草の上にとびだしました。「あっ。」はねられます。とてもよくとべます。私はお母さんもこうしてはねられるようになったのだなーとやっとかえるになる前のなぞがとけたのです。草の上、高い木のえだどこでも、自ゆうにとべるようになってうれしくてなりません。

僕の夢

六年　男子

　そよそよと風がふいて、木の葉がゆれる。その葉の上に初夏の太陽の光がさんさんとふりそそいでいる。ある日曜日、僕は机にむかって地図をじっと見つめていると世界各国の数々の景色がまぶたにうかんできた。
「そうだ。世界を廻って見たい。」僕の心はわくわくしてきた。
　これが僕のゆめである。
　どのようにして廻るかをまず考えた。
　僕の心はきんちょうする。
　その顔に窓から風がふいてきた。
「アッそうだ風だったら廻れる。」
　僕は風になって窓を飛び出した。
　まず始めに太平洋を横断してアメリカに行くことにした。
　一直線に東京湾にむかう。
　東京湾に出ると沢山の船がうかんでいた。
　そんなものをとびこえ又一直線に、びゅっと全速力で米国にむかった。
　やがてハワイ諸島の島々が見えてきた。
　オアフ島におり、そこで一日休息をとることにして、よく日アメリカにいこう。真珠湾の見える山で僕は考える。
　もう夕方に近く湾を取りまく山々がもも色にそまってなんともいえない気持だ。
　上空で音がするので見あげると南廻りの飛行機が飛んでいた。僕はねむたくなったので木の葉の上でこれから先のことを考えながらついうとうとねてしまった。（後略）

4．昭和30年度発行の文集『すみだ』におけるよさと問題点

　今回、昭和30年度に発行された墨田区立小学校長会監修、墨田区立小学校教育研究会国語部編集の文集『すみだ』第２号を読む機会を得ることによって、当時の作文教育のよさと問題点、さらには現在の国語科「書くこと」の指導における課題が見えてきた。

◎よさ
・作文と生活とが結びついていること。
　例）「このことを作文に書こう。」と思う
・経験したことや想像したことなどについて心を開いて書いていること。
・原稿用紙に文章を書くという活動が、学校生活の中に根付いていること。

●問題点
・「書くこと」の学習過程のうち、「記述」のみの学習活動となっていること。
・記述前の情報の収集、段落等構成の検討や記述後の推敲についての指導があまりなされていないこと。
・文集の編集者の中に、人権への配慮が不足していること。
・文集の編集段階で、表記の修正がなされていないこと。（児童の作品を尊重？）

　当時の教師たちは、作文教育が子供たちの成長に結びつくことを経験を通して実感し、とにかくよく作文を書かせていた。そして、児童の作品を尊重していた。
　今、私たちは、学習指導要領に明記されている「書くこと」の指導事項を確実に指導しながら、実践に基づく研究を深めていかなくてはならない。そのために、教師こそ豊かな言語生活を送る必要があると私は考える。

二．昭和30年代の学校文集からみる子供の表現力―台東区―

武井 二郎

１．はじめに

　1958（昭和33）年に作成された台東区立育英小学校文集『白いくも』を用いて、子供の表現力を分析する。

　本学校文集の編集後記には「この文集にのった作文は<u>一年間何回も行った作文コンクールの入選作品の中から特に選ばれたものです。</u>」（下線部は筆者による）とある。このことから、学校として作文教育に力を注いでいたことが分かる。つまり、当時の子供たちは学校文集を作ることを前提として、年間に何度も作文を書く機会があったのだろう。現在では、６年生が卒業文集を作成することは多いが、学校として文集を作成している例は少ない。

　では、学校文集の作成という当時の取組が、子供たちの文章にどのような影響を与えていたのか。まず、文章の特徴としては、家庭生活を題材とし、身の回りの人々との関わりを生き生きと描いている作品が多い。また、敬語や書き出し、結び、構成などに現在との違いが見られ、当時の教師による指導が伺える。

２．昭和30年代における作文の特徴

（１）題材

　台東区立育英小学校文集『白いくも』（昭和33年）に記載されている作文は、１年生から６年生までの作文が合計29作品載っている。まず、注目すべきは作文の題材である。29作品中、実に25作品が家庭生活を題材として書かれている。以下の表は、作文の題材を整理したものである。

【資料１】学校文集『白いくも』題材

題材	作品数
家庭生活	25
学校生活	2
劇の感想	1
家の歴史	1

　実際に作品を読むと、当時の家庭生活で、いかに子供たちが様々な経験をしていたかが伝わってくる。きっと、作文を書く材料が家庭生活の中には豊富にあり、題材選びには事欠かなかったのだろう。

（２）多様な人々との関わり
　前述した通り、昭和30年代当時の作文には、家庭生活を題材にした作品が多い。では、当時の子供たちは、どのような家庭生活の様子を文章で描いたのか。家庭生活に着目して、文章を読むと、多様な人々との関わりが表現されていることが分かる。以下、具体的な例を挙げながら考察する。（以下、下線は筆者）

　うちへかえってきたら、大田さんのおばさんや中川さんのおばさんやきんじょの人がいっぱいいて「よかった。よかった。」といって、わたしをだいてみんながないていました。（地域の人との関わり）　　　３年Ｏ・Ｙ

　「あつい、あつい。」といいながら井上さんのおにわの池のような水たまりにかけ出しました。わたくしの足にも、お湯がかかり右足がヒリヒリします。「大へんだ。たいへんだ。」おばあちゃんや、おじいちゃんがかけつけました。小さい妹は、なき出しました。おばあちゃんが、じゃがいもを、すっておかあさんのせなかにべたべたはりました。（地域の人・祖父母との関わり）　　　　　　　　　　　　　　　　　　　　　　　　　４年Ｏ・Ｓ

> 　ちょうど向こうから自動車が来た。「アッ。」といったが、もうおそかった。(中略)ぼくのぶつかったところは、まつげのところだった。もうすこしで目にあたりそうだったが、セーフだった。あきらくんのうちのおばさんやあいださんのおばさんたちが見ていた。あきらくんのおばさんがワタを持ってきてくれた。(地域の人との関わり)　　　　　　　　4年N・T
>
> 　家に帰ろうと思っても、ずいぶん遠くへきてしまったような気がして、ますます、大きな声を出してなきました。そこへすぐ前の交番のおまわりさんがきて、私を交番へつれていきました。(中略)それから、どのくらい時間がたったのでしょうか。近所のおばさんがとおりかかりました。そして、私の顔を見るなりびっくりして、「あら、NさんのJちゃんじゃあないの。」といわれた時には、もううれしくて、うれしくてたまりませんでした。おばさんがおまわりさんを知っていたので、おばさんと家へ帰ることになりました。(地域の人・おまわりさんとの関わり)　　　5年N・J
>
> 　家の歴史を夕食後、おじいさんやおばあさんに聞きながら、ぼくは、昔のことをいろいろ考えた。(祖父母との関わり)　　　　　　　　6年O・H

　現在、小学校で作文指導をしていても、これほどまで地域の方々が描かれることはない。人との関わりは、文章を書く上で大きな材料になる。きっと、昭和30年代当時は、家族や友達、教師以外の人との関わりが現在よりも多くあり、その人々との関わりが文章を書く豊かな材料になっていたのだと考えられる。

　また、作文に描かれている多様な人々の中には、働く家族や店の従業員、客の姿も多く登場する。現在とは異なり、当時は家で仕事をする自営業の家庭が多かったのだろう。総務省の「労働力調査」によると、日本では自営業主が確実に減少している。戦後、1950年代の日本は4人に1人が自営業主で、

家族従業者も含めると半数を超えていたそうだ。一方で、現在の自営業者の割合は約10％となっている。おそらく、当時は家族が働く姿が身近にあり、子供自身もそれを手伝ったり、客と関わったりする経験が多くあったのだろう。

　ぼくは、おこられてもいいから、おかあさんに、いおうと思って、友だちと別れ、家にきたが、こわくて、家の中に、なかなかはいれなかった。それで外で、いたずらしていたら、店の人に見つかってしまった。
3年K・T

　次の日、わたくしは家の中で足をなげ出して、やすんでいても、おかあさんは店がいそがしいのでせなかを、まげないように気を付けながら働いていました。
4年O・S

　うちのしょうばいは、はなふだ、トランプゲームがっき、などです。いちばん、いそがしいのはくれです。百人一首やトランプゲームが、すぐうりきれて、おきゃくさんにめいわくかけることがたまたまあります。（中略）秋田のお客さんで、五十才ぐらいのおばさんがきて、ひとばん、とまったことがありますが、ことばがちっともわからず、なにかきかれてもへんじができず、こまったことがあります。
4年K・M

　では、この辺で店の話をすることにしましょう。店の人は女の人二人とあと父母だけがトコ屋をやっている。店の人の一人は房子といって私たちは『房ちゃん、房ちゃん。』といって親しんでいる。（中略）日曜はとてもこんざつしている。主に、テレビの話、人のうわさ、町の話などです。お客さんの話に父や母は、あいづちをうっていつも店内を明るくしている。
6年S・T

このように、当時の作文には、祖父母や地域の人、働く家族や従業員、客など、多くの人との関わりが描かれている。当時の子供たちは、様々な人と関わる中で、多くの経験をしたのだろう。そして、その豊かな経験が作文の題材として生かされている。

（3）敬語表現

　次に、敬語表現に着目する。昭和30年代当時の作文を読むと、現在よりも多くの敬語表現が使われていることが分かる。現在、国語科で敬語を学習するのは第5学年である。実際は、第5学年で学習しても正しく使うことは難しい。調べてみると、当時の学習指導要領でも敬語の指導は第5学年からである。しかし、学校文集を読むと低学年の時から、敬語を正しく使いこなしていることが見て取れる。これは、家庭や学校内での話し言葉において、日常的に敬語が指導されていたことが要因ではないかと推測できる。以下、具体的な例を挙げる。

　あさ、はやくわたくしはりっくをしょってがっこうにきました。そして、先生がいらっしゃるのをまちました。　　　　　　　　1年C・H

　おとうさんがこうばんに入ってきたらきゅうに、ごふじょうへ行きたくなったのでさせていただきました。（中略）おしょう月がくるたびにおんぶしてくださったり、おかしをかってやさしくしてくださったあのおまわりさんを思いだします。　　　　　　　　　　　　　　　　　2年O・Y

　わたくしと、おかあさんと、小さいおばあちゃんで、おしゅうじをしています。火よう日に先生がきてくださいます。　　　　　　　　2年H・N

　おじさんが、にこにこしながら大きくて、おいしそうなケーキをくださ

> いました。　　　　　　　　　　　　　　　　　　　　　　　3年H・Y
>
> 　それは、わたくしが、三年生の夏休みの時でした。暑い日をさけて私たちは、家の中で人形遊びをしておりました。　　　　　　　　　　4年O・S

　敬語には、尊敬語・謙譲語・丁寧語の３種類がある。現在でも、丁寧語に関しては小学校低学年で正しく文章表現できる子供は多い。しかし、尊敬語や謙譲語に関しては、第５学年で学習するまでは、正しく使い分けることができないのが現状である。上で挙げた例のように、昭和30年代当時は第１学年生から尊敬語や謙譲語を含めた敬語表現を正しく用いて文章を書く力が身に付いていたことが分かる。

（４）豊かな表現技法

　子供らしい比喩表現や小説の一節のような情景描写など、豊かな表現技法とその効果を考察する。

> 　しかたなくおかあさんに話すと、あんのじょう「どこへおいてきたの。」と、大きな声でいっておこったので、ぼくは、おかあさんのか、おがおにのまうにみえた。ぼくは、こわくて、ふるえてしまった。（中略）やぱっりとられたんだと思うと、くやしくて、むねがむかむかしてくる。黒板はきのうのおかあさんのおにのようなかおが、うつっている。〔注：原文ママ〕
>
> 　　　　　　　　　　　　　　　　　　　　　　　　　　　3年K・Y

　自転車を失くしてしまった「僕」からは、怒っている母親が鬼のように見える。このような例えは現在でも多くあるだろう。K・Yさんの工夫は、次の日の授業中も黒板に母親の鬼の形相が映っていると表現していた点である。これにより、自転車が見つからない焦りや再び怒られるのではないかという

不安が伝わってくる。

> 　よく朝、ドンドン、ジャンカジャンカ。というかねとたいこのかしましい音にびっくりして目をさましました。なんとなく、はりきった空気が、大空にみなぎって、人々の心も、うきうきしているようです。
> （中略）
> 　つぎの朝早く、私たちは、まだ、まだ、気持ちをいなかへ残しながら、汽車に載りました。
> 　　　　　　　　　　　　　　　　　　　　　　　　　　5年S・K

　13年ぶりの船引き祭りを楽しみにしている気持ちが「はりきった空気が、大空にみなぎって」という情景からも伝わってくる。また、祭りを終え東京へ帰る名残惜しさを「まだ、まだ、気持ちをいなかへ残しながら」という言葉で表している。

> 　すがすがしい朝の空気がぼくのかなしみをしらないで、ずっと通りすぎていった。小鳥の声が山びこになってかえってくる。
> （中略）
> 　おばあさんのおかんのまわりは、きれいにかざりたて、おばあさんのしゃしんがさびしそうに、ぼくをみつめていた。ぞうかの白黒の花がさびしそうにさいていた。おせんこうのこうばしいにおいも、おきょうの音もさびしいかんじをあたえた。
> 　　　　　　　　　　　　　　　　　　　　　　　　　　5年A・T

　おばあさんの死を知った悲しみが様々な表現技法を駆使して表現されている。「すがすがしい朝の空気がぼくのかなしみをしらないで」という表現では、風を擬人化させながら、自然の「すがすがしさ」を取り上げることで、おばあさんを失った悲しみや虚無感が強調されている。また、「写真」や「花」「線香の匂い」「お経の音」など、身の回りにあるもの全てに寂しさを

投影させている点も工夫の一つだろう。

　このように、当時の子供たちは比喩表現や情景描写、擬人法など多様な表現技法を活用しながら自分の気持ちを表そうとしている。単に出来事（事実）だけを書き記すのではなく、よりよい表現を取捨選択し、読み手に伝えようとする意欲が感じられる。

（5）書き出し

　文集を読んでいると、作文の始めの一文「書き出し」の表現に一定の特徴があることが分かる。似たような表現がどの学年でも見られることから、校内で系統的に指導していたことも推測できる。その特徴は、「～の時のことです。」という書き出しだ。以下、いくつかの書き出しを抜粋して紹介する。

・きょ年の夏のことです。	2年T・T
・日ようびのことです。	2年M・K
・春の朝、まだ、わたしたちがごはんを食べている時でした。	3年M・A
・あるばんのことでした。	3年H・H
・それは、わたくしが、3年生の夏休みの時でした。	4年O・S
・今から、2年前のことである。	4年N・T
・今年の夏のことです。	4年Y・K
・私が5年2学期の5月10日のことです。	5年S・K
・これは、私が五つの時にあったことです。	5年N・J

　現在では、書き出しの工夫を教師が指導しないと、多くの子供が「ぼくは、昨日～をしました。」などの表現をすることが多い。つまり、「誰が」「いつ」「何をしたか」を一文で表現する書き出し方法である。しかし、上で挙げた昭和30年代の作文は「いつ（時）」のみに焦点を当てて、一文で表現している。高学年になると、同じく「いつ（時）」を書き出しで伝える方法でありながら、

表現力が増している例も見られた。

> ・まだ一人前にうたえないうぐいすがさえずる一月のある日、なん年前だっただろう。　　　　　　　　　　　　　　　5年A・T
> ・お店のいす三台に春の日がいっぱいさしている。　　　6年S・T

　5年A・Tさんの書き出しは「一月のある日」という時に加えて、「まだ一人前にうたえないうぐいすがさえずる」という季節感が伝わる表現をしている。また、6年S・Tさんの書き出しでは、「春」という時を店内に日の光が差し込んでいる様子を書き表すことで巧みに表現している。低学年の頃から、系統的に「いつ（時）」に関する書き出しの一文を指導することで、高学年では「いつ（時）」に関する工夫した表現をすることができるようになったのだろう。

（6）結び
　作文の最後の一文「結び」にも、共通の特徴が多く見られる。それは、今の思いや様子を書き表す表現である。書き出しで示した「いつ（時）」の出来事を詳しく書き表した後に、「今でも〜します。」等の表現を用いて、思いや様子を一言で表現している一文が多い。以下、いくつかの結びを紹介する。
（下線及びカッコ内の補足は筆者）

> ・<u>いまでも</u>、おかあさんがときどきてのきずをみると「どうみゃくまできらなくてよかった。」<u>といいます。</u>（現在の状況）　　　1年C・H
>
> ・ぼくは、<u>自てん車をみるたびに、</u>みんなぼくの自てん車のように見えて、<u>くやしくなってしまう。</u>（現在の思い）　　　3年K・M

二．昭和30年代の学校文集からみる子供の表現力　　181

・「そこだけそらないで。」と、いつもいいます。そのたびにあばれた時のことを思いだします。（現在の状況）
　　　　　　　　　　　　　　　　　　　　　　　　　　３年Y・M

・それから、ぼくは、もうこりごりしたので、けっして「こわい。」と、云ったりしないようになりました。（現在の状況）
　　　　　　　　　　　　　　　　　　　　　　　　　　３年H・H

・おかあさんのせなかのきずあとがなくなっても、わたくしの心には、やけどのことと、あのおどろきは、のこるでしょう。（未来の推量）
　　　　　　　　　　　　　　　　　　　　　　　　　　４年O・S

・今でも、目をつむると、あの勇ましいかけ声といっしょに、花がさの波が、そして、あの船が、おし寄せて来るような気がします。（現在の思い）
　　　　　　　　　　　　　　　　　　　　　　　　　　５年S・K

・きょうも、あの交番にあの時のような若いおまわりさんが立っています。（現在の状況）
　　　　　　　　　　　　　　　　　　　　　　　　　　５年N・J

　現在の子供たちは、結びの表現について教師が指導しないと「～して、楽しかったです。」や「～と思いました。」のように主たる出来事が起きた過去の思いを一文で結びとする作文が多い。上で挙げたように、現在の思いや状況等を結びで表現する方法は一つの特徴であり、当時の教師が意図的に指導した表れだと考えられる。

（７）構成
　「書き出し」と「結び」の特徴について分析してきた。では、文章全体の構成についてはどうか。昭和30年代に書かれた作文の文章構成の特徴を整理すると、以下のようになる。

・書き出し…いつの出来事かを示す「時」に焦点化した一文
・中…中心となる出来事（時系列）
・結び…現在の思いや状況

「書き出し」と「結び」の型をある程度教師が示し、作文指導を行っていたのだろう。一方で、段落や文章全体の構成については、重視されていない印象を受ける。

　例えば、第３学年の作文は約1000字の文章が41の段落に分けて書かれており、決して内容のまとまりで段落をつくるという意識があったとは考えられない。また、注目すべきは、この作文が第３学年の代表作品として文集に掲載されている点である。つまり、当時の教師が、段落のまとまりや全体の構成について指導することなく文集に掲載させたのである。現在であれば、全体を「始め－中－終わり」の３部構成にすることや「中」を内容のまとまりで２～３段落に分けること等を低学年の段階から指導する。おそらく、当時は子供だけではなく、指導者である教師も段落のまとまりや構成に関する指導や意識が不十分だったのではないかと考えられる。

（8）時代による言葉

　生活習慣や文化の変化により、現在ではあまり使われていない言葉が文集の中では登場する。（会社名や商品名含む）

・（交番前の）黒板　・板の間　・練炭　・火鉢　・鉄瓶　・女中　・縁側
・木戸　・おこうこ　・お膳　・御隠居　・帳面　・ぶどう酒
・ビルディング　・夂　・電報　・はり物　・お勝手　・くそだめ
・井戸　・ごふじょう　・フケ妙　・赤ちんき
・ソバボール（そばぼうろ）　・ラビット（スクーター）　・ケーアール（JOKR）

　また、昨今、人権に対する意識の高まりが拡がりを見せている中で、現在

ではあまり使われなくなった差別的な表現も見られた。

・土人　・びっこをひく　・つんぼ　・乞食

　このように、時代が変われば、世の中の物や人々の意識が変わり、それに伴い言葉の使われ方も変容するのだろう。

3．終わりに

　今回、昭和30年代に作成された学校文集を読み、分析することによって多くの発見を得た。きっと、当時の子供たちは日常的に作文を書くことを繰り返し、作文を書くことが習慣化されていたのだろう。どの作文も、読んでいて自然に引き込まれるものばかりだった。他者との関わりを通して、自分が経験したこと、見たこと、聞いたこと、話したこと等が実に生き生きと描かれている。また、題材や敬語、書き出し、結び、構成など、現在の作文との違いも明らかにすることができた。

　学校文集の始めには、当時の学校長が「私共は、この文集を、広く子供達に読んでもらい、すべての勉強の土台になるといわれている、作文の学習に、大いに役立てたいと念願しております。」という言葉を残している。おそらく、この学校文集が子供たちにとっては、よりよい文章表現を学び取る教材の一つだったのだろう。そして、学校文集に掲載されるということが、子供たちにとって目標であり、「よりよい作文を書こう」という意欲を高めたのだと考えられる。さらには、学校文集を作るという取組があることで、教師も作文指導を工夫したり、充実させたりする必然性や必要感が生まれたのだろう。学年が上がるにつれて、着実に表現力が豊かになっていく作品の数々を読むと、学校文化としての作文教育の積み重ねを感じることができた。学校文集を発行するということが、子供たちの文章表現力や教師の作文指導力を高める重要な礎になっていたと考えられる。

三.「書くこと」における児童の使用語彙の特徴や変化に着目して
　―新宿区―

岡﨑　智子

1．はじめに

　本稿では、1954（昭和29）年に発行された東京都新宿区立淀橋第一小学校（統廃合のため現在は廃校になっている）の作文集『さくぶん　5』に掲載されている文章を基に、「書くこと」における児童の使用語彙の特徴や変化について考えていく。

　『さくぶん』は、淀橋第一小学校が年に1度発行している文集で、その年ごとに文種が定められており、各学級の代表児童の作品の後ろに教師の講評が書かれている。作文集を読んだ保護者の感想も書かれており、当時の淀橋第一小学校の教員たちが、家庭と連携しながら児童の作文教育に力を入れていたことがうかがえる。5冊目である『さくぶん　5』の文種は、記録文と感想文である。

　今から70年程前の小学生がどのような言葉遣いをしていたのかを現代の児童が書いた文章と比較して考える。現代の児童が書いた文章としては、『すぎっ子　28号』を参照する。『すぎっ子』は、杉並区内各校の小学生が書いた詩と作文を集めた詩文集で、28号は、2019（令和元）年に発行されたものである。

2．生活記録文に見る敬語表現

　70年前の文章を読んでまず気付くのが、敬語表現が多く使われていることである。生活の中の出来事を記録した文章を基に、児童の敬語に関する語彙について考えていく。

三.「書くこと」における児童の使用語彙の特徴や変化に着目して　185

キリギリス　　　二年　女子

八月十五日（月よう）
きょうおかあさんが、キリギリスを、①二ひき買ってきてくださいました。一ぴきはよくなきますが、もう一ぴきはちっともなきません。
～後略～
（『さくぶん　5』より）

紙の実験　　　六年　男子

ぼくは夏休みの理科実験に、紙を作る班に入り狩野先生に教えていただいた。②とど松の班、わらの班、ぼろの班の三つに別れ、ぼくはわらの班に入ってボール紙を作ることになった。
～後略～
（『さくぶん　5』より）

おまつり　　　三年　男子

今日とあしたは、おまつりです。ぼくは、うれしくて、うれしくて、学校がすんで走って家へかえりました。「③お母さま、ただいま。」お母様は「おかえりなさい。」と言いながら何をそんなに、いそいで家へかえって来たの。」とわらって言いました。ぼくは、「だって今日は、おまつりなんだもの、早く勉強をすませて行っていいでしょう。」といったら、お母様は「④A（弟）ちゃんも、つれていって上げなさいね。」とおっしゃいました。ぼくは、なんだか、うれしくて、お母様から⑤いただいた、キャラメルを食べながら、机にむかいました。
～中略～
おみこしがいってしまったので、勉強のつづきをしようと思ってうちへ走って行きましたら、お母様は
「Bちゃん、今日はおまつりだから、お休みでいいわ。」と⑥おっしゃったのでぼくは、うれしくて、お母様からおこづかいを⑦いただいて、弟をつれて、いそいで、お天神様へいきました。
（『さくぶん　5』より）

（注：下線（傍線）は筆者が施した。）

「くださいました」「おっしゃいました」「いただく」「教えていただく」等の、尊敬語や謙譲語が豊かに使われている。学年に関係なく文中で使用しており、3年生の男子児童の書いた文章からは、敬語表現を自在に使いこなしていることが分かる。日常会話の中で敬語表現を耳にする機会が多かったり、低学年のころから学習の中で使い方を学んだりしていたのではないかと考えられる。

現代では高学年の児童が会話の中で使用することもあるが、書いた文章に尊敬語や謙譲語が使用されていることは、ほぼ無い。『すぎっ子　28号』に掲載されている文章を見ると、尊敬語や謙譲語の使用されている作品は、次の通りである。

○1・2年生…0作品（全85作品）
○3・4年生…1作品（全84作品）
○5・6年生…0作品（全86作品）

中学年にわずか1作品、1回のみ登場する。「～と、笑顔で話してくださいました。」という使われ方である。「～です。」「～ます。」という丁寧語は使用されているが、尊敬語や謙譲語は全くと言っていいほど使用されていない。日常生活や学習の中で、敬語表現に触れる機会が減少してきていることがうかがえる。

現代の児童は、どのように表現しているのだろうか。先程引用したものの中から、現代の児童が書いた文章によく見られるものを4つ挙げる。（番号は引用部分のもの）

① 買ってきてくださいました　→買ってもらいました
② 教えていただいた　　　　　→教えてもらいました
④⑥とおっしゃいました　　　→と言いました
　　　　　　　　　　　　　　　と言ってくれました

⑦　おこづかいをいただき　　　→おこづかいをもらって

　自分自身の「書くこと」の指導を振り返ってみても、敬語表現の使用の指導を意識したことは無く、その時の様子や気持ちが伝わるように書くことや文章構成に関することへの指導に重点をおいている。

　昭和20年代の児童は、生活の中で敬語表現に触れる機会が多くあり、書くことや会話の中で使用することで豊かな敬語表現を身に付けていったのだろうと考える。謙譲語や尊敬語といった敬語表現の語彙が豊かであることは、昭和20年代の表現の特徴であると言える。

3．題材「運動会」に見る使用語句の共通と相違

　『さくぶん　5』には、運動会について書かれた文章がいくつか掲載されていた。運動会は、現代もほとんどの学校で行われている学校行事であり、児童にとってもなじみ深い。

　次は、昭和と令和の運動会について書かれた文章を比較しながら、文中で使われている語句について考える。

うんどうかい
　　　　　　一年　女子
　うんどうかいは、①うれしかったです。あさはいつもよりはやくきました。「おかあさんがまだはやい」といったけど、としこちゃんをさそってきました。②たまいれ、かけっこ、おゆうぎをやりました。
　たまいれは、④あかがかちました。
　このときは、いつもしろがかっていたから、ゆだんしてまけました。おとうさんや、おかあさんのすずわりは、なかからきれいなおりがみや、ぎんがみがでてきました。⑧おおだまころがしは、あかがまけました。⑨わたくしは　ときょうそうで二とうになってうれしかったです。でもうんとかけました。かめのあかちゃんのゆうぎは、まちがえないでできました。

（『さくぶん　5』より）
（○の位置の間違いは、原文のまま）

うんどうかい

一年　男子

どようびは、うんどうかいでした。うんどうかいにむけて、れんしゅうをしました。
⑫ダンスはパプリカをおどりました。ダンスのれんしゅうはあつくてたいへんでした。でも、たのしかったです。ほんばんは、あかいふくでおどりました。ぜんりょくで、たのしくおどれました。フラフープをつかっておどったのもたのしかったです。
⑬かけっこは、
「ようい。」
といわれたときにすごくドキドキしました。「パアン。」となったらがんばってはしりました。一ばんにゴールしてうれしかったです。
かぞくぜんいんでおべんとうをたべました。いくときにママが
「いってらっしゃい。」
といってくれました。ママの「いってらっしゃい。」でげんきがでました。
おべんとうのあとは、たまいれと大だまおくりでした。たまいれは、かってうれしいきもちでした。ダンスをおどって、たまいれをしてたのしかったです。大だまおくりはまけてくやしかったです。
しろぐみはまけてしまいました。でも、ぜんりょくでがんばるといううらすのもくひょうはたっせいできたので、このうんどうかいはせいこうだとおもいます。

（『すぎっ子　28号』令和元年より）

　どちらの文章からも、運動会が楽しくてたまらない児童の気持ちや、一生懸命頑張った様子が伝わってくる。運動会に対する思いは、昭和の子も令和の子も共通しており、時代が違っても変わっていないことが分かる。1年生の参加種目が全く変わらないところや、全校競技に大玉を使用しているところ、赤白に分かれて競っているところなど、昭和20年代から令和まで、学校文化として脈々と受け継がれていることにも、驚かされる。

文中で使用されている語句に目を向けると、時代の変遷とともに変化したものと変化していないものの両方があることが分かる。

	さくぶん　5（昭和29年）	すぎっ子　28号（令和元年）
変化なし	①うれしかった	⑮うれしかった
	②たまいれ	⑯たまいれ
	③かけっこ	⑬かけっこ
	⑤かつ	⑱かつ
	⑧まける	⑲まける
変化あり	④おゆうぎ	⑫ダンス
	⑥おけいこ	⑪れんしゅう
	⑩かけました	⑭はしりました

表を見ると、競技名や「うれしい」という感情表現、勝ち負けなどの語句は、以前も現代も変わらず使用されている。運動会にまつわる語彙や感情は、今も昔もほぼ同じであると言える。

しかし、「おゆうぎ」が「ダンス」に、「おけいこ」が「れんしゅう」に変化している。この２つの言葉は、現在ではほぼ使用されることが無い。『すぎっ子　28号　１・２年』には、「走りました」を「かけました」と表現したり、「たくさん」を「うんと」と表したりしている記述はみられない。

─線部⑨では「わたくし」という一人称が用いられている。現在は、話し言葉と書き言葉に大きな違いはないが、当時はしっかりと区別され「わたくし」と書くように指導されていたことが分かる。

昭和29年以降私たちの生活は和から洋へと徐々に変化してきた。児童の身の回りにあるものや言葉、家族形態、放課後の習い事の種類なども多様化している。家庭によって違いもあるが現代では、┈┈線部のように母親の呼称が「おかあさん」から「ママ」に変化している家庭も多い。生活様式の変化に伴って、児童の使用する語句も変化し、それが文章の中に表れているのだ

と考えられる。

4．読書感想文に見る児童の生活と言葉の変遷

『さくぶん　5』の中には、読書感想文も収められている。続いては、読書感想文の中に見る児童の生活と語彙について考えていく。

> 「つとむさん」を読んで
> 　　　　　　　　　一年　男子
> 　つとむさんは、おつかいをするたいへんよいこです。①ことずけをよくきいておぼえていきましたからよいこです。きぬこさんのおかあさんが、「きぬこもいるからあそんで②おいでなさい。」といっても、おかあさんに、③ごへんじしてから「いいでうちへかえっていきますからまっていてねといったところがいいかったです。それから、よそへいって、ちゃんと「④ごめんください。」と⑤ごあいさつをしたのが⑥よいこです。ぼくも、よいこになります。
> 　　　　　（『さくぶん　5』より）
> 　　　　　（誤りも原文のまま）

教師の講評の記述によると、「つとむさん」は、当時の教科書に掲載されていた物語文で、1年生が初めて読む長い物語とのことである。「つとむさん」の中で使用されている語句や表現には、現代ではあまり使用されなくなっているものがある。（一部参照）

——②の「あそんでおいでなさい」は、現代なら「遊んでいったら」または「遊んでいかない」に、——③「ごへんじしてから」は「お返事してから」または「返事をしてから」と表現される。教科書で学習する文章の中にも、敬語表現が使用されており、日常的に敬語表現に触れる機会が多かったことがここでも分かる。

また、一部の語句や表現には、時代の変遷による言葉遣いの違いや考え方の違いも表れている。―①の「ことづけをよくきいて」は、現代の１年生児童の作文には登場することのない表現である。「ことづけ」という語句自体が日常会話の中であまり使用されなくなり、「言われたこと」「伝えられたこと」という表現に変わってきている。

　―④の「ごめんください」という挨拶は、現代では小学生が使用することは滅多になく、大人でも場面によって使用するかどうかが変わってくる挨拶である。勤務校の教員にインタビュー調査を行ったところ、「ごめんください」を日常的に使用していると答えたのは、１名であった。「昔、個人商店に行って店に誰もいなかったときに使用していた。」というエピソードもあったが、よその家に行って挨拶するときは、「こんにちは」または「おじゃまします」、帰るときは「さようなら」または「失礼します」を使用するという答えが多かった。

　―⑤「ごあいさつ」は、全校朝会や学級の朝の会の際に、「朝のごあいさつをいたしましょう」などと定型で使用されることはあるが、その他の場面では「ご」は付けず「あいさつ」という語句で使用されることが主である。

　―⑥「よいこになります」は、本の登場人物ではなく、自分に目を向けた記述である。自分に目を向けて「自分だったら」「自分も」という考えを書くことは現代の読書感想文でも大切にされている。しかし「よいこ」という語句が登場することは少ない。ひとまとめに「よいこ」と括り「よいこになります」というのではなく、「〇〇ができる」「〇〇が好き」「優しい」「頑張る」などとより細分化して述べられることが多い。

　これらの違いから、家庭や学校などで児童を取り巻く大人たちの使用する言葉や、子供に対する見方や理想とする子供像が、時代の変化と共に移り変わってきたことが分かる。

5. 文章から見る児童の生活の変化

　ここまで、昭和20年代の作文における語彙や表現の特徴、児童を取り巻く生活の変化と使用される語句の変化について述べた。ここでは、小学生の日々の生活の様子に注目して昭和20年代の文章を読んでいく。

> キリギリス　　　二年　女子
>
> 八月十五日（月よう）
> きょうおかあさんが、キリギリスを、二ひき買ってきてくださいました。
> 一ぴきはよくなきますが、もう一ぴきはちっともなきません。
> 　〜中略〜
> 八月二十日（土よう）
> 虫やのおじさんは、「たべのこりのおさかなやにくをやらないから、いけないんだ」と、言っていました。
> おじさんのところでは、マツムシが「リーンリンリン」と、よくないていました。時々ヤドカリをゆでてやるのだそうです。
> 　〜後略〜
> 　　　　　　　（『さくぶん　5』より）

　夏休みにキリギリスを買ってもらい飼育して様子を記録する文章である。「虫や」という言葉が登場する。「虫売り」とは、鳴く虫を売り歩く商売で、鳴く虫を飼うことは江戸時代の町人文化の1つだったそうだ。江戸時代は、お盆に飼い置いた虫を放つ習慣があったそうで、その名残が昭和20年代にも残っていたのではないだろうか。
　現代では、鳴く虫を飼いたいと考えたときは、インターネットを通じて購入するかペットショップに行くか、自分で捕まえるかのいずれかである。

三.「書くこと」における児童の使用語彙の特徴や変化に着目して

> みつこしにいったこと
> 　　　　　　　　　　一年　女子
>
> きのうおかあさんとC（妹）とわたくしとみつこしにいきました。みつこしにいったらえれべえた（エレベーター）にのりました。おくじょうにいったらCがでんしゃにのるっていったからわたしわ（×）いや（「」）といいました。それでもCがきかないのでしょうがないからでんしゃにのりました。そいでさるお（×）みてそれからあし（×）をみました。それからえれべえたにのっておにんぎょうのところえ（×）いっていろえんぴつお（×）かってもらいました。それからゆうはんのおかずお（×）かってそれからCのおもちゃお（×）かってらふうせんお（×）もらいました。れ（わ）たしももらいました。そのかい（×）りふうせんがわれておかあさんの（も）わたしもびっくりしてしまいました。そしてし（×）とつだけになりました。そしてわらないでうちえ（×）かい（×）りました。
>
> （『さくぶん 5』より）
>
> （誤りと（　）内の×や訂正は原文のまま）

　三越は、1923（大正12）年に新宿で営業を開始したデパートである。（2012年に営業終了）親子でデパートに買い物に行ったときのことを1年生なりにしっかりと思い出して書いている。屋上の遊園地で乗り物に乗ったり風船をもらったりと、昭和時代のデパートの様子もよく文章に表れている。休日に親子でデパートに行き、屋上に行ってからレストランでご飯を食べ、買い物を楽しむという当時の人々の生活の様子や、デパートが親子の娯楽施設として存在していたということもうかがえる。

　児童の日記を読むと、現代の親子が買い物がてら遊びに行く場所は、デパートからショッピングモールや大型スーパー、アウトレットなどに移り変わってきたように感じる。

　2つの文章からは、児童の日々の生活が確実に変化してきていることが分かる。生活の変化は、児童が目や耳にする言葉の変化につながる。生活の変化にともなって、小学生の語彙が変化してきていると考えられる。

6. 終わりに

　ここまで、昭和と令和の児童が書いた文章を比較しながら使用されている語句や表現について考えてきた。

　昭和20年代の児童が書く文章は、敬語表現が豊かに使用されている。毎日の生活や学習の中で触れる言葉が児童の語彙を形成し、使用語彙となって表れていることが分かった。生活様式の変化や多様化、児童と関わる人々が使用する言葉の変化によって、「書くこと」における児童の使用語彙は、70年の間に大きく変化した。現代では使用されることが無かったり目や耳にするのが珍しくなったりした語句もある。

　今回資料として用いた『さくぶん　5』には、あまり多く掲載されていなかったが、当時の小学生が日々の生活の中に出来事について書いた文章を読み、現代の児童が書いた文章と比較することで、生活様式や環境の変化をより明確に感じることができるだろう。

　今後も児童を取り巻く環境は変化し続け、言葉も変遷していくことが予想できる。しかし、いつの時代も児童を取り巻く生活環境や言語環境によって児童の語彙が形成されることは変わらない。児童に関わる大人の一人として、自分自身の言葉遣いや授業における語彙の指導を改めて見直し、様々な言葉に触れることができるよう意識していきたい。

四．文京区立第八中学校・文集『環流』第3号に関する考察

川畑　秀成

　文集名『環流』には「物事が元のところへ戻ること」という意味がある。どのような意図でこの名が付けられたのだろうか。戦争が終結したのが昭和20年8月15日。学校でも戦争中は戦意高揚の教育が行われていた。文集は昭和27年に発刊されている。戦後の教育が始まって7年目。戦争へと流れが加速した教育活動が、もとのところへ戻ってきたという意味なのだろうか。残念ながら、このことに関する文章は見当たらなかった。

１．目次と巻頭言

（１）目次を概観すると

　目次は以下のようになっている。（全56ページ。）

・『環流』発刊によせて………学校長
・偲ぶ面影—校舎新築落成の経過にことよせて—
　　　　　　　　………初代校長、前校長、現校長、PTA会長
　　　　　　　前校長代理（談話より二行で抜粋、以下同様）
・新校舎…………「新校舎」「ちこく」「本試験」
・私達の生活……「レスリング」「初めて作ったラジオ」「筑波山」「短歌」
　　　　　　　　「真夏でとても寒かった話－富士登山－」「武蔵野の風」
　　　　　　　　「母の名」「ねむれない夜」
・冬………………「句集—短日—」（冬の俳句36句）
　　　　　　　　「たき火」「雪の夜」（24、25ページは欠損）
・日記から………「雪」「正月のある日の日記」「良い三年生になろう」

196　第三章　表現指導実践者による文集の考察

　　　　　　　　　　「希望の春」
・詩集　道………「さくら草」「木枯らし」「遠くはなれて」「初氷」
　　　　　　　　　「冬の夜」「道」「凧」「しずかな」「雪」
　　　　　　　　　「こわれた茶わん」「無題」「灰色の冬空」
　　　　　　　　　「雪」「帰り道」
・思い出…………「けが」「雪」「みかん色のセーター」「輝ける前途」
　　　　　　　　　「思い出」「父の死」「姉嫁ぐ」「心」
・蟻地獄…………「わがはいは心臓である」「海の色について」
　　　　　　　　　「空飛ぶ円盤」「蟻地獄」
・二十六年度生徒会報
・編集室から　　　　　　　　　　　　　　（「　」は作品の題名）

（2）校長の巻頭言より

　昭和26年度に「新校舎が落成」し、27年の3月に文集は発刊されている。すなわち、新校舎落成の年度末に編纂されたものである。学校長の『環流』発刊によせての巻頭言には「新校舎落成記念号」となっている。しかし、季節や身近な生活を題材にした、いわゆる「生活作文」が多い。文種も、作文・詩・日記・俳句等多種多様である。

　繰り返すが、本文集は「新校舎落成記念号」である。私が教員ならば、新校舎になった喜びや施設を使用しての快適さなどの作文を載せようと指導することだろう。けれども、「新校舎」の項でも、新しい校舎の内容は一作品で、「ちこく」は朝寝坊して登校し、教室で気まずかったこと、「本試験」は定期考査前日から当日にかけての友達とのやりとりや試験後に家の人から問いかけられてどきっとしたことが書かれている。

（3）異質な「蟻地獄」

　目次で突然最後の項に「蟻地獄」とある。どのような文種で、どんな内容

が書かれているのか不思議に感じた。扉のページを開くと、「当たり前のことを当たり前と感じないことは大きな発明である」と書かれている。作文の題名をたどると「わがはいは心臓である」「海の色について」「空飛ぶ円盤」「蟻地獄」。さらに謎は深まるばかりであった。読むのは後の楽しみにとっておいた。

2．新校舎の3作品 より (以下、○「　」は、作文の題名、太字は本文より抜粋)

○「新校舎」……待ちに待った新校舎が完成した喜びが感じられる作文。行動描写とにおいの表現によって中学三年生のうれしさが伝わってくる。

「僕達は誰もいない校舎の中にそっと入って中を歩いてみた。新しい木のにおい、ぬってあるペンキのにおい、なんともいえない。こうして新校舎はでき、僕達はその中に入っているのだ。」

○「ちこく」……遅刻した日、周りのみんなの言動により、僕の心情が変化していく様子を巧みに表現している。ユーモアを感じる作品。

「最後の力をしぼって登校したが、がらんとしていた。入るのが気味悪いような感じがしたが思い切って戸を開いた。だれも教室にいなかった。二階の方から足音がきこえてきた。皆が帰ってきたのである。僕ははずかしい気がした。ちょっとしたなまけ心がこの日一日僕をゆううつにさせてしまう。「どうしたんだい。」といいながらみんな僕をみる。ちこくっていやなもんだとつくづく思った。」

○「本試験」……会話が多用されている。試験の前日から終わって母に結果を聞かれるまでの「私」の心境を綴った作品。

「「ああ、いよいよあしたから試験ね。」

「私、ぜんぜん勉強していないわ。」
「いいわ、勉強しなくてもできる人は。」
試験のことでいろいろな話がでるのは、たいていはいよいよ試験という前日あたりが多い。」

「新校舎落成記念号」なのに、なぜ「ちこく」「本試験」の２作品が選ばれたのだろうかというのが率直な感想だった。学校に遅刻して恥ずかしかったことや試験へのあせりや不安など、生徒達のふだんの生活における本音の部分を吐露した作品である。巧みな行動描写や視点の移動、効果的な会話文が上手であるが、違和感を覚えたのは「新校舎落成記念号」としての作品が冒頭の一つのみであったからである。

３．私達の生活　より

○「レスリング」……叔父さんと一緒にレスリング観戦に行ったとき、選手の奮闘と観衆の興奮を描いた作品。会話や選手と観客の人物描写に視点を移動させながら生き生きとした臨場感や熱気をうまく表現している。

「「ワー」と歓声が起きたのでいそいで眼をマットに移した。ちょうどマットの上ではKがAに馬乗りになり、一生懸命相手の肩をマットにつけようと顔面を真赤にしている。一方下になっているAは肩をつけまいとして必死の防戦。「がんばれっ」「そこだ、もうちょいだ。」「Aなんかぶっつぶせ」「Aがんばれ！」場内はけんけんごうごうこうふんした声援が乱れ飛ぶ。Aは必死の防ぎょ。二人の身体は汗だらけ。筋骨たくましい身体からは汗がぼたぼた落ちる。二人の腹は大きく波うっている。「ワー」大きな歓声。」

○「初めて作ったラジオ」……ハンダゴテを使って、初めて一から作ったラ

ジオの音が鳴る瞬間の喜びが目に見えるように伝わってくる。短文を重ねることで、僕の鼓動が聞こえるようなわくわく感やどきどき感を表現している。終始、延々とラジオの部品や作成過程を緻密に描いている秀作。

「電源をさしこむ。スイッチに手をふれる。その時僕はかすかな不安と、喜びを感じた。スイッチを入れた。数秒の間ではあるが、フィラメントの赤くなるのが待ち遠しかった。やがて、フィラメントが赤くなる。胸がどきどきする。スピーカーからブーンというハムの音がきこえる。クリッドにさわるとブーーという。こうなればしめたものだ。いそいでアンテナをつなぐ。ダイヤルを廻すとAFRSのジャズがきこえてきた。ぶんりはたいしてよくないが、悪い方でもない。このときの気持ち、それはある一つの仕事をすませ、その結果があらわれた時、すべての人が幸福に感じるのである。僕もその幸福を手にしたのだ。」

○「筑波山」……車窓から見える情景描写が巧みである。これだけ情景描写が続いても、飽きずに読ませることができる表現力がすばらしい。

「曇りがちの空には太陽が明るく車内を照らしていた。よく晴れた朝なら顔を出す富士山も今日はぼんやり西のかなたに雲と見分けがつかないように見えていた。田の稲は刈られ、畑の作物もだいぶ少なくなり、小川や土手の草、林や森も茶色ずんでいる。約一時間半ぐらい乗り続けたころ、西に筑波山、東にかすみがうらが大海のようにかすんで見えた。」

○「武蔵野の風」……季節の移り変わりを「風」に焦点化して描いた作品。一貫して移りゆく季節ごとの風に特化して描写していることが印象的である。

「風が吹いていました。風は僕等をはげますように耳のそばを通りすぎて行きました。(中略)いよいよ夏もだんだん終わりになって秋が近くなりました。秋の風は夏よりも親しみをもっていました。例えば、運動場で野球をする。歓声がわきおこるとそれを風がどこまでも持って行ってくれるのでした。」

○「母の名」……まわりの友達に、母の名を笑われたくやしさ。この作品を書いた生徒の心の叫びが最後に書かれている。女子生徒が、自己の意見を述べ、きっぱり悪事(?)を批判しているため、ある意味ですがすがしい作品である。

「私は人前で父や母の名を聞かれるほどいやなことはない。それは、母の名をいうときまって聞いた人が笑うからだ。(中略)先生に「お母さんの名は。」ときかれ、「はっ」とした。いつものことを考えて不快になったからだ。それで「母の名前ですか？」と問い返した。言いたくなかったが、思い切って、「……です。」と答えた。すると、まわりの人たちがこれをきいて「クスクス」と笑い出した。その顔にはどれもみんな「変な名前ね。」といっていた。さわがしかったので、先生に聞こえなかったのであろう。「何、聞こえない。」といわれたので、私はもう一度同じことを言った。今度は先生にもわかったらしく、ノートに書きこみながら「…の……さんだな。」といわれたのをきき、又みんなが笑い出した。(中略)人は私の母の名を笑う。そんなに母の名はおかしいのだろうか。では、何故他の人の名前はおかしくないのだろう。わからない。

私は、こう思う。人は私の母の名を笑う。でもそれを笑う人ほど、自分の親からつけてもらった名前をきらっている人たちだ、と。」

○「ねむれない夜」……時計の音に起こされ、さらに母のいびきにもはらがたって、いらだっている様子がのびのびと書かれて

いる作品。「中2の女子でもこんなに腹が立つことがあるのよ！」と訴えているように感じられる。
「私はいっそのこと大声でもして、みんなをおこしてやろうと思ったが、そんなことはできまいと思ってぱっちりと目をひらいた。そして、天井ばかり見つめていた。天井は、私のいらだちをあざけるように静まりかえっていた。」

　特に女子生徒が臆せず率直に自分の意見を述べる、それが当たり前の時代になっていることを実感させる作文が多かった。また、生徒がふだんの生活の一場面を切り取った作品が並んでいる。また心情を伝えるのに、直接的な心情表現ではなく、情景描写が多用され、視点の移動、行動描写、会話が巧みに用いられている。

4．冬　「句集―短日―」と作文　より

　俳句36句が載せられている。母の思いやりを受けとめている句が多い。
　「北風に　吹かれゆくゆく　母と子と」
　「霜の朝　母の洗濯　身に感じ」
　「霜降れば　夜着重ねんと　母はいう」

○「たき火」……長い情景描写がすがすがしい朝の心情を的確に表現している。冒頭の一段落全てが情景描写である。
「ねぼけまなこで雨戸をあける。つめたい空気がさっと流れこんできた。空中には煙のような「きり」が、いっぱいたちこめている。木々には、かれがれの葉がつゆにぬれている。親子すずめはもう「え」をさがして、かわいいこえでさえずっている。朝もやにかかった家々も朝の日ざしを受けて、かがやいていた。夢うつつに見る富士山も冬じたくでうすげしょう、明けくれにふったしもも美しい結晶をつくっている。」

5．日記から　より

○「正月のある日の日記」……女子生徒の身勝手な男子生徒への反発がうかがえる。

「「では、又私たち女に買い物をやらせるのね。」おもわずこんなきつい言葉が口からとびだした。自分だって幹事のくせに、去年だって私とＫさんの二人に全部おっかぶせて、ばかにしている。女だと思って……。」

6．思い出　より

○「輝ける前途」……進学をあきらめるように母に告げられて「絶望」した日のこと。一晩泣きに泣いてそして、「働きます。」と強い声で言った。以下は、悲しみにくれている暇はないと思い立ったことを書いた場面。最後は、以下のような文章で終わる。女子生徒が、就職の決意をした宣誓するかのような文章。強く生きようとする意志がみなぎっている。

「「そうだ、私は働こう。家のために、社会のために！」……将来、……それははてしなく続く青空のように洋々とした広い広い海のように限りなく広い。やがて、三学期も終わりに近づき卒業も間近い。卒業を目の前にひかえ、私は一体何になるのだろうか……と考える。限りなく続く空想、限りないあこがれの将来、私の前に開かれた未開拓な荒野に向かってまっしぐらに進もう。全力を尽くして！」

○「思い出」……弱ったトンボをつかまえて、はしゃいでいたら死んでしまっていた。悲しみを覚えた私は、墓を作り、土をかぶせる。涙しながら、トンボの墓に水を与える。手の中で死んだトンボの様子を丁寧に描写している。

「私の指に包まれたまま透き通るしなやかな羽根をじっとりさせて飛び出たデメキンは見えるのか見えないのか、うつろに見すえて体と同じように動かない。そんなトンボを感じると、私はたまらなく弱々しい姿がいじらしくなった。」

○「父の死」……父が死んだときのことを詳しく描写していると思われる。おそらく事実であろう。

「お母さんはじめ僕達はびっくりしてその側にかけよりましたが、すでに父は何も答えることができない父に変わっていたのでした。「お父さん」「お父さん」と泣き声を上げてゆすりおこしたが、いくらさけんでも答えることのできぬ父に変わっていたのでした。」

○「心」……一人で留守番していた僕が部屋で勉強していると、一人の男が現れる。勉強を冷やかしたり、本を勝手に読んだり菓子を食べたりして窓から外へ飛び出していった。翌朝、起きて鏡を見ると昨日の男は、ぼくだったことを悟る。これは、小説なのか、日記なのか。不思議な文章である。

「翌る朝、私はいつものように顔を洗って鏡に向かいました。とたんに私はあっといってくしを取り落としました。昨日の男、──それはまさしく私だったのです。」

7．蟻地獄　より

○「わがはいは心臓である」……心臓のことを調べて驚くべき機能を備えていることを、漱石の「我が輩は猫である」ののべ方を模倣して表現している。

「又わがはいは、常にコトンコトンとうちつづけている。（中略）人間が二十四時間からだを休めると、このコトンコトンが約二万回分節約され、

この節約された力が病気をなおすだいじな力になる、というのは、この貯えられたエネルギーが病気をよせつけないからである。」

○「海の色について」……海の色が青い理由、黄色くなる理由、そして、青い海を好む魚、黄色くにごる海を好む魚がいること……等海の色から考えたこと、調べたことをまとめている。

「ですから水の色によってどんな魚がそんなところにいるかということがだいたいわかるのです。このようなことから考えてみると、海の色なんて人間の生活に関係ないようにかんじますが、考えてみれば大いに関係があるわけです。」

○「空飛ぶ円盤」……今で言う「未確認飛行物体」について、本から調べたことをもとにして、考察している。最後に、参考書が二冊、出典として書かれていることがレポートの体を成している。

「誰が、何が、何故この円盤を飛ばしているのか。円盤形の航空機は今までにも作られている。しかし、それらはこの空の侵入者とはにていない。あるいは気象観測用の巨大な気球かもしれない。それもあるかもしれないが、全部そうだとは言いかねる。」

○「蟻地獄」……蟻地獄を見付けた僕は、蟻を穴の中に落とす。次の日、家に蟻地獄を持って帰り、手の平に乗せてみる。死んだふりをした蟻地獄は、「動物睡眠」という反射運動であることを兄から聞かされる。その後、後ずさりしかできない蟻地獄を観察し続け、光のある方へと進む性質があることを発見する。

最初から第一段落46行で観察が続く。第二段落は、光のある方へ進む様子が9行、最後の第三段落は、一文で、こう締めくくられている。

「たった一匹の蟻地獄、こんなものでも眺めてみると面白い。」

　この章の文種は、観察文やレポート、論説文になるのだろう。項立てがなく、調べたことや観察したこと、考察が羅列してあるのだが、興奮や夢中になっていることがよく伝わってくる。特に最後の「蟻地獄」は圧巻である。

8．当時の時代背景がうかがえる表現

（1）身内の者への敬語使用……母に対しては、当時日常会話でも敬語を使用していたのだろう。
　　・「お母さんは、「どう、今日の試験はできた。」と<u>お聞きになる</u>。」（「本試験」より）

（2）言葉遣い……いわゆる女言葉といった言い回し。
　　・「それよりこのへんに、なんてんの実ないか<u>しら</u>。」（女子）
　　・「あんなにたくさんの<u>お友達</u>がいて、……」（女子）
　　・「<u>おはりの手</u>をやすめて母がふりかえって、……」（女子）

（3）現在では見られない風景
　　・納豆売りの声
　　・給食がなく昼食に家に帰る様子が描かれている。

9．全体を通しての私見

　まず目次を開いて「題名」を概観した際に、文の種類や題材が幅広いことが目に入った。おそらく取材においては、生徒へ自由に題材を選択させてい

るのではないかと考える。

　また作文を読んでいくと、直接的な心情表現が少なく、行動描写や情景描写、会話が多いことが印象的であった。しかし情景描写や行動描写が書かれているが、書き手の心情が生き生きと読み手の胸に飛び込んでくる。ある作品は淡々と視点を移動しながら情景を描き、ある作品は一点に集中して丁寧にしつこく描いている。その描写の仕方によって、書き手の個性的な思いや独自の考えが読み手に巧妙に届いてくるのだ。

　ひるがえって現在の作文指導はどうだろう。学校では自分の感情を生き生きと表現することや他者の共感を得る文章を書くことをねらいとするがゆえに、かえって内容に個性や独自性を無くさせてはいないだろうか。私がもし「新校舎落成記念号」の文集を編纂することを想像すると、生徒に校舎ができた喜びや有り難さを書かせようとはしないか、または生徒自身が書こうとしてしまうのではないか、と自戒をこめて考えてしまう。

　以前小学校で作文指導をしていて、
　「先生、作文にこんなこと書いていいのですか？」
という質問を受けて驚き、自分の指導を反省したことがある。暗黙のうちに、学校で書く文章は先生が共感してくれる内容でなくてはならないと思い込んでいる（教師が思わせている？）ことがあるのではないか。自分の気持ちを包み隠して、先生の答えを想像して文章を書こうとするようでは、作文の内容に個性や独自性などが現れてくるはずはない。

　この文集が編纂されたのは、第二次大戦後、それまでの戦時体制による全体主義的な方向から全面的な転換が図られた時代である。したがって、作文指導においても、一人ひとりがどれだけ自分らしく、正直な、ありのままの自己表現をするかということが奨励されたのではないかと想像する。本文集が文種も多く、題材も多岐にわたっていることもその影響を受けているのではないだろうか。さらに、生徒たちに自由な題を選択させて文章を綴らせる

「生活綴り方」、芦田恵之助の「自由選題」の考え方が影響を与えているというのは言い過ぎだろうか。

　作文指導については、「内容」と「形式」の関係をどのように止揚するかは不易の課題である。現在の作文指導において、もし子供たちが学校で求められている内容を書こうと苦しんでいるのでは、内容に個性や独自性を求めようとはしないだろうし、個性的で独自の思いや考えを表現する方法を身に付けることもできない。戦争中、全体主義的な方向性に向かってしまった教訓が生かされて編纂された昭和20年代の文集から、現在の私たち教師が学ぶべきことは大きなものがあると考える。

五．群馬県における昭和30年代の作文教育について
　―県中南部の学級文集を中心に―

品川　孝子

1．戦後の「書くこと　作文・綴り方」教育

　始めに、第2次世界大戦後の「書くこと　作文・綴り方」教育の流れを概観する。

　まず、民間教育としての書くこと（作文・綴り方）教育では、昭和20年代前半に、生活綴り方教育の復興が呼びかけられ始めた。20年代半ばには、新たな「書くこと　作文・綴り方」教育が展開された。

　一方、作文教育にコミュニケーション能力の育成を求める流れもあった。20年代後半の「生活綴方と作文教育」の論争は、生活指導と文章表現力の指導とを統一して行うか、文章表現力の指導に重点をおくかの立場の違いからである。倉沢栄吉は『作文教育の大系』（牧書店，1955）を著し、今井誉次郎は次のように述べている。「国語科の中で作文をやるのは、ただ単に、文章の書き方を教えるためではなくて、国語全体を教えるためにやるのだ」[1]。

　昭和30年代半ば頃からは、作文教育を組織化・系統化しようとする動きが現れた。特に群馬県での戦後の国語教育を考えるとき、斎藤喜博（1911-1981）の影響を考える必要がある。斎藤喜博は、国語教育、特に作文（綴り方）を熱心に指導した。校長（群馬県佐波郡島小学校1952～）になってからは「授業」を重視する発言が前面に出たが、国分一太郎との交際を深めるなどをしていた。斎藤に直接指導を受けた教師や影響を受けた教師の中には、国語教育、作文教育に熱心に取り組んだ者も多い。

　公教育としての書くこと（作文・綴り方）教育では、『昭和22（原文は漢字表記、以下同様）年度　（試案）学習指導要領　国語科編』が出された。野地潤家が

補説で次のように述べている。「社会的手段として文章を書く力を育てようとしたこと、生活の中の書く場面を例示して経験学習をすすめていること、相手意識を強調していること、などに特徴がある。」(2)

　次いで、『昭和26年度　小学校学習指導要領　国語科編（試案）』が出された。これには、「国語能力表」が「一聞くことの能力　二話すことの能力　三読むことの能力　四書くことの能力（作文）　五書くことの能力（書き方）」の5領域で示された。野地潤家が補説で次のように述べている。「経験学習が進められていくなかで、どんな能力を育てるか、学力はついているのか、という現場からの不安の声が生まれ、この能力表を26年版に付した」(3)

2．群馬県の作文等の作品集

　2つの資料『すぎの子』と『マキバ』があるが、前半に『すぎの子　第13集』を、後半に『マキバ』について考察する。

『すぎの子　第13集』
- ・種別　　　　　学級文集　低学年
- ・学校名・学級名　　群馬県高崎市立佐野小学校　2年さくら組
- ・発行年月日　　1960年3月15日（担任の編集後記の日付）
　　　　　　　　＝昭和35年3月＝昭和34年度
- ・ページ数　　本文34ページ　　表紙・扉・目次（2ページ）・裏表紙
- ・手書き　　学級通信の合本の可能性もある。
- ・編集者　　S・N（担任教諭であろう。）
- ・指導言　　1行作文のような短い作品以外には、教師の指導言有り。

3．『すぎの子』の内容及び文種、量、形式

　「日記から」というのが6ページ、「冬休み日記から」が11ページある。短作文は、テーマを与えて書かせたもので、「冬を見つけよう」が40人で3ページ、「おかあさん」が目次には26人とあり、8ページで、「おかあさん」

は長さに差がある。

　題材は、児童の生活であり、主として日常の家族のことや家族とのふれあいが書かれている。取り上げる対象は母親が多い。これは、小学校2年生の作品集であるから、当然といえよう。また、自然や季節について書いた作品もある。家族との生活を書く中に、季節感も多く感じられる。

　さらに、この文集の特有の作品がある。「北ちょうせんへ　かえる」友達をめぐる作品である。本児童は、1960年4月に新潟から北朝鮮に向けて出発予定で、日本での学校生活は本学級が最後になる。「北ちょうせんへ　かえる　〇さん、さようなら」のテーマで、「〇さんへ　おくることば」が37人で3ページ、やや長い作文が3人で1.5ページ、該当児童の作文と挨拶文が1ページ、担任教師の言葉が0.5ページで、合計6ページになる。

　文種や形式については、作文・短作文が主である。長い作文では、400字詰め原稿用紙に換算して3枚程度のものと2枚弱のものがある。短いものは、1文の1行作文である。詩が数編ある。「日記」・「冬休み日記から」の作品は、作文を行替えした散文詩のようなものが多く、詩との境界は曖昧である。改行については、指導者の手書きの文集であることから、指導者の意図で行われているものも多いと思われる。

　所々に、内容に沿った手書きの挿絵がある。

4．本作品集の特徴

（1）家族との絆―働く家族

　家族が労働する姿を描いたり、その家族への思いを記述したりしている作品がたいへん多い。主に、農業に従事する家族について書いている。家事やその他の場面での家族の姿について書いた作品も見られる。昭和30年代半ばという時代、農業もまだまだ機械化は進んでおらず、人の手で行う作業が主であった。田植えや稲刈り等の大きな行事は、地域や親族との共同作業で行う。現代のような、便利な農薬も少なく、草取りや害虫駆除等の田畑の管理

には、今よりずっと手間暇がかかっていた。本作品集では冬の生活が題材となっているが、この地域では、当時、春から初秋にかけて、養蚕をする農家も多く、児童は家族の働く姿をずっと目の当たりにしながら成長してきているのだ。

　児童たちは、家族のことをよく観察している。作品からは、児童と家族とのつながりが伝わってくる。児童は、家族とふれあうことの喜びを描く。そこには、愛情豊かな家庭生活が感じられる。日々の労働に身を置く家族を手助けしたいという、児童の思いが表れている。ただ、家族が子どもを大事にしているからか、あるいは、子どもの非力さゆえか、手伝わなくても良いと言われる場面も書かれている。

　いくつか引用する。（スペースの関係から改行は変更する）（引用文中の（　）の補足は筆者による）

・「むぎふみ」
　……おかあさんが『ふたりで　うたにあわせて　いっしょにしよう。』といった。……『ジングルベルをうたおう。』といって、ふたりでうたいながら、むぎふみをしました。

（群馬県の平野部の田畑では、広く、米と麦の二毛作が行われていた。冬の間の麦踏みは、大切な農作業だった。）

・「冬を見つけよう」
　けさ　かあちゃんがぞうきんがけをしていた。かあちゃんの手にヒビがきれていました。

・「日記」
　あたいが　かえってくると、いつでもかあちゃんは　いどで　せんたくをしている。

・「おかあさん」
　……わたしが学校からかえってくると、いつも　おかあさんはいません。

……『おかあさん、どこへいってたの。』ときくと、『草むしりにいってきたんだよ。』といった。『おかあさん、さむかったでしょう。』というと、『べんきょうした（？）。』といわれました。
（自分のことより、子どものことを気に掛ける母親の姿がある。）
・「おかあさん」
　うら（裏）のたんぼへ　おとうと（弟）をつれてやったら（連れて行ったら）、かあちゃんが、ひとりで草むしりをしていた。……ぼくが『草むしりをやろうか。』というと、『○ぼう（児童名）、いいよ。』といいました。
（いつも働いている親への、児童の思いやりや優しさが表れている。「何とか手伝いたい。少しでも親に楽をしてもらいたい。」という児童の思いと、その言葉だけもらって、「いいよ。」と手伝いを断わり、子どもには勉強してもらいたい、という親の願いが、感じられる。）
・「おかあさん」
　おかあさんが　きかいで　うどんを　こしらえていたから、わたしが見ていたら、『○○（児童名）火を　もして。』といったので、『うん。』といって、おかってにいきました。
（農家では、各家で地粉のうどんを打って、茹で、冬は煮込みうどんにしていた。）
・「おかあさん」
　おかあさんが　あさから　むぎふみをやっていたので、『ぼくにも　させない。（させて下さい）』といって、ぼくは　ふみはじめたら、『ふんな（そんな）へたな　ふみかたじゃあ　だめだ。』といいました。
（このように親子で仕事をしていることが生き生きと描かれている）

(2)「北ちょうせんへ　かえる」友達をめぐる作品
　一人の児童が北朝鮮へ帰ることになった。北朝鮮に帰る日を心待ちにしている児童の喜びと、帰る児童を励まし、培った友情を確かめる同級生たちの声が記されている。同級生たちは、「大きい家を建てて住む」という当該児

童の北朝鮮での豊かな生活を想像しながら、いつの日かの再会を期する。温かい別れの場面が、本作品集の結びとなっている。

（3）指導者の、作文指導に向ける信念と熱意

　長い作品は、2年生で400字詰原稿用紙3枚程度あり、表現も生き生きとしている。
　どの作品でも、児童は自分の気持ちを素直に表現している。
　そして、会話を入れた作品が多い。普段から、家族等との会話を心に留め、それを想起して書いているのであろう。
　指導者は、多くの作品に指導言を書き、児童全員の作品を掲載する機会ももっている。
　これらのことから、指導者は、指導言によって、作品のよさを見出し、認めるとともに、日々の学校生活でも熱心に指導していたものと思われる。
　さらに、児童の伸び伸びとした書きぶりと、文集が「第13集」ということも考え合わせてみると、「2年さくら組」は1年生の時から同じ担任の持ち上がりで、本文集は小学校生活最初の2年間の集大成なのではないか、とも想像してしまうのである。

5．教師の指導言

　第一に、児童の言動や心情のよい点を認めて、ほめている。児童の心情に共感したり、児童の行動をほめたりしている。児童の頑張りを見付けて、認め、手放しでほめている。
　第二に、表現の優れているところを取り上げて、ほめている。
　第三に、見方・考え方について、気付かせたいところを知らせたり、表現を向上させるために、こうしたら、ということを提示したりしている。
　何例か、引用する。（○○は児童名。原文は、未習の漢字は仮名書き）

①気持ちがよく書けていることをほめる。

- ○○は、本家のおじいさんからせっかくもらったお小遣いを、おばあさんの病気の顔を見て、お医者さんのお金がかかると思って分けてやった。やさしい、親切な心に、先生はとても強く、感心だなあと思ったよ。○○は、おばあさんを大事にしている気持ちが、よくこの作文で分かります。
- （かけ算九九）○○は家でも一生懸命練習するから、よく言えるようになったんだね。
- ○○はお母さんに「お母さん、寒かったでしょう。」と言いました。お母さんのことをよくここまで考えて、偉いね。
- なかなかそういう気持ちになれないものです。○○は偉いねえ。

②児童の心情や、作品の内容に共感する。

- 弟にもお小遣いをやったんだね。
- ○○は、赤いパチンと音のする財布が、欲しくて欲しくて、しょうがなかったんだね。

③家族をほめる。

　家族のよさに気付かせる。それにより、家族の絆を強くすることにもつながるだろうし、作文・日記を書こうという意欲にも影響する。

- 「ジングルベル」をお母さんと歌いながら麦踏みをしたんだね。いいお母さんだねえ。
- ○○のお父さんは親切だねえ。間違った問題を親切に教えてくれるんだね。

④よく観察して表現しているところを取り上げる。指導を入れる。

- おばあさんや○○の言ったことを書いたので、とても生き生きしています。
- お正月の様子をよく見て書きました。お父さんは、うんと楽しかったようですね。目の前に見えるように、よく書けましたよ。

・焼き芋屋さんの様子をもう少し詳しく書くとよかったね。

⑤「うまいところ」を具体的に示す。
・このへん、おばあさんの気持ちが分かりますね。
・(豆まき)○○の家の様子やトタン屋根の上に投げたこと、お母さんに当たったことがうまいところ。

⑥考えさせる・気付かせる。
・お母さんの働いている様子をよく見ているね。お母さんは○○のために、こんなに汗を流して働いているんだよ。
・どうして、○○、お母さんは怒ったのだろうねえ。考えてごらん。
・(かけ算九九)泣きながら勉強したんだね。その時、どう思った。少しずつ毎日やろうね。

6. 方言について

　群馬県の方言は群馬弁あるいは上州弁と言われる。『すぎの子』は高崎市で、もう一つの資料『マキバ』は前橋市で発行されているので、ともに群馬県中部平野部である。西関東方言に属し、同じ群馬県の方言でも東南部の方言とは異なる。
　『すぎの子』について考察する。

（1）助動詞・補助用言
・「～ない」　群馬の方言の代表格の「きない」。否定の助動詞「ない」が「来る」に接続した「来ない」を「きない」と発音する。1例あり。
　「かってきないから」(買ってこないから)
・「来る」の未然形が「き」となるものも1例あり。
　「またきられたらうれしい」(また来られたら嬉しい)

・同様に代表格の「べえ」。意志・勧誘・推量の助動詞で、「〜う・〜よう」「〜だろう」の意味であるが、文集には見られなかった。この地域の話し言葉では使われていたと思われる。

（2）動詞
・特有の単語を使用するものがある。また群馬方言では、接頭辞を多く使用する。
　　「たまげた」「たまがす」「たまがしたら」（驚いた・驚かせる・驚かしたら）
　　「（うどんを）こしらえる」（作る）
　　「おかあさんがめっけて」（お母さんが見つけて）
　　「みっけていると」（見つけていると）
　　「ひっぱたく」（ぶつ、殴る）　　「ひっぱたかれた」（ぶたれた、殴られた）
・促音や撥音への転用が見られる。
　　「つっきる」（横切る）　　「めっけて」（見つけて）
　　「わかんなくちゃ」（分からなくては）　　「くんなかった」（くれなかった）
　　「ぬってやんねえぞ」（縫ってやらないよ）
　　「ちがんかい」（違うのですか）　　「ちがんのがいいよ」（違うのがいいよ）

（3）形容詞・形容動詞
・「〜ない」の「〜ねえ」化
　　「ちぇっ、つまらねえ」（ああ、つまらない）
・特有の言葉遣い
　　「友だちができなくて、やだったよ」（友達ができなくて、いやだったよ）
　　「やだい」（いやだ）「こんなにうんと　やだい」（こんなにたくさんなのはいやだよ）

（4）副詞

・「うんと」が3例見られる。（上記の例を含む）
　　「うんとつめたかった」（とても冷たかった）
　　「うんとあった」（たくさん有った）
・「おおくたまがすな」（たいへん驚かせるな、そんなに強く驚かせるな）
・「ふんなへたなふみかたじゃあ」（そんな下手な踏み方では）
・「まあすこし」（もう少し、あと少し）

（5）助詞

・「〜かい」は、6例見られる。質問・疑問を表す。
　　「うれしいかい」（嬉しいですか）　「もういくんかい」（もう行くのですか）
　　「よくなったかい」（良くなりましたか）　「とれたかい」（取れましたか）
　　「うちをたててもらうのかい」（家を建ててもらうのですか）
　　「そうかいね」（そうですか・そうなのですか）
・「〜ん」上がり調子で言う。質問、疑問を表す。
　　「さいふかうん」（財布を買うの・財布を買うのですか）
　　「どこへいくん」（どこへ行くの・どこへ行くのですか）

　群馬方言には、特徴的な助詞の使われ方が見られ、「〜かい」や「〜ん」は現在でも日常会話ではかなり使われている。他には、「〜なん（？）」（〜なのですか）、「〜だがね」（〜だよ・〜ですよ・〜でしょう）、「〜なんさあ」（〜なのですよ）、「〜べえ」（〜ましょう）、「〜べえ・〜ばい」（〜ばかり）等がある。

（6）名詞

・特有の単語が使われている。
　　「おくりのへや」（奥の部屋・奥座敷）　「おつけ」（味噌汁）
　　「もりっこ」（子守り）　「きしゃご」（おはじき）
　　「おかって」（お勝手、台所）　「ごっそさま」（御馳走様）

（7）命令の形
　　「六のざんを いってみ」（六の段を言ってみなさい）
　　「もっといで」（持っておいで）
　　「ぼくにもさせない」（ぼくにもさせて下さい）
　　「とっておくれ」（取って下さい）
　　「よくぬってくんない」（よく縫って下さい）
　　「話していぎい」（話していきなさい・話していきませんか）
　　「へをするない」（屁をするな・屁をしてはいけない）

　以上の用例を見ると、群馬弁の特徴とされるものがたくさん使用されている。促音や撥音、濁音への転用や、接頭辞の多用等により、群馬弁は言葉が強い、と言われることがあるが、その特徴も表れている。

7．『マキバ』第2巻1号について

（1）『マキバ』の概略
　もう一つの資料、『マキバ』について、簡単に記す。
　　・種別　　　　　地域文集
　　・発行年月日　　昭和23年4月15日
　　・編集人　　　　群馬児童文化協会　　代表者　矢島
　　・発行所　　　　群馬出版株式会社　　・定価　20圓
　　・分量・印刷　　49ページ（目次を含めて50ページ）　　活字
　「編集だより」から、「明るい社会を築く」、「これから伸び行く子供たちに愛情を注ぐ」、「児童生徒の勉強に役立つ」ことを目指して発行された文集（書籍）と思われる。投書欄を読むと、学校等の団体で購入する場合と、個人で購読する場合とがあったようである。

（２）『マキバ』の内容

『マキバ』の内容は、次のとおりである。
- はじめのことば　　・編集後記　　　・作品募集案内
- お話　　・童話　　・絵　　・連載シナリオ　　・伝記　　・マンガ
- 公募新人作品　　お話・童話１編　　詩１編
- この年実施された「児童福祉法」についての説明

児童生徒の作品が掲載されているのは、次の２つのコーナーである。
- 街の掲示板　　　県内の地区回り持ちで、その地区の児童・生徒の作文を掲載する。

　本号の担当は県西部の小学校。６年生の作文が３編、野球部と文芸部・音楽部の活動紹介、自治委員会の呼びかけで、２ページである。
- みんなの頁　　　合計９ページ。作文・詩・俳句・短歌があり、公募作品かと思われる。県中部の作品が多いが、県内各地からの作品が掲載されている。学年は、小学２年生から中学３年生までである。題材は家族や自然、季節、地域の行事等が主である。作文は３ページ。６名。題は「雪の朝」「祖父の死」等。詩は２ページ。６名。題は「犬」「小川」等。短歌は２ページ。11首。俳句は２ページ。46名。題材は、家族や自然、季節、地域の行事等が主である。

　公募作品と児童生徒の作品には、評語や選評を載せている。例として、短歌の評を挙げる。
「自分の言葉でのびのび歌っている。これがいいのだ。」
「父は尊しと言わずに、その心が出せればなおよい。」
　作品は署名入り。大人の作品は学校（勤務校）名のものと住所のものとがある。
　戦後間もない頃の出版物であるが、明るく前向きな気概が感じられる。啓発的な編集方針であったのか、標準語で書かれていて、方言は見られない。

注
(1) 今井誉次郎『教師のための作文教育法』河出書房　1956年　p.11
(2) 野地潤家『作文・綴り方教育史資料　下』桜楓社　1976年　p.387
(3) 前掲書　p.390

参考文献
北岡清道『生活綴方実践史研究』溪水社　2009年
小林篤『斎藤喜博―その全仕事』一莖書房　2013年
鈴木三重吉『綴方読本―綴方と人間教育―』講談社学術文庫　1987年
野地潤家『綴方教授の理論的基礎―垣内松三先生のばあい―』教育出版センター
　　　1983年

六．文集『ふもと』第 5 巻　第 3 号（通巻第26号）における
　　書き言葉と話しことばの関連を探る

白井　理

１．研究のねらいと方法

（１）ねらい
　本研究では、書き言葉（文字言語）で綴られた「文集」を、話しことば（音声言語）の視点から分析し、その特徴を明らかにしようとした。

（２）文集『ふもと』第 5 巻　第 3 号（通巻第26号）について
　分析の対象とした文集とは、静岡県富士宮市の中学校文集『ふもと』（通巻第26号）である。教科の枠を超えた内容を募集し編集している。ここには英語スピーチの原稿も記載されている。以下に、本稿の分析に必要とされる情報を抜粋し記載する。
　① 編集人　発行人　静岡県富士地区教育研究協議会　出版編集部
　② 発行年月日　昭和29年 9 月30日
　③ 原稿応募規定（ジャンルのみ抜粋し記載）
　　社会　国語　理科　作文　詩歌　俳句　図画　学校便り　研究　まんがなど
　④ その他（あとがきより抜粋）
　　・今月は詩の特集号にしました。A先生の「詩をかくために」をよく味読して、皆さんの生活の中から生れた尊い詩をひろいあげてください。
　　　（下線は筆者付記）
　　・それから、『ふもと』は単なる文集ではありませんから、社会、理科研究、学校便りなど皆さんの生活全般に関する原稿をどしどしお寄せ

下さい。

⑤ 目次（原文は縦書き）

下の転記を参照されたい。なお、目次には書かれていないが、目次と同じページに、元中学校長が寄せた文章が載せられている。

もくじ	
表紙	ページ
鑑賞詩	1
指導文	2
詩作品（20編）	4
1年作文	12
2年作文	23
3年作文	31
英作文	11
特別連載「東海道中ひざくり毛」（6）	38
短歌	28
俳句	18
季題	17

（3）分析の視点

　書き言葉である文集を、話しことばの視点で分析するために、分析の視点を以下のように設定した。これらの視点に合致する点が多い作品は、またそのような作品が多く掲載されている文集は、話しことばと関係性が高い文集といえると考える。

　視点①　語や表現の中に音韻（リズム、響き等）を多く内包しているか。
　　　　　（七音・五音の句、聴覚に訴えてくる語、漸層法、体言止め、切字、倒置法、対句などの有無）
　視点②　会話、オノマトペなど、音（声）や動作を文字で表現した部分が

あるか。
視点③　内容が抒情的、あるいは叙事的、叙景的であるものか、表現が描写的であるものか。

2．分析

ジャンルごとに、上記①から③の視点を適宜活用しながら分析する。なお、あとがきには、「今月は詩の特集号」と書かれていることに注視したい。

> 波の音を聞きながら
> 　　　　　　　　　A中学校長
> ○○○
> ○○○
> 　夏祭りが終る頃になると、氷屋の「のれん」が何かしら冷たくなる。濠端の薄の中に野菊がうす紫に咲いて──思わず水にうつった青空に驚いて空を仰ぐと、ああ秋だなあとしみじみ感慨が湧いてくる。強健な百舌の声に、心のしまるのを覚え、読者のひと時を庭の片隅からきこえてくる虫の音に、郷愁をかきたてられる。台風と言うむごい自然の仕打ちと取組んで、ほっと一息つくと、目まぐるしい運動会の練習が始まる。
> 　時去り、時來り、人去り、人來る。秋色たけなわになると、やわらかな日ざしが寄り、冬來りなば、春遠からじと言うことになる。

○○聴覚に訴えてくる語　　○○オノマトペ　　○○声（含む内言）
○○対句、反復、体言止め、漸層法、押韻などの技法　　○○七音（五音）

（1）寄稿された文章について（目次の頁）

　この文章は、朗読せずにはいられなくなるような魅力をもっている。書き言葉と話しことばの融合ともいうべきものを感じさせるような文章である。文集『ふもと』のねらいや価値、作り方を、読み手である子供たちに自然に理解させ、書くことに導くような意図もうかがえる。文集『ふもと』の特徴

を端的に表していると考え分析の対象とした。

　視点①、視点②で分析してみると、やはり随所に音声表現に適う語や表現がみられる。教師が朗読して聴かせることもあったかもしれない。音読してみる子どもたちの姿をも想像できる。また、視点③からみても美しい叙景は朗読、群読に適している。朗読や群読に誘われるような詩だ。

（２）指導文「詩をかくために」について（２・３頁）

　指導文とは、詩の作り方を書いたものである。文集『ふもと』のめざすよい詩とは何かが示されている。採用された詩は、ここをめざして作られたのである。この指導文にこそ、文集『ふもと』通巻第26号の特徴が端的に表れている。見開き２ページの全文を掲載することはできないので、以下文集の特徴を決める点と、今回の分析にかかわる点とを抄出した。

①詩はまずだいゝちに声に出して、つまり耳で聞いて、美しくなければ良い詩とはいえません。

②ことばが美しいというのは、そのことばによって表される観念なり感情なりが美しいということです。ことばと観念は切り離すことができませんから、ことばそのものが美しいといってさしつかえない。

③定型詩という形式上の束ばくをよろこばないほど、人間の内容つまり精神が自由になった。（中略）わたくしたちの書く詩は、自由詩のほかにありません。

④眞實のものは美しい、ということです。（中略）明るさや暗さにみちたわたくしたちの生活ほど、眞實のものはない。ことばもわたくしたちの生活の一部分となって、はじめて美しいものであり得るのです。

⑤「ありのまゝ」がわたくしたちの主観をとおして見るものでなければ、その対象を自分のものにするつまり生活するとはいえない。（中略）自分の生活に打ち込んでいなければなりません。

⑥決して誇張しないこと。詩の表現は正確であればいゝので。(中略)自分の世界の重点をつかんで、そして動かしていく。そこにリズムが生まれてくるのです。

⑦できるだけ歯切れのよい能率のよいことばを見つけること。読んで息をつくのによいように、一行の長さはせいぜい16、7字までにすること。いくどもいくどもくり返してくちずさんで、もっとも調子よく、音楽的に響く一行を手に入れるまでは満足しないこと。

　美しさ、音韻、言葉、精神、自由、生活、真実などが混然一体となったものこそ求める詩という考えがうかがえる。つまり、作詩の段階から書き言葉と話しことばの融合と一体化は、めざされていると考える。

(3) 詩について

　すべての詩を掲載して分析をすることは紙面の都合上難しいので、選者の評価の高いものを選んで、その特徴を分析する。めざした詩をより具現化している詩と考えたからである。

①鑑賞詩（4頁）

　短い詩だが、描写された景色にも心にも動きがあり、エネルギーを感じさせる。そのエネルギーを、景色はオノマトペ、心は内言で表現している。そのエネルギーは、読み手に伝わり、読み手を動かす。つまり朗読を促すような詩である。書き言葉と話しことばの一体化ともいうべき詩である。

（鑑賞詩）
雲のかげ
遠い水平線の上を
黒い雲がびゅうびゅう走る。
その雲のかげが
海にうつっている。
あゝ、あの雲、
ぎゅっとにぎりたい。
　　　B中　一年
　　　　　○○○

② 1年の詩から

> 雲煙草の芽かき　　C中　一年　○○○
>
> 煙草畑へいくと
> 大きな緑の葉が
> 十五ぐらいになっていた
> 葉のつけ根に小さな芽が出はじめている
> 母と二人で
> 「ポキンポキン」と芽をかきはじめた
> 頭の上で
> ひばりが上ったり下ったりしている
> さっきまで曇っていた空に日が出た
> 「ポキンポキン」と
> 母は私を追いこしていく
> 私も母の後を追って
> 「ポキンポキン」と
> 折ったのがますます、んだ
> あついのをがまんして
> 「さかえ　ていねいに取んな。」
> 私はさっきより丁寧に取ってふくろの中へ入れた
> いっぱいになると畑のすみにこぼした
> あと一通りというとき
> 母が私の通りを手つだってくれた
> 手を見ると
> やにで手がまっ黒になっていた

視点①、②でみてみる。オノマトペや実際の会話などが効果的に使われていることがわかる。実際に声に出してみると、さらに生き生きとしてくるような詩である。視点③でみても、実際のできごとの描写であり、朗読や群読にも適する詩になっていることがわかる。

③ 2年の詩から

> 死の灰　　D中　二年　○○○
>
> 先生もいった
> 友だちもいった　母もいった
> みんなの不安な顔・顔・顔
> 妹がさけんだ
> 「お使いにいくとき
> いつもかさをさしていくだ！」
> みんなどっと笑った
> しかし　みんなほんとに
> 笑ってはいなかった

> 釣りする人
>
> 　　　　E中　三年　〇〇〇
>
> 釣りする人は立っている
> 見渡す限り灰色の
> さびしい波をまえにして
> 釣りする人は立っている
> なぎさに泡は帯のよう
> 長く真白につづいている
> その泡に足をひたして
> 釣りする人は石のように立っている

　外言は「お使いにいくときいつもかさをさしていくだ！」の一つであっても、全体が内言に満ちている。また原爆の炸裂音と静寂、黒い雨の降る音までもが想像される詩だ。動と静を、声にならない声を、どう音声で表現するか。朗読するときには、それらに留意するのではないか。書き言葉と話しことばの共存する詩ではないだろうか。

④ 3年の詩から
　視点①からこの詩をみてみる。ほとんどの句が五音、七音を基調として作られている（傍線は省略）。押韻も見事である。そして繰り返しされるリズム。描写された景色の中で静かに時間が推移していくことを感じる。題のみは体言で止めて引き締めたのだろうか。題と詩本体との表現の対照が、朗読するときに活用できる。視点②からみてみると音（声）を動作や文字で表現した部分はないが、「静けさ」「無音」を意識させる語があり、詩全体からもそれらを感じさせる。三好達治の詩「大阿蘇」と同質の静けさを感じる。書き言葉と話しことばと意味内容が、混然一体となっている詩ではないだろうか。

（4）作文について

　文集『ふもと』（通巻第26号）は、詩を中心として編集され、そこに大きな特徴が表れるが、その他のジャンルについても特徴を見てみたい。ここでは作文を、話しことばの視点から分析する。作文は長い文章であるので、取り上げた作品の全文を掲載することはできないため、「選後感」で評価の高かった作文の抜粋を使って分析したい。

①１年作文から

「母のホクロ」　F中　１年　〇〇〇〇　　（選者による推奨作品）

> 　母は学校の先生であるためか〈中略〉何しろ声がとても大きいのです。この間弟の宿題を見てやっている時に、余り弟がぐずぐずしているので、母の方が夢中になってしまったらしく、ついうっかりと、「さっき先生が言ったでしょうに。」と、いってしまったのです。そして、すぐ母は自分でも気がついたらしく、「いやだねえ。」と打ち消した。とたんにみんな大笑いになりました。「夕食後の一時に、この事がまた話題になり、兄が実演して見せたりしたので、家中が大笑いしました。母もホクロをゆがめながら、涙さえ出されて、手をたたいて笑ってしまわれた。

　この場面は、話しことばなくしては語れないだろう。家族一人ひとりの笑い声が重なり合い、笑い声がさらに笑い声を呼び、それが続いていく場面。話しことばによって命が与えられるような場面である。書き言葉から声のことばが湧き上がってくるようである。書き言葉が話しことばとなって、場面がより実感をともなって再現される。

　次の抜粋部分も、書き言葉と話しことばが融合しているかのような記述である。読者は黙読すると、母と子の声を聴く。そして朗読（群読）をすると、母子の声が響きを伴って聞こえてくるかのような表現である。

六. 文集『ふもと』第5巻　第3号（通巻第26号）における書き言葉と話しことばの関連を探る　229

> 　よく母は私達に歌を歌ってくれます。子供の頃に好きだったという子供のオペラのようなへんてこなもの。その他、「茶目子の一日」と言うのや、「だあるまだあるまさん」と言う唱歌劇などであります。私もそういう歌を一つくらい覚えられると、母と一緒にうたうのですが、さっぱり覚えられません。特に、私が興味を持ったのは、「茶目子の一日」という唱歌劇でした。でも、私のために何回か繰り返して歌ってくれました。そんな時私は、母のホクロを見つめながら一生けん命に努力しました。

　次の抜粋の部分でこの作文は締めくくられる。感動的である。「おかあさん」と呼ぶ作者の声が聞こえてくるようである。作者の母への愛情がいかに深いものであるか、読者にしみじみと伝わってくる。書き言葉と話しことばの協働による効果であろう。選者から「童話」作品の作り方のお手本になるとの評もあった。童話は話しことばにして、さらに生きるものである。

> 　もし母がホクロを取ってしまったら、どんなにさびしい顔になるだろうか。私はふと、ホクロのない母の顔を想像して見ました。そして私のおかあさんだったら、ホクロがあった方がよいと思います。母のホクロを見ると、なんとなく、「おかあさん」とよんでみたくなるように……○○子ちゃんってやさしくよんでいるおかあさんのホクロ、私はいつまでも大事に大事にしたいと思います。

② 2年作文から
　「秋田犬の死」　G中　2年　○○○○
　この作文は、作品選後感では「しっかりした文です」と評されている。その直前には、「休み中の家を離れた生活を主題にした作文が多かったが、それらが申し合わせた様に『あゝして、こうして、こうして、あゝして』式の作文でした。珍しい影物に接して、自分の眼でしっかり見る何時もの態度が何処かへ行ってしまったのかもしれません。」と書かれてある。確かに、こ

の作文はその域を脱している。冒頭から全体の約半分を抜粋する。

> 　丁度二十一日の夕方だった。裏で犬の鳴き声が聞えた。それはまるで悲鳴に似た助けを求めているような声だ。すぐ行ってみると無惨にも一匹の犬がトラックに頭部をやられて舌を切り、口からも血を吐いて死んでいる。道を見ると、トラックがブレーキをかけてすべった輪の跡があった。その犬は純粋の秋田犬だ。かわいそうな事をしたものだ。それにその犬をひいたトラックはそのま、どこかに行ってしまったらしい。なぜ、「一言でも飼主にわび言をいっていかなかったのだろうか。」

　短い文で畳みかけるような文章で始まっている。オノマトペや声（外言）はないものの聴覚に訴えてくる語を多く使っている。「あ、して、こうして」式の書き方では、この衝撃的な現実を書けるものではないだろう。この残酷な事実を前に全神経を使って感じたことを、ほとばしり出た言葉で表現しているかのようだ。そのとき、畳みかけるような表現が生まれた。また視点①、②、③に合致するような表現となった。書き言葉であるが、ナレーション原稿を思わせるような文章である。

　なお、この作文は「『動物にも人間と同じように生命がある。それなのに、なぜ、その犬を殺してしまったのかだ。その大切な生命をなぜだまってとってしまったのだ。』と思いながら暗い気持ちで犬の死体のそばを離れた。」と書いて結んでいる。この表現は心の声。音声はなくとも「声」である。

③3年作文から
「さつま」　H中　3年　〇〇〇〇
　選者の「評」は、「軽快な、言葉の言いまわしがうまいユーモラスの文章。」となっている。以下、冒頭と終わりの部分の2か所を抜粋する。

六．文集『ふもと』第5巻　第3号（通巻第26号）における書き言葉と話しことばの関連を探る　231

（冒頭）
> 「いって来ました。」「かあちゃん、なにかあるかい。」「今なんにもないよ。」「腹が減っちゃったなあー。」「それじゃー、あとで、ねえちゃんに、さつまいもふかしてもらいな。」「僕むこうの家に行ってくるから、それまでにふかしてゝ。」「あゝ。」

（終わり）
> すると友人が冬に「へ」をすると、けむりがでると言ったので、火の中に油を注ぐような爆笑となった。やっと三十分もして話題が変り、ここに「へ哲学」は幕を閉じた。すると又、思い出したころ、チビが「プー」と、やったからたまらない。又ゝ大さわぎとなった。

　冒頭や終わりの部分だけでなく、選者の評のように全文軽快でユーモラスに富む文章である。なぜ、「軽快でユーモラス」なのか。また読み手にその場の様子や心情が生き生きと伝わってくるのか。臨場感すら感じられる。それは、視点①、②、③にあたる表現が数多くあるからであろう。冒頭などは会話のみの描写である。話しことばを書き言葉で写しているにすぎない。つまり、抜粋の部分は、限りなく話しことばに近い書き言葉で表現されているということになるだろう。

（5）短歌、俳句について
　短歌、俳句は、朗詠などをして味わうことが多い。話し言葉との関連性を追究することよりも、関連性があるという前提で、文集『ふもと』（通巻第26号）の短歌と俳句について、話しことばからみた特徴を記述したい。また、筆者は、他の文集『ふもと』は所持していないので、現在の中学生の文詩集との比較の中で気づいたことを記述するに留めたい。比較した文詩集は、令和2年発行の指定都市Ａ市のものである。

比較の視点としたものは「切れ字」、「体言止め」である。これらは歌や句の響きやリズム等に大きな影響をもつからである。

(注)『A市文詩集』は半世紀以上発行されている、中学校の文詩集の一般的なジャンルの他に、学習感想、学習関連（授業の成果物としての様々な作品）、創作、作文・課題作文、弁論などがある。

①短歌

	切れ字	体言止め
ふもと（通巻）第26号	7/54首	6/54首
A市文詩集	1/109首	69/109首

切れ字「や」は、「結び」以外にも使われている。「結び」には、切れ字と体言止め以外では、『ふもと』も『A市文詩集』とも、動詞、助動詞が多く、助詞、形容動詞等も使われている。文体についてであるが、『ふもと』は、ほとんど文語体で書かれてあり、『A市文詩集』は逆にほとんど口語体である。

以上のデータからは、少なくとも句末の響きやリズム等に関しては『ふもと』の方が多様になっているだろう。より多様な表現で結んでいるからだ。また「切れ字」を生かした響きやリズムも『ふもと』の方が多い。ただし、口語体の方が文語体よりも表現が容易で自由度が高いのであれば、様々な表現から生まれるリズムや響きは、『ふもと』の方が制限されるかもしれない。

ここで、『ふもと』の掲載作品の中から4首を取り上げる。

作品Aは文語体で「切れ字」も入り、伝統的な短歌らしさを感じさせる。作品Bは、口語体であるが「切れ字」で結んでいる。作品Cになると、すっかり口語体になる。そして、作品Dになると口語体であるだけでなく、その他の点でもかなり自由度が高い。昭和29年という約70年近くも前の時代であ

A	残されし嵐の後の夏菊に秋の深さがしのばれるかな	2年	○○○○
B	運動場あちらこちらで軽快なボールの音がきこえてくるかな		
		2年	○○○○
C	みんなして麦を刈ったらせいせいととうもろこしが芽を出していた		
		1年	○○○○
D	おとうさんに教わりながら鼻づらをひっぱっても牛は動こうとしない		
		1年	○○○○

（※ A・B の「かな」に傍線）

るにもかかわらず、このような自由度の高い作品が選ばれ文詩集に載っていることを、私は全く予想していなかった。指導者たちは、短歌という伝統的な世界の中にも新しい表現を認めて指導されていたのだろうか。それは、生活を見つめ自分の言葉と真実と美を追究していった指導方針の中から生まれたことなのだろうか。理由は想像の域を出ないが、それだけ様々な調べ、リズムと響きなどが生まれてくる文集になっているのではないだろうか。

②俳句

	切れ字	体言止め
ふもと（通巻）第26号	23/141首	48/141首
A市文詩集	15/122首	84/122首

「切れ字」や「体言止め」については、短歌の場合と同様に、「や」は、「結び」以外にも使われており、「切れ字」と「体言止め」以外では、『ふもと』も『A市文詩集』も、動詞、助動詞が多く、助詞、形容動詞等も使われている。2つの文詩集とも「切れ字」や「体言止め」の使用頻度が高くなっている。俳句というさらに短い表現では体言の活用度が高くなるのだろうか。句末の助動詞や助詞が落とされるのだろうか。「切れ字」や「体言止め」の

効果による調べ、リズム、響きなどが強くなるだろう。より俳句らしさが増すのかもしれない。

　文語体か口語体によるものかという点についても、短歌と同様な傾向にあるが、あまりに凝縮された表現だからだろうか、文体による２つの文集の印象の違いも弱くなっている。

　２つの文詩集の俳句について、筆者が最も違いを感じたのは内容の違いの影響である。『A市文詩集』は修学旅行での作品が極めて多い。京都や奈良の地名、歴史的建造物等の名前が入ってくると、その名前のもつリズムや響きが影響を与える。むしろそれを生かして作る。一方、『ふもと』の方は自然豊かな農村地域での日常生活を描いている。草花や虫の名前、自然現象、農作業等を表す言葉がじつに多種多様で、それらの言葉が発してくる音韻にあふれている。

３．分析からみえてきたこと

　文集『ふもと』第５巻　第３号（通巻第26号）を話しことばの視点から分析した。その結果、生徒たちの作品（表現）は、書き言葉で表現されているが話しことばと大変関連が深いということが確認できた。書き言葉と話しことばの一体化、融合ともいえる作品も多い。その理由は次の３点と考える。

①『ふもと』第５巻　第３号（通巻第26号）は、詩を中心に編集されたものであるから

　韻文、散文と二分するときに、当然詩は韻文に属する。韻は響き、音色等を意味する。そもそも詩は音韻と不可分のものである。作り手も読み手も、内言、外言を問わず音声化を意識する。書き言葉と話しことばの共存の上に作品は作られ、鑑賞される。

②音韻を大切にしている選者（指導者）の考えにリードされて編集されているから

　「2」（2）の指導文（詩をかくために）にあるように、指導者たちは徹底して音韻を大事にして作詩することを求めている。これは、詩のみならず他のジャンルにおいても共通の価値観、芸術観、制作の要諦だろう。生活の中に真実を求め、美しさを見出し、美と言葉と精神との合体、そして愛情や自由がそこに存在することを不可欠とする。そのような志向のもとに各作品は作られ、集められ、選ばれて文集が編まれていると理解する。

③生活に題材を求めて表現活動をしているから

　生活に題材を求め、よく見つめ、自分の言葉を紡ぐ、綴る。このような営み、活動からは、生き生きとして力のある話しことばが生まれてくるだろう。例えば、心から心配して叫びとなって出たことば、おかあさんの愛情にあふれたことばなども綴らずにはいられないだろう。臨場感のあるように場面の描写をしたければオノマトペは必出である。倒置法、漸層法などの表現技法も、じつは日常の言語活動で自然に使われていることも多い。さすがに「切れ字」は日常生活の会話では一般的ではないので、短歌や俳句の中のみでの使用に留まる。その点、係助詞「こそ」は、現在も日常生活の会話でも多く使われている。強調や整調の効果があるので、この語にも注視していくのもよかったのかもしれない。

　なお、今回の分析対象とはしなかったが、文集『ふもと』には、未来志向の力があるように感じた。生活に真実や美を求め、言葉を高め深め、自由を大切にした姿勢と努力は、生活者を生かし、生活者に力をつけていくことに直結する。それは生活者が新しいものを追究していくことにもつながる。さらに多様性を認め他者を大切にすることと軌を一にすることにもなるのではないか。

視覚障がい者の方々が、音韻、音声言語に対して鋭い豊かな感覚があると推察する。生活、真実、音韻、美しさ、自由というキーワードを挙げたときに、この文集の編集方針の延長線上にインクルーシブな展開がある可能性も感じた。
　以上、みえてきたことを上記のようにまとめ、結びとしたい。

参考文献
高橋俊三『群読の授業―子どもたちと教室を活性化させる―』明治図書　1990年

七．Ｔ先生から学んだ綴り方実践

　　　　　　　　　　　　　　　　　　　　　　　　　柳田　良雄

１．Ｔ先生との出会いと当時の学校

　私は1981（昭和56）年に、千葉県松戸市の小学校の教員として現場にたった。松戸市の新京成電鉄沿線にある、１学年３学級規模の小学校である。５年生の担任になった。

　この学校は組合に所属する先生が多数いて、独特の雰囲気を醸し出していた。職員会議は、毎回紛糾し怒号が飛び交うことも少なくなかった。朝の職員打合せでももめ、一時間目に食い込むこともたくさんあった。日の丸・君が代については、連日夜遅くまでの論議になった。

　印象に残っているのは全校朝会である。６年生の担任だったか、年配の男の先生が壇上にあがるなり、ブォー！と口から火を噴いたのである。大道芸人がやるようなパフォーマンスである。子どもたちは大喜びであった。全校朝会とは教務主任が進行を務め、校長先生のお話、生徒指導主任のお話、校歌斉唱といったところが一般的であろう。しかしここでは企画や進行等すべてを先生方が行っていた。朝会の企画・進行に限らず、人事も含め全てを職員で論議・決定していこうとしていた。そのため当然ながら、管理職ともめる。もめる様子や火を噴くのもありといった全校朝会などを見ていて、学校というところは楽しいところだなとつくづく感じていた。

　たくさんの個性的な先生がいたなかで、私の恩師ともいえるＴ先生との出会いは５月の中旬頃だっただろうか。放課後の職員室で声をかけられた。

「柳田さん、学級の様子はどうだい？」
「あ、はい。なんかいい調子です。休み時間なんか、みんな僕のところへ寄ってきて、なんだかんだ話していきますよ。」

と答え、「ちょろいもんです」だか「楽勝です」だか、お気楽な言葉を付け加えたような記憶がある。するとT先生は

「思い上がらない方がいいよ。あなたのまわりに『みんな寄ってくる』といったが、そうでない子が必ずいる。教師はそういう子に目を向けなくてはだめだ。」

といったことを話してくれた。

　翌日の休み時間、いつものごとく私の机のまわりに多数の子が集ってきた。いつもなら談笑して時を過ごすのだが、T先生の助言通りに教室中を見まわしてみた。すると、一人の女の子が後ろのロッカーの前を行ったり来たりしているではないか。おとなしいY子さんである。私は集う子どもたちに外で遊ぶように指示し、Y子さんを呼んだ。

　「先生とお話をしよう。Y子さんは〜？」

　私の質問に、Y子さんはかぼそいながらもうれしそうな声で応答した。

　この「事件」は私を打ちのめした。T先生の言うように、私はなんと思い上がった人間だろう、教師とはなんと恐ろしい職業だと感じた。

　後日、他の先生から

「あなたはこのままでは教師として成長しないよ。あなたはゲームをやったりギターを弾いたりと子どもを引き付ける術はもっているようだが、小手先の指導はいずれボロが出る。子どもはそんなに甘くない。学級づくりや授業づくりをしっかり学んだ方がいい。」

とのアドバイスも受けた。

　若い頃にこのような厳しい言葉をいただいた私は幸せ者だ。このような先輩に囲まれながら、授業づくり、学級づくりをすすめていった。が、思い通りにことがすすまず、悶々とした日々を繰り返していた。

2．作文で学級づくりを

　「子どもたちが何だかバラバラで、一つの学級というイメージがもてませ

ん。どうしたらいいですか？」

　一学期の後半頃だっただろうか、私はＴ先生に相談を持ち掛けた。するとＴ先生は、作文による学級づくりを教えてくれた。

　「まずは生活ノートから始めてみてはどうか。」
とのこと。

　生活ノートとは先生と子どもたちが一冊のノートを通じて語り合う双方向のノートによる「交流」である。日記とか通信ノートなどと名付けて実践している方も多いだろう。そういえばこの学校の多くの先生方は、放課後になると積み上げられたノートに赤ペンを入れていた。どの先生方も楽しそうで、談笑しながらの作業であった。この積み上げられたノートが生活ノートだった。

　生活ノートのねらいは２つである。１つは「教師と子どもの関係づくり」であり、もう１つは「子どもたちに自分自身や自分の生活を見つめさせ、真実を見る目を養う」ことである。

　１つ目のねらいはわかるが、２つ目はどういうことか。何をどのように書かせればよいかを問うと「家族との関わりというテーマで失敗談を書かせるとよい」との返答をもらった。特に両親に叱られた場面などを綴らせ、それを学級の皆の前で読む。そのような叱られごとは、子どもであればだれでも経験している。「ぼくと同じだ」「わかる、わかる、その気持ち」となる。ここに共感が生まれる。こうすることで、困ったことや嫌なことなどを自由に言える学級になり、これが学級のまとまりになるという。

　私は早速実践してみた。赤ペンを入れる作業は辛さもあったが、次第に慣れてきて、さらに子どもたちの様子や意外な面がたくさん見えてきて楽しくなってきた。

　「親の仕事のことを書かせるのもよい」
とのアドバイスをもらい、行ってみた。子どもたちには

　「いいかい、いつも言っているように、見たまま感じたままをその通りに

詳しく書くのだよ。」
と繰り返した。

3．作品をどうとらえるか

　T先生は「日本作文の会」に学ぶ先生であった。私も誘われて学習会に何度か足を運んだ。ある学習会で、子どもの作文にどんな赤ペンを入れるかというワークショップ形式の学びがあった。一つの子どもの作文が示された。時系列に従って書かれた作文である。文の始めを「そして」の接続詞でつなげている。私は「『そして』が多すぎます。これでは読みにくいので、『そして』をなるべく使わないようにしましょう」と赤ペンを入れた。これに対し「表現方法、文法に関することは、まずは取り上げなくてよい。内容に目を向けよ」との助言をもらった。現実をリアルに克明に綴ること、これが最も重要であると教わった。

　「リアルに克明に」との文言を、前述のように「見たまま感じたままをその通りに詳しく」と置き換えて子どもたちに繰り返し伝えたが、壁にぶつかることがあった。「親の仕事」について書かせたときである。ある女の子が「お父さんはラーメン屋さんです。お母さんといっしょに夜遅くまで働いています。」といった内容の作文を書いてきた。優れた作文であると大いに評価したのだが、何とこの内容には全くのウソが含まれていたことが後日わかった。この子の両親はすでに別居しており、母親は別の住まいにいたのだった。この子は気持ちの優しい穏やかな女の子である。様々な思いを胸にして、苦しみながら「創作」したのであろう。

　このウソ作文をどうとらえればよいのか。私の問いに、T先生は生活綴り方の実践、作文の書かせ方、作文と生活といった話で答えてくれた。以下、教わった内容である。

　「生活綴り方の重荷をおろす」という言葉がある。生活綴り方を実践している教師のなかで、綴らせることへのストレスを感じる教師が多く現れた。

生活綴り方は生活をまるごと見つめていくため、学校の勉強でいえば教科枠を超えた実践になる。算数でも理科でも生活綴り方に結び付くような場面を創り出さねばならないという負担からくるストレスである。そこで、生活綴り方を作文の勉強として切り離した方がよいとの考えが出されてきたとのこと。T先生もその考えに賛成であると述べていた。

　なかなか書けない子がいる。題材が見つからない場合であれば、一番よい方法は子どもの作品を読んであげることだ。T先生は授業のちょっとした時間に、2，3人の作品を読んで聞かせている。友達の作文内容を聞いて「なんだ、そんなことを書けばいいのか」と思う子が多くいるとのことであった。

　それでもほぼ白紙に近い状態で提出する子もいる。その子には白紙のノートに赤ペンで言葉を書いてあげるそうだ。もどされたノートをほぼ全員の子が食い入るように読む。白紙で提出した子も例外ではない。白紙への教師の赤ペンは大きな励みになると述べていた。

4．生活＝遊び

　最後に生活綴り方の「生活」について。生活綴り方実践が始められたころは、例えば自分の貧しい境遇などをつぶさに見つめて記録することで、よりよい社会への変革を意識させるとの視点もあったと思われる。しかし私（T先生）は「子どもの生活＝遊び」と考えている。したがって、子どもたちのなかに遊びを創りあげることが大事だ。生活＝遊びが充実すれば、書く内容も充実してくる。そこに教師も入り込めばさらによい。ところで現実をリアルにウソなく書かせるには、子どもが読み手である教師を信頼していることが大前提だ。ウソがあるとは、様々な理由があるだろうが教師との信頼関係がまだ希薄だという理由も大きい。ではどうすれば信頼関係を築き上げられるか。一番は子どもの生活そのものである遊びをともに行うことだ。

　私はT先生や日本作文の会の方々からたくさんの指導を受けたが、そのなかで最も腑に落ちて理解したのは、この遊びについてであった。初任者研修

が「ガリ版の使い方」だった当時、学校や地域は自由であった。T先生は職員会議をさぼって子どもたちと近くの公園で遊んでいることもあった。K先生の学級には「たばこ係」の子がいて、教師の吸ったたばこの吸い殻を始末していた。休日には子どもたちを連れ出し、ざりがに釣りに出かけたり、子どもたち同士のお泊り会を企画したり、焼肉パーティーで盛り上がったりと、今では考えられない取り組みや遊びができた。

　難しいことはダメだが、遊びであればT先生にも負けないとばかり、私も子どもたちとたくさん遊びまくった。すると本当に生き生きとした作文が多く出されるようになった。

　このあとも数年、書かせることを続けた。生活綴り方から始まった「作文の指導」は子どもの生活をまるごととらえた実践だとの意味が次第に実感できるようになってきた。

第四章　書誌一覧

244　第四章　書誌一覧

一．地域文集

No.	通し番号	箱番号	地域	誌名	発行者
1	183	12の5	東京都杉並区	紫峯　第1巻第2号	杉並区立杉並第七小学校第16回生同期会
2	225	15の2	東京都杉並区	どんぐり　1号	杉並区立杉並第六小学校第19回卒業生同期会
3	537	10の24	東京都杉並区	作文教育　第1集1・2年の作文	杉並区教育研究会国語部
4	538	10の25	東京都杉並区	作文教育　第2集3・4年の作文	杉並区教育研究会国語部
5	88	6の6	東京都杉並区	すぎの実　2号	杉並区役所職員文化会機関誌
6	144	10の2	東京都世田谷区	さくぶんの本	世田谷区教育研究会国語部
7	291	19の12	東京都世田谷区	さくぶん　2年生	世田谷区教育委員会
8	292	19の13	東京都世田谷区	さくぶん　4年生　区内児童作文集　5号	世田谷区教育委員会
9	165	10の23	東京都世田谷区	さくぶん　指導の手引	世田谷区教育研究会国語部
10	68	5の6	東京都世田谷区	さくぶん	世田谷区教育研究会国語部
11	56	4の7	東京都世田谷区	さくぶん	世田谷区教育研究会国語部
12	164	10の22	東京都世田谷区	さくぶん　4年	世田谷区教育研究会国語部
13	158	10の16	東京都世田谷区	さくぶん　1年	世田谷区教育研究会国語部
14	159	10の17	東京都世田谷区	さくぶん　2年	世田谷区教育研究会国語部

一. 地域文集　245

学年	発行年月	種類	判型　頁	備考
卒業生	1949	地域文集	B5、42P	エッセイ、詩、和歌、俳句、創作、短歌、編集後記
卒業生	1949	地域文集	A5、26P	生活文
小学1～2年	1951	地域文集	B5、115P	指導の理念、日記文、手紙文・通信文の指導、絵話の指導、対話描写の指導、指導事例、編集後記
3～4年	1952	地域文集	B5、116P	作文指導の理念、生活文、対話文、脚本、日記、紙芝居、童話、詩の指導、実例、編集後記
職員	1956.11	地域文集	B5、104P	詩、小説、戯曲、短歌、川柳、小話、随筆、編集後記
小学1～3年	1951	地域文集	B5、56P	生活文、劇、詩、評語、編集後記
小学2年	1954	地域文集	A5、64P	世田谷区児童作品集、生活文、詩、日記、手紙、創作、あとがき
4年	1954	地域文集	A5、65P	世田谷区児童作品集、生活文、劇の台本、童話、詩、日記、読書記録、観察記録、研究記録、あとがき
1～6年	1955	地域文集	B6、33P	批評、指導の一例、編集雑感
1～6年	1957.9	地域文集	A5、96P	詩、手紙、作文、意見文、文の書き方、読書感想文、推敲
1～6年	1958.1	地域文集	A5、96P	なぞなぞ、生活文、おはなし、詩、評語、日記、遠足文、感想文、意見文、思い出、文集のねうち、書き方
4年	1958	地域文集	B6、15P	日記、意見文、生活文、詩
小学1年	1959.6	地域文集	B6、15P	なんでもちょう、おはなしつくり、詩、絵日記、生活文、手紙
小学2年	1959	地域文集	B6、15P	日記のあやまり、お手紙、なぞなぞつくり、先生への手紙、生活文

246　第四章　書誌一覧

No.	通し番号	箱番号	地域	誌名	発行者
15	160	10の18	東京都世田谷区	さくぶん　3年	世田谷区教育研究会国語部
16	161	10の19	東京都世田谷区	さくぶん　4年	世田谷区教育研究会国語部
17	162	10の20	東京都世田谷区	さくぶん　5年	世田谷区教育研究会国語部
18	163	10の21	東京都世田谷区	さくぶん　6年	世田谷区教育研究会国語部
19	130	9の3	東京都江東区	わかば　3号	江東区教育研究会国語部
20	134	9の7	東京都江東区	わかば　3号	江東区教育研究会国語部
21	333	22の5	東京都江東区	潮風　第26号	潮風社
22	119	8の10	東京都足立区	あだち	足立区立小学校国語研究部
23	120	8の11	東京都足立区	あだち　2号	足立区立中学校国語研究会
24	245	16の7	東京都足立区	あだち	足立区立小学校国語研究部
25	51	4の2	東京都台東区	かもめ　2号	浅草教育会国語研究部
26	41	3の9	東京都台東区	かもめ　3号	浅草教育会国語研究部
27	77	5の15	東京都葛飾区	文集　かつしか　7号	葛飾区教育研究会国語研究部
28	133	9の6	東京都葛飾区	文集　かつしか　7号	葛飾区教育研究会国語研究部
29	74	5の12　①〜②	東京都葛飾区	文集　かつしか　7号	葛飾区立小学校教育研究会
30	198	13の1	東京都練馬区	練馬の子ら　5号	練馬区教育会国語研究部
31	145	10の3	東京都練馬区	ねりまの子ら	練馬区教育会国語研究部
32	179	12の1	東京都練馬区	練馬の子ら	練馬区教育会国語研究部
33	205	13の8	東京都荒川区	文集　あらかわ　1号	荒川区教職員組合教育研究会国語研究部

学年	発行年月	種類	判型　頁	備考
小学3年	1959	地域文集	B6、13P	詩、先生の評語、えんぴつ対談、作文、研究日記、ことばあつめ、感想文
4年	1959	地域文集	B6、15P	生活文、詩、先生の評語、日記
5年	1959	地域文集	B6、15P	作文のたねぶくろ、生活文、作文の書き方、おしゃべり教室、日記
6年	1959	地域文集	B6、15P	えんぴつ対談、研究作文、詩、生活文
小学1～2年	1951	地域文集	B5、62P	生活文、日記、手紙、詩、あとがき、文の書き方
3～4年	1951	地域文集	B5、71P	生活文、手紙、日記、読書感想、観察、見学、記録、あとがき、文の書き方
成人	1951	地域文集	B5、34P	俳句、短歌、詩、意見文、編集後記
1～3年	1955	地域文集	B5、65P	生活文、詩、短文、あとがき
1～3年	1955	地域文集	B5、130P	詩、作文、短歌、読書感想文、編集後記
4～6年	1956	地域文集	A5、68P	生活文、日記、読書感想文、和歌、あとがき
3～4年	1953.12	地域文集	A5、39P	生活文、詩、文話、感想文、あとがき
小学1～3年	1954	地域文集	B6、64P	作文、生活文、詩、日記、評語、あとがき
5～6年	1957	地域文集	A5、81P	生活文、感想文、日記、記録文、詩、えんぴつ対談、いい文について、あとがき
1～2年	1958	地域文集	B5、80P	絵話、日記、生活文、おはなし、手紙、評語、あとがき
3～4年	1958.1	地域文集	A5、92P	生活文、生活日記、詩、映画をみて、童話、観察文、見学、旅行や遠足、あとがき
1～6年	1957	地域文集	B5、72P	生活文、紀行文、詩、短歌、俳句、日記、感想文、参考作品、参考文、共同研究、評語、編集後記
小学2年	1961	地域文集	B5、80P	詩、作文教室、生活文、感想文、あとがき、全国文集コンクール入選
4年	1961	地域文集	B5、80P	生活文、研究記録、読書感想、手紙、詩、あとがき
4～6年	1950	地域文集	B5、61P	生活文、短歌、俳句、詩

No.	通し番号	箱番号	地域	誌名	発行者
34	52	4の3	東京都荒川区	あらかわ　3号	荒川区教育研究会
35	281	19の2	東京都荒川区	あらかわ　6号	荒川区教育研究会
36	223	14の10 ①〜②	東京都墨田区	太陽　5号	墨田区立向島教育研究会国語部
37	257	17の4	東京都墨田区	おひさま　第5号	墨田区立向島教育研究会国語部
38	256	17の3	東京都墨田区	すみだ　2号	墨田区小学校教育研究会国語部
39	324	21の11	東京都南多摩郡	どんぐり　2号	南多摩教育研究会
40	279	19の1	東京都南多摩郡	南多摩子ども文集 どんぐり　4号	南多摩教育研究会
41	328	21の15	東京都豊島区	豊島区児童文集　創刊号	豊島区小学校教育研究会
42	117	8の8	東京都豊島区	豊島区児童文集　創刊号	豊島区小学校教育研究会
43	230	15の7	東京都豊島区	豊島区児童文集　第2号	豊島区立小学校教育研究会
44	244	16の6	東京都豊島区	豊島区児童文集　第2号	豊島区立小学校教育研究会
45	146	10の4	東京都	東京の子ども	東京都教職員組合教育研究会
46	272	18の8	東京都	第一回作文コンクール入選候補作品集	東京教育研究所
47	258	17の5	東京都中央区	白い雲　3号	中央区小学校国語研究部
48	327	21の14	東京都中央区	青空　6号	中央区児童詩文集
49	242	16の4	東京都江戸川区	あ志ぶえ　高学年　1号	江戸川区小学校国語研究部
50	111	8の2	東京都北区	あゆみ　創刊号	北区教育会国語研究部
51	523	22の10	東京都千代田区	作文　上級用　第9号	作文の会

一. 地域文集　　249

学年	発行年月	種類	判型　頁	備考
4～6年	1952.2	地域文集	A5、69P	生活文、旅行・遠足、創作童話、日記、私の意見、私の研究、俳句、詩、あとがき
3～4年	1955	地域文集	A5、80P	生活文、文話、作品発表、日記、手紙、脚本、俳句、あとがき
1～6年	1954	地域文集	A5、56P	詩、日記、物語脚本、手紙文、報告記録、感想文、生活文、あとがき
1～6年	1954	地域文集	A5、47P	生活文、手紙、物語、日記、詩、子どもの絵、写真、絵日記（直筆）、あとがき
4～6年	1955	地域文集	A5、85P	詩、紀行、脚本、童話、記録、手紙、読書感想、編集後記
4～6年	1957	地域文集	B5、84P	生活文、見学文、感想文、日記観察、意見文、高学年の作文指導、あとがき、編集後記
1～6年	1958	地域文集	A5、112P	生活文、詩、意見文、紀行文、作文教室、父母と先生方に、編集後記
3～4年	1950	地域文集	A5、72P	生活文、日記、詩、編集後記
5～6年	不明	地域文集	A5、76P	詩、生活文、日記、劇、あとがき
3～4年	1952	地域文集	A5、63P	生活文、日記、手紙、学級新聞、見学記録、詩、あとがき
5～6年	1952	地域文集	A5、64P	詩、生活文、俳句、あとがき、日記文
小学 1～3年	1954	地域文集	B5、63P	作文の書き方、まえがき、生活文、詩、評語、指導のことば、絵、あとがき
1～6年	不明	地域文集	B5、398P	作文
3年	1952	地域文集	A5、40P	生活文、日記、手紙、歌、擬人文、観察記録、あとがき
6年	1952	地域文集	A5、40P	生活文、詩、短歌、俳句、手紙文、観察記録、感想文、意見文、あとがき
4～6年	1950	地域文集	A5、56P	生活文、評語、あとがき
小学 1～2年	1952	地域文集	B5、61P	生活文、日記、短作文、あとがき
教師・成人	1957	地域文集	A5、40P	生活文、みんなで劇をつくろう、詩、吉田瑞穂のことば、作文あそび、評語、編集の窓、みなさんからのおたより

No.	通し番号	箱番号	地域	誌名	発行者
52	94	6の12	東京都日野郡	山の旗　日野郡児童生徒文集	日野教協教育部
53	502	34の2	埼玉県秩父郡	秩父嶺　小学5年　第2号	秩父郡市教育協会国語研究部
54	503	34の3	埼玉県秩父郡	秩父嶺　小学6年　第2号	秩父郡市教育協会国語研究部
55	373	24の20	埼玉県秩父郡	索道　第11号	秩父索道の会
56	518	34の18	埼玉県秩父郡	ちちぶね　1年	埼玉県秩父市埼玉県文集秩父地区編集会
57	435	29の11	埼玉県秩父郡市	ちちぶね	埼玉県秩父市埼玉県文集秩父地区編集会
58	519	34の19	埼玉県秩父郡	ちちぶね　6年	埼玉県秩父市埼玉県文集秩父地区編集会
59	520	34の20	埼玉県秩父郡	秩父嶺　中学2年	埼玉県秩父市埼玉県文集秩父地区編集会
60	409	27の9	埼玉県秩父郡市	秩父嶺　11号	埼玉県秩父市埼玉県文集秩父地区編集会
61	486	33の10	埼玉県	こだま　小学1・2年　創刊号	埼玉県文集兒玉地区編集会
62	487	33の11	埼玉県	こだま　小学3年　創刊号	埼玉県文集兒玉地区編集会
63	488	33の12	埼玉県	こだま　小学3年　第2号	埼玉県文集兒玉地区編集会
64	489	33の13	埼玉県	こだま　小学4年　創刊号	埼玉県文集兒玉地区編集会
65	490	33の14	埼玉県	こだま　小学4年　第2号	埼玉県文集兒玉地区編集会
66	491	33の15	埼玉県	こだま　小学5年　創刊号	埼玉県文集兒玉地区編集会
67	492	33の16	埼玉県	こだま　小学6年　創刊号	埼玉県文集兒玉地区編集会
68	493	33の17　①〜②	埼玉県	こだま　小学6年　第2号	埼玉県文集兒玉地区編集会

一．地域文集　251

学年	発行年月	種類	判型　頁	備考
1～6年	不明	地域文集	B5、233P	複数の小学校の文集？
5年	1950	地域文集	A5、40P	生活文、指導のことば、短歌、観察日記、俳句、あとがき
6年	1950	地域文集	A5、40P	シナリオ、劇、童話、調査・研究、生活文、俳句、短歌、詩、みなさんへ
教師	1956	地域文集	B5、46P	教師の意見、随筆、アンケート、座談会
小学1年	1958	地域文集	A5、48P	手紙、おはなし、日記、生活文、詩、勉強のめあて、指導者・父兄の方々へ
小学3年	1958	地域文集	A5、48P	生活文、詩、日記、童話、あとがき
6年	1958	地域文集	A5、48P	詩、生活文、旅行記、読書感想文、研究記録、手紙、俳句、あとがき
2年	1958	地域文集	A5、51P	生活文、評語、詩、俳句、短歌、地域研究　評語あり、童話、創作　評語あり、読書感想文　評語あり、日記　評語あり、あとがき
中学3年	1958	地域文集	A5、48P	生活文、詩、日記、俳句、創作、感想文、あとがき
1～2年	1950	地域文集	A5、38P	詩、生活文、絵日記、手紙文、書き方あり、あとがき
3年	1950	地域文集	A5、25P	生活文、絵日記、手紙、詩、書き方あり、編集あとがき
3年	1950	地域文集	A5、32P	詩、生活文、手紙文、日記、書き方あり、あとがきに代えて
4年	1950	地域文集	A5、21P	研究記録文、生活文、手紙文、日記、詩、書き方あり、あとがき
4年	1950	地域文集	A5、29P	生活文、日記、手紙、詩、書き方あり、あとがきに代えて
5年	1950	地域文集	A5、23P	生活文、俳句、手紙、日記、詩、書き方あり、あとがき
6年	1950	地域文集	A5、25P	生活文、研究記録、俳句、詩、書き方あり、手紙文、編集あとがき
6年	1950	地域文集	A5、33P	研究記録、脚本、生活文、日記文、手紙文、詩、書き方あり、あとがき

252　第四章　書誌一覧

No.	通し番号	箱番号	地域	誌名	発行者
69	500	33の2	埼玉県	こだま　小学5年	埼玉県文集児玉地区編集会
70	336	23の1	埼玉県	こだま　小学一年	埼玉県教育委員会事務局指導部内埼玉県文集編集会
71	348	23の13	埼玉県	こだま　小学6年	埼玉県教育委員会事務局指導部内埼玉県文集編集会
72	494	33の18	埼玉県	谺KODAMA　中学1年創刊号	埼玉県教育委員会事務局指導部内埼玉県文集編集会
73	495	33の19	埼玉県	谺KODAMA　中学1年第2号	埼玉県教育委員会事務局指導部内埼玉県文集編集会
74	496	33の20	埼玉県	谺KODAMA　中学2年創刊号	埼玉県教育委員会事務局指導部内埼玉県文集編集会
75	497	33の21	埼玉県	谺KODAMA　中学2年第2号	埼玉県教育委員会事務局指導部内埼玉県文集編集会
76	498	33の22 ①〜②	埼玉県	谺KODAMA　中学3年創刊号	埼玉県教育委員会事務局指導部内埼玉県文集編集会
77	499	33の23	埼玉県	谺KODAMA　中学3年第2号	埼玉県教育委員会事務局指導部内埼玉県文集編集会
78	453	30の14	埼玉県	めばえ　第1号	北足立地区編集会
79	411	27の11	埼玉県	めばえ　第1号	文集北足立地区編集会
80	433	29の9	埼玉県	めばえ　第9号	北足立地区編集会
81	515	34の15	埼玉県	めばえ　小学1年　第9号	埼玉県国語研究会北足立地区
82	504	34の4	埼玉県	みどり野　小学3年創刊号	埼玉県教育委員会事務局指導部北足立地区（三市）
83	339	23の4	埼玉県	みどり野　創刊号	埼玉県教育委員会事務局指導部　埼玉県文集編集会
84	344	23の9	埼玉県	みどり野　創刊号	埼玉県教育委員会事務局指導部　埼玉県北足立（三市）地区文集編集会
85	505	34の5	埼玉県	みどり野　小学6年創刊号	埼玉県国語教育研究会北足立地区（三市）

一．地域文集

学年	発行年月	種類	判型　頁	備考
5年	1951	地域文集	A5、31P	生活文、日記、手紙、研究記録、俳句、指導の手引、あとがき
1年	1950	地域文集	A5、33P	生活文、詩、絵日記、あとがき
6年	1951	地域文集	A5、32P	生活文、詩、俳句、日記、指導の手引、あとがき
1年	1950	地域文集	A5、27P	生活文、研究記録、日記文、手紙文、俳句、書き方あり、あとがき
1年	1950	地域文集	A5、33P	日記文、観察記録、感想批評文、生活文、手紙文、短歌、書き方あり、あとがき
2年	1950	地域文集	A5、27P	生活文、日記、感想文、詩、短歌、俳句、記録文、書き方あり、あとがき
2年	1950	地域文集	A5、33P	生活文、日記、俳句、短歌、詩、手紙文、感想文、書き方あり、あとがき
3年	1950	地域文集	A5、34P	生活文、記録文、読書感想文、批評文、脚本、手紙文、日記文、詩、書き方あり、あとがき
3年	1950	地域文集	A5、38P	読書感想、批評文、報告記録文、脚本、手紙、生活文、詩、短歌、俳句、書き方あり、あとがき
小学1年	1950	地域文集	A5、40P	絵日記全てカラー（7P）、はじめのことば、生活文、あとがき
小学2年	1950	地域文集	A5、64P	生活文、作品をみて
小学2年	1957	地域文集	A5、64P	詩、生活文、絵日記、あとがき
1年	1957	地域文集	A5、64P	絵日記、生活文、あとがき
3年	1950	地域文集	A5、64P	生活文、詩、編集を終えて
4年	1950	地域文集	A5、64P	冒頭ページ欠如、生活文、詩、紀行文、あとがき
5年	1950	地域文集	A5、65P	生活文、日記、詩、理科研究発表記録、放送局見学、編集を終えて
6年	1950	地域文集	A5、64P	生活文、詩、俳句、短歌、編集のあと

No.	通し番号	箱番号	地域	誌名	発行者
86	508	34の8	埼玉県	緑野　中学2年　創刊号	埼玉県国語教育研究会北足立地区（三市）
87	509	34の9	埼玉県	緑野　中学3年　創刊号	埼玉県国語教育研究会北足立地区（三市）
88	434	29の10	埼玉県	みどり野　第9号	北足立地区編集会
89	506	34の6	埼玉県	みどり野　小学4年　第9号	埼玉県国語研究会北足立地区
90	507	34の7	埼玉県	緑野　中学1年　第9号	埼玉県国語研究会北足立地区
91	517	34の17	埼玉県	緑野　中学2年　第9号	埼玉県国語研究会北足立地区
92	436	29の12	埼玉県	緑野　第9号	北足立地区編集会
93	511	34の11	埼玉県	さいたま　小学2年	埼玉県文集編集委員会
94	512	34の12	埼玉県	さいたま　小学3年	埼玉県文集編集委員会
95	513	34の13	埼玉県	埼玉　小学4年	埼玉県文集編集委員会
96	514	34の14	埼玉県	埼玉　小学5年	埼玉県文集編集委員会
97	510	34の10	埼玉県	埼玉　中学1年	埼玉県文集編集委員会
98	338	23の3	埼玉県兒玉郡	反響　第3号	こだま文学会
99	371	24の18	埼玉県入間市	いるまの　第6号	埼玉県国語研究会
100	516	34の16	埼玉県兒玉町	あぜくわ　第2号	あぜくわの会（兒玉作文の会）
101	341	23の6	神奈川県横浜市	文集よこはま　3・4合併号　低学年	横浜市小学校国語教育研究会
102	430	29の6	神奈川県横浜市	文集よこはま　5号　高学年用	横浜市小学校国語教育研究会

学年	発行年月	種類	判型 頁	備考
2年	1957	地域文集	A5、64P	生活文、詩、短歌、編集後記
3年	1957	地域文集	A5、67P	生活文、意見文、短歌、詩、俳句、編集後記
小学3年	1957	地域文集	A5、64P	まえがき、詩、生活文、日記、観察記録、あとがき
4年	1957	地域文集	A5、64P	あいさつ、まえがき、日記、意見文、読書感想文、生活文、詩、あとがき
1年	1957	地域文集	A5、64P	あいさつ、まえがき、生活文、旅行記、俳句、日記、手紙、読書感想文、観察記録、詩、編集後記
2年	1957	地域文集	A5、64P	俳句、旅行記、脚本、日記、生活記録、読書感想、詩、あとがき
中学3年	1957	地域文集	A5、64P	短歌、創作、意見文、詩、読書感想文、映画鑑賞文、研究、日記、旅行記、随筆、俳句、編集後記
2年	1952	地域文集	A5、64P	日記、生活文、手紙文、学習の手引
3年	1952	地域文集	A5、64P	詩、生活文、日記、手紙、学習の手引
4年	1952	地域文集	A5、61P	詩、生活文、日記、読書感想文、研究記録、物語脚本、学習の手引
5年	1952	地域文集	A5、64P	詩、手紙、日記、記録、新聞、生活文、物語、感想文、短歌、俳句、学習の手引
1年	1952	地域文集	A5、64P	生活文、手紙、討論について、生活日誌、読書感想文、学習の手引、学習の着眼点、あとがき
成人	1951	地域文集	A5、58P	同人誌、創作、短歌、詩、随筆、小説、編集室
小学2年	1954	地域文集	B5、32P	詩、生活文、日記、紙芝居、手紙、おうちのかたへ、二年のみなさんへ
1～6年	1958	地域文集	B6、140P	詩、巻頭言、選後感
1～3年	1956	地域文集	A5、168P	指導教員の名前あり、詩、はしがき、生活文、手紙、日記、感想文、おはなし、あとがき
5～6年	1958	地域文集	A5、161P	詩、生活文、日記、感想文、研究記録、意見文

256　第四章　書誌一覧

No.	通し番号	箱番号	地域	誌名	発行者
103	465	32の1	神奈川県横浜市	文集よこはま　中学年用	横浜市小学校国語教育研究会
104	350	23の15	神奈川県横浜市	文集よこはま　高学年用　第6号	横浜市小学校国語教育研究会
105	466	32の2	神奈川県横浜市	文集よこはま　高学年	横浜市小学校国語教育研究会
106	445	30の6 ①〜②	神奈川県横浜市	とつか　戸塚小学校　第2号　（小1、2年）	横浜市立戸塚区小学校教育研究会国語研究部
107	468	32の4	神奈川県横浜市	とつか　第2号　中学年	横浜市戸塚区小学校教育研究会
108	402	27の2	神奈川県横浜市	とつか　第2号	横浜市戸塚区小学校教育研究会
109	457	31の4	神奈川県横浜市	とつか　第3号	横浜市戸塚区小学校教育研究会
110	427	29の3	神奈川県横浜市	とつか　第3号	横浜市戸塚区小学校教育研究会
111	361	24の9	神奈川県横浜市	つるみ　中学年　第8号	横浜市鶴見区小学校
112	467	32の3	神奈川県横浜市	つるみ　高学年　第8号	横浜鶴見区小学校教育研究会国語部・図書館部
113	447	30の8	神奈川県横浜市	童謡詩　ありんど	ありんどの会
114	469	32の5	神奈川県藤沢市	わかふじ　第5号　1・2・3年	藤沢市教育研究会国語部
115	470	32の6	神奈川県藤沢市	わかふじ　第5号　4・5・6年	藤沢市教育研究会国語部
116	428	29の4	神奈川県藤沢市	わかふじ　第6号	藤沢市教育研究会国語部　藤沢市教育委員会
117	353	24の1	神奈川県藤沢市	わかふじ　第6号	藤沢市教育研究会国語部　藤沢市教育委員会

一. 地域文集　257

学年	発行年月	種類	判型　頁	備考
3〜4年	1958	地域文集	A5、180P	はしがき、生活文、評語、観察日記、読書感想文、あとがき
3〜4年	1959	地域文集	B5、147P	詩、生活文、日記、記録、手紙、感想文、おはなし、あとがき
5〜6年	1959	地域文集	A5、143P	はしがき、生活文、評語、日記、読書感想文、意見文、観察記録（写真あり）、校内児童発表研究会　方言の研究、あとがき
1〜2年	1953	地域文集	B5、172P	全12校、生活文、手紙
3〜4年	1953	地域文集	B5、162P	生活文、日記、詩
5〜6年	1953	地域文集	B5、158P	生活文、日記、感想文、新聞
1〜2年	1954	地域文集	B5より少し小さい、178P	生活文、詩、手紙、日記、あとがき
5〜6年	1954	地域文集	B5、178P	詩、生活文、日記、よびかけ
3〜4年	1960	地域文集	B5、99P	生活文、日記文、詩、通信文、記録文、読書感想文、観察記録文、あとがき
5〜6年	1960	地域文集	A5、96P	紀行文、紀行文について、詩、詩の話について、生活文、生活文について、日記文、日記文について、通信文、通信文について、読書感想文、読書感想文について、観察記録文、観察記録文について、あとがき
成人	1954	地域文集	B6、24P	児童作品（小学5年）、童話
小学1〜3年	1955	地域文集	A5、128P	教育長のあいさつ、生活文、詩、あとがき
4〜6年	1955	地域文集	A5、128P	教育長のあいさつ、読書感想文、生活文、社会科見学、詩、あとがき
小学1〜2年	1956	地域文集	A5、112P	生活文、詩、あとがき、みなさんの詩をよんで
3〜4年	1956	地域文集	B5、104P	生活文、詩、感想文、あとがき

258　第四章　書誌一覧

No.	通し番号	箱番号	地域	誌名	発行者
118	429	29の5	神奈川県藤沢市	わかふじ　第6号	藤沢市教育研究会国語部　藤沢市教育委員会
119	369	24の16 ①〜②	神奈川県相模原市	さがみはら　第9号	相模原市立小学校教育研究会国語部
120	375	25の1 ①〜②	神奈川県相模原市	さがみはら　第9集	相模原市立小学校教育研究会国語部
121	403	27の3	神奈川県相模原市	さがみはら　第9集	相模原市立小学校教育研究会国語部
122	370	24の17	神奈川県相模原市	さがみはら　第10号	相模原市立小学校教育研究会国語部
123	376	25の2	神奈川県相模原市	さがみはら　第10集	相模原市立小学校教育研究会国語部
124	377	25の3 ①〜②	神奈川県相模原市	さがみはら　第10集	相模原市立小学校教育研究会国語部
125	384	25の10	神奈川県平塚市	ひらつか　第1号	平塚市小学校教育会国語部
126	455	31の2	神奈川県平塚市	ひらつか　第3号	平塚市小学校教育会国語部
127	501	34の1	千葉県	作文　ちば　7月号	作文ちばの会
128	459	31の6	千葉県印旛郡	みつば　第1号	印旛郡第一部会国語同好会
129	356	24の4	千葉県印旛郡	ひざし　第6号　小1、2、3	印旛郡国語同好会
130	524	31の12	千葉県印旛郡	ひざし　第7号	印旛国語同好会
131	460	31の7	千葉県印旛郡	ひざし　第7号　中学校	印旛国語同好会
132	354	24の2	千葉県印旛郡	ひざし　8号	印旛郡国語同好会
133	352	23の11	千葉県印旛郡	ひざし　9号	印旛郡国語同好会

一. 地域文集

学年	発行年月	種類	判型、頁	備考
5〜6年	1956	地域文集	A5、116P	生活文、詩、あとがき、詩の選をおえて
1〜2年	1957	地域文集	B5、46P	生活文、詩、1〜2年のみなさんへ、先生方へ
3〜4年	1957	地域文集	B5、84P	詩、生活文、日記、読書感想文、文集作りにあたって、あとがき
5〜6年	1957	地域文集	B5、68P	生活文、感想文、報告文、綴方郷土史、日記、詩、あとがき
1〜2年	1958	地域文集	B5、86P	生活文、評語、詩、編集後記
3〜4年	1958	地域文集	B5、110P	生活文、評語、詩、編集後記
5〜6年	1958	地域文集	B5、114P	生活文、評語、詩、編集後記
1〜6年	1954	地域文集	B5、47P	生活文、編集後記、先生方へ
1〜3年	1956	地域文集	B5、44P	生活文、詩、作文・詩を読んで、あとがき
小学1年〜中学3年	1952	地域文集	A5、29P	一部切り取られている。作文教室訪問 二洲中学校をたずねて、小学生の詩・作文、中学生の詩・作文、あなたはどう考える、詩の指導例あり
小学1〜3年	1952	地域文集	B5、108P	詩、生活文、日記、読書感想文、手紙、観察文、擬人文、見学記録、あとがき
1〜3年	1953	地域文集	B5、86P	詩、評語、生活文、版画（挿絵）、手紙、記録、あとがき
小学1〜3年	1954	地域文集	A5、90P	生活文、日記、手紙、記録、詩、評語、おわりに
中学1〜3年	1954	地域文集	A5、82P	詩、生活文、日記、記録、紀行文、総評、俳句、短歌、あとがき、カット（中学生）、評語
小学1〜3年	1955	地域文集	B5、108P	詩、評語、生活文、日記、手紙、創作、座談会、指導の立場から、おわりに
小学4〜6年	1956	地域文集	B5、118P	指導者のことば、評語、詩、生活文、感想文、意見文、座談会、おわりに

260　第四章　書誌一覧

No.	通し番号	箱番号	地域	誌名	発行者
134	340	23の5	千葉県印旛郡	ひざし　9号	印旛郡国語同好会　中学校
135	461	31の8	千葉県印旛郡	ひざし　10号　中学校	印旛国語同好会
136	612	41の4	静岡県静岡市	あおいそら　1・2年　第5号	静岡県教職員組合文化部
137	613	41の5	静岡県静岡市	あおいそら　1・2年　第7号	静岡県教育研究所
138	614	41の6	静岡県静岡市	あおいそら　1・2年　第12号	静岡市小学校長会・静岡市教職員組合
139	609	41の1	静岡県富士地区	ふもと　小学校1・2年生	富士地区教育研究協議会
140	610	41の2	静岡県富士地区	ふもと　小学校3・4年生	富士地区教育研究協議会
141	611	41の3	静岡県富士地区	ふもと　中学校	富士地区教育研究協議会
142	615	41の7	静岡県沼津市	沼津文苑　第3集第9号	沼津市教育協会
143	697	48の4	兵庫県揖保郡	風の子　第13号	兵庫県教員組合揖竜支部小学校部会国語同好会・児童文化部
144	696	48の3	兵庫県揖保郡	風の子　No.32	揖竜国語同好会
145	680	47の1	兵庫県	作文運動　第2号　機関紙	兵庫作文研究会

一．地域文集　261

学年	発行年月	種類	判型、頁	備考
1～3年	1956	地域文集	A5、110P	はじめに、詩、評語、生活文、農繁期の日誌、意見文、読書感想文、紀行文、俳句、短歌、おわりに
1～3年	1957	地域文集	A5、108P	中学生のみなさんへ、生活文、詩、詩について、生活日記、研究記録、方言、読書感想文、見学記録、俳句、短歌、ひざしを育てる先生方へ、みなさん、ありがとう（第7回全国作文教育研究協議会で作文教育賞で表彰）、印旛の作文教育の歴史、あとがき
小学1～2年	1949	地域文集	A5、49P	生活文、詩、みなさんへ
小学1～2年	1949	地域文集	A5、44P	童話、絵日記、生活文、指導のことば、漫画、みなさんへ、先生方へ
1～2年	1952	地域文集	A5、61P	写真、生活文、漫画、「あおいそら」の使い方、観察日記、あとがき
1～2年	1954	地域文集	A5、37P	生活文、詩、あとがき
3～4年	1954	地域文集	A5、39P	作文、詩、おたより
1～3年	1954	地域文集	A5、48P	詩、短歌、俳句、書道作品、あとがき、指導文　詩を書くために
1～6年、中学1～3年	1954	地域文集	A5、低学年：17P、中学年：17P、高学年：17P、中学校：25P	小学校低学年、中学年、高学年、中学校用の分冊を1冊にまとめたもの、低学年：生活文、中学年：文章表現についての指導例、比喩や描写、高学年：日記、詩、生活文、俳句、総評、中学校用：詩、生活文、俳句、短歌、紀行文、編集後記
1～6年	1953	地域文集	B5、100P	詩、生活文、記録文、研究文、俳句
1～6年	1961	地域文集	B5、60P	生活文、詩、えんぴつ対談、映画の鑑賞文、あとがき
教師	1951	地域文集	B5、30P	作文指導について　八木清視、小西健次郎の作文指導に対する考え方

No.	通し番号	箱番号	地域	誌名	発行者
146	681	47の2	兵庫県	作文教育　第5号　機関紙	兵庫作文研究会
147	682	47の3	兵庫県	作文運動　第9号　機関紙	兵庫作文の会
148	608	40の25	長野県	柳田達雄選　ともだち詩集	信濃教育会
149	589	40の6	長野県上水内郡	かきのみ　小学校低学年編	上水内西部教育会
150	605	40の22	長野県上水内郡	かきの実	上水内西部教育会
151	590	40の7	長野県上水内郡	かきの実	上水内西部教育会
152	549	37の4	北海道旭川市	作品集　第1集	歌志内支部文教部
153	531	36の2	北海道全地域	北海道作文　第14号	北海道作文教育協議会
154	532	36の3	北海道全地域	北海道作文　第17号	北海道作文教育協議会
155	534	36の5	北海道北方	北方の詩　第19号	北海道詩人協会
156	645	43の4	愛知県	平原　第2号	愛知作文の会
157	646	43の5	愛知県	平原　第3号	愛知作文の会
158	647	43の6	愛知県	平原　第30号	愛知作文の会
159	642	43の1	愛知県西加茂郡	中学　文集にしかも　第3号	西加茂郡教育者連盟
160	475	35の6	群馬県太田市	にいたやま　その1	太田市立韮川小学校・太田市立九合小学校・太田市立太田小学校
161	405	27の5	群馬県太田市	にいたやま　その2	新田山刊行会
162	364	35の3	群馬県太田市	にいたやま　その6	にいたやま詩人会

一. 地域文集　263

学年	発行年月	種類	判型　頁	備考
教師	1951	地域文集	B5、70P	実践記録、児童作品、八木清視、塚田紀子、小西健次郎、中西政子、荒木孝子、あとがき 小西健次郎
教師	1952	地域文集	B5、76P	小西健次郎　ポケット手帳、作文教育の再出発、児童の作品集、編集後記
教師・児童	1952	地域文集	B6、49P	教師向け指導書、詩のはなし　1・2、友達の詩集、あとがき、詩の本紹介
1〜3年	1954	地域文集	A5、74P	生活文、手紙、日記、読書感想文、編集後記
4〜6年	1954	地域文集	A5、72P	詩、日記、学習記録、読書感想文、脚本、童話
中学1〜3年	1954	地域文集	A5、90P	映画鑑賞文、生活文、詩、俳句、日記、劇シナリオ、創作、編集後記
1〜6年	1949	地域文集	B5、31P	第1回作文コンクール入選作品、生活文、詩、後記
教師、児童（北見地区）	1955	地域文集	B5、24P	作文教育理論、教師の作文誌、実践記録、児童の作品
教師、児童	1955	地域文集	B5、38P	作文理論、実践記録、児童作品、文集詩集一覧、あとがき
成人	1960	地域文集	B5、28P	詩の理論、詩、民謡、長唄、短歌、編集後記
教師	1952	地域文集	B5、19P	作文運動について、指導者のことば、指導記録、編集後記
教師	1953	地域文集	B5、35P	作文指導について、教師の意見文、指導記録文、作文の指導法について、編集後記
教師	1959	地域文集	B5、34P	教師の意見文、指導記録文、作文指導の方法について
中学1〜3年	1955	地域文集	B5、64P	生活文、詩
1〜6年	1957	地域文集	B6、51P	詩、鉄筆散歩、学校百窓
児童・教師	1958	地域文集	B6、53P	詩、挿絵（韮川小、九合小児童）、児童作品集リスト
2〜3年、中学2年	1960	地域文集	B6、52P	詩、挿絵、うた、にいたやまにおくる言葉 石森延男

No.	通し番号	箱番号	地域	誌名	発行者
163	573	39の13	岩手県	子がに　1・2年	岩手県教員組合
164	558	38の9	福岡県京都郡宮古市	作文開拓　3月号　No.20　特集　児童詩の考え方・導き方（論文集）	みやこ作文の会
165	576	39の16	岩手県江刺市	えさしの友	岩手県教員組合江刺支部国語研究部
166	652	43の10	福井県坂井郡	ふたば　小学校編　第2集	坂井郡国語教育研究会
167	653	43の11	福井県坂井郡	ふたば　中学校編　第2集	坂井郡国語教育研究会
168	654	43の12	福井県坂井郡	ふたば　中学校編　第3集	坂井郡国語教育研究会
169	705	50の2	高知県安芸郡	みさき　第3号	安芸郡教員組合第二区文化部
170	704	50の1	高知県	幡多作文	幡多作文の会
171	561	39の1	秋田県横手市	山なみの子どもたち　高学年・中学校編	横手市平鹿郡児童文集
172	563	39の3	秋田県北秋田郡	はらっぱ　第4集	鷹巣阿仁地区国語教育研究会
173	639	42の8	富山県氷見市	氷見作文（論文集）	氷見作文研究会　東小学校校内（富山県氷見市）
174	640	42の9	富山県氷見市	氷見作文　第3号	氷見作文研究会
175	664	45の2	三重県四日市市	せんきょとおまつり調査研究報告第16集	四日市市立教育研究所
176	665	45の3	三重県	わたしはひとりになった　伊勢湾台風子どもの記録	三重作文の会

一．地域文集　265

学年	発行年月	種類	判型、頁	備考
小学1～2年	1951	地域文集	A5、32P	生活文、詩、PTAの方々に
教師	1956	地域文集	B5、46P	児童詩の考え方・導き方、教室の記録、県作文大会に期待するもの、みやこ作文の会研究年表
1～6年・中学1～3年	1961	地域文集	A5、60P	散文詩、選評、編集後記
1～6年	1953	地域文集	B5、104P	生活文、詩、俳句、短歌、教師の作品、編集手帳
1～3年	1953	地域文集	B5、90P	生活文、詩、俳句、教師の文章、編集手帳
1～3年	1954	地域文集	B5、88P	生活文、詩、意見文、俳句、短歌、作文選後評、詩選後評、編集後記
1～6年・中学1～3年	1952	地域文集	B5、61P	詩、短歌、俳句、生活文、撰者のことば、編集後記
教師	1954	地域文集	A5、44P	無着成恭のことば、今井譽次郎のことば、作品合評会、後記
5～6年・中学1～3年	1960	地域文集	A5、58P	詩、生活文、評語、指導のことば、意見文、手紙文、見学記録、中学校作品の参考例、読書感想文、おとうさん・お母さん方へ　作文を読む前に
1～6年、中学1～3年	1961	地域文集	B5、90P	生活文、評語、日記、評語、詩、評語、読書感想文、評語、読後感想、編集後記
教師・児童	1953	地域文集	B5、61P	教師による作文指導の方法・事例について、生活綴り方について、詩の指導について、児童の作文例、編集手帳
教師・児童	1953	地域文集	B5、62P	教師による作文指導の方法・事例について、生活綴り方について、詩の指導について、児童の作文例、編集雑記
児童・教師	1952	地域文集	A5、68P	選挙についての意見文、社会調査、先生方の意見文、おわりに
1～6年、中学1～3年	1960	地域文集	A5、159P	伊勢湾台風子どもの記録、伊勢湾台風の全容、被害の概況、生活文（小学1～6年、中学1～3年）

266　第四章　書誌一覧

No.	通し番号	箱番号	地域	誌名	発行者
177	667	45の5	京都府	耕人　第11号	日本童詩教育連盟
178	527	51の11	福岡県福岡市	あおいそら　1・2年用	福岡市小学校国語研究委員会
179	663	45の1	滋賀県大津市	大津のこども　中学校編	大津市教育委員会
180	650	42の11	石川県鹿島郡	こだま　第2号	鹿西教育振光会
181	580	39の20	山形県南村山郡	児童文集　第4集	南村山郡国語研究会
182	583	39の23	福島県白河市・西白河郡	若竹　第4集	白河市・西白河郡小・中学校
183	551	38の2	宮城県	作文みやぎ	宮城県小学校国語教育研究会
184	381	25の7	茨城県新治郡	やまねの子　第4号	新治郡柿岡班小学部
185	713	51の1 ①〜②	佐賀県	子らと学ぶ	第6回佐賀県作文教育研究大会
186	50	4の1	全国	作文クラブ　1号	全国作文教育研究所（指導編集）
187	55	4の6	全国	小学さくぶん　小学初級用　2月号	作文の会
188	112	8の3	全国	小学さくぶん　小学初級用　3月号	作文の会
189	113	8の4	全国	小学さくぶん　中級用　3月号　第4巻第3号	作文の会

一．地域文集

学年	発行年月	種類	判型、頁	備考
教師・児童（小学1～6年・中学1～3年）	1951	地域文集	B5、40P	先生方の詩に対する意見・作文に対する意見、指導の記録、小学校から中学校の児童の詩、編集後記
1～2年	1952	地域文集	B5、64P	生活文、詩、日記、読書感想文、お勉強部屋、あとがき、先生方やご父兄方へ
1～3年	1953	地域文集	B5、40P	生活文、俳句、読書感想文、短歌、評語、編集後記
1～6年、中学1～3年	1953	地域文集	B5、34P	生活文、作文審査を終えて
1～6年・中学1～3年	1953	地域文集	A5、96P	生活文、評語、作品をよんで、詩、評語、詩を作ってくれたみなさんに、あとがき、小中作品
1～6年・中学1～3年	1954	地域文集	A5、68P	生活文、編集後記
1～3年	1955	地域文集	A5、163P	生活文、詩、編集後記
1～6年	1955	地域文集	B5、108P	詩、生活文、見学文、絵日記、手紙、詩を読んで、評語、あとがき
教師	1958	地域文集	B5、42P	吉田瑞穂のことば（佐賀師範出身）、学習指導案、書く力をどう伸ばすか、子どもの詩と絵をどう導くか、作品の見方、歌
1～6年	1954	全国	A5、67P	詩、おはなし、作文、日記、生活文、創作、記録、評語、西尾実
1～2年	1956	全国	B5、42P	作文、おはなし、童話、詩、先生の作文教室、作文を書いた人たちへ
1～2年	1956	全国	B5、42P	おはなし、童話、詩、作文、田中豊太郎選、評語、文集作り、いい作文を書いた人たち、先生とおうちの方へ
3～4年	1956	全国	B5、42P	作文、吉田瑞穂・西原恵一選、評語、詩、作文ワーク　文集をつくろう、文集の作り方、いい作文を書いた人たち、先生とおうちの方たちへ

No.	通し番号	箱番号	地域	誌名	発行者
190	187	12の9	全国	小学作文 上級用 3月号 第4巻第3号	作文の会
191	199	13の2 ①〜②	全国	小学作文 中級用 5月号	作文の会
192	200	13の3	全国	作文 第9号（小学上級用）	作文の会
193	290	19の11	全国	作文 第9号（小学上級用）	作文の会
194	326	21の13	全国	作文 第9号（小学上級用）	作文の会
195	129	9の2	全国	中学 作文 3月号 第4巻第3号	作文の会
196	151	10の9	全国	国語パイロット No.11	国語パイロットの会
197	157	10の15	全国	国語パイロット No.13	国語パイロットの会
198	156	10の14	全国	国語パイロット No.14	国語パイロットの会
199	152	10の10	全国	国語パイロット No.15	国語パイロットの会
200	154	10の12	全国	国語パイロット No.不明	国語パイロットの会
201	155	10の13	全国	国語パイロット No.不明	国語パイロットの会
202	150	10の8	全国	国語パイロット No.20	国語パイロットの会
203	153	10の11	全国	国語パイロット No.不明	国語パイロットの会
204	122	8の13	全国	作文 学校 第4巻第3号	日本作文の会
205	121	8の12	全国	さくぶん がっこう 第5巻第6号	日本作文の会
206	124	8の15	全国	さくぶん がっこう 1年生	日本作文の会
207	218	14の5	全国	聖歌	曹洞宗社会部
208	201	13の4	全国	私たちの作文研究 4年生	不明
209	184	12の6	全国	かしの木 児童文学作品	石森延男

一.地域文集

学年	発行年月	種類	判型、頁	備考
5〜6年	1956	全国	B5、42P	詩、評語、記念文集の作り方、生活文、久米井束、倉沢栄吉、文話　八木橋雄二郎、保護者へ
3〜4年	1956	全国	B5、40P	評語、詩、生活文、童話、作文の指導文、編集後記
5〜6年	1957	全国	B5、43P	評語、詩、生活文、文の書き方、点の打ち方、保護者に向けて
5〜6年	1957	全国	B5、43P	詩、生活文、詩の書き方、原稿用紙の使い方、文題のつけ方、童話、先生とおうちの方へ
5〜6年	1957	全国	B5、43P	脚本の書き方、会話の入った文の書き方、詩、生活文、童話、作文　久米井束、倉沢栄吉、八木橋雄二郎
1〜3年	1956	全国	B5、50P	作文、詩、文集の編集の仕方、詩の評語、いい作文を書いた人たち、先生とおうちの方へ
中学年	1965	全国	B6、12P	学習指導
1〜6年	1965	全国	B6、12P	作文学習
1〜6年	1965	全国	B6、12P	国語の指導
低学年	1965	全国	B6、12P	国語の指導
不明	1965	全国	B6、13P	国語の指導
不明	1965	全国	B6、13P	国語の指導
3〜4年	1966	全国	B6、18P	国語学習指導案
1〜6年	1966	全国	B6、12P	国語の指導
3年	1957	全国	B5、16P	詩、生活文、歴史
1〜6年	1959	全国	B5、112P	評語、書き方、文集の作り方、詩、作文、おはなし、外国の作文、正確な文章の書き方
1年	1959	全国	B5、36P	おはなし、生活文、詩、かるたを作ろう、文を書く約束、評語、指導の仕方、挿絵、年賀状の書き方
	1950	全国	A5、51P	26の歌（楽譜付き）
4年	1953	全国	B5、99P	丸山幸一編、生活文、詩、日記、手紙、父兄並びに先生方へ
教員	1954	全国	B5、24P	児童文学作品

No.	通し番号	箱番号	地域	誌名	発行者
210	316	21の3	全国	びわの実　児童文学誌	全国
211	241	16の3	全国	文学読本　詩歌編	文学教育研究会
212	185	12の7	全国	ユリイカ　11月号	書肆ユリイカ
213	224	15の1	全国	作文の力　3年生	今井誉次郎、来栖良夫、野口茂夫編
214	238	15の15	全国	初歩者の詩　2号	初歩者の詩会
215	222	14の9	全国	マンモス	骨の会（童謡・童話・童画の同志）
216	62	4の13	東京都杉並区	読書感想文集	杉並区立教育研究会学校図書館部
217	478	35の8	群馬県	マキバ　第2巻1号	群馬県児童文化協会

学年	発行年月	種類	判型　頁	備考
成人 (児童文学の研究者)	1954	全国	A5、32P	児童文学誌
全学年	1956	全国	A5、148P	優れた文学作品（詩）、高校入試出題の俳句
	1957	全国	B5、64P	放送詩劇
3年	1957	全国	A5、58P	文部省学習指導要領準拠、生活文、日記、手紙、詩、作文の書き方、編集後記
成人	1957	全国	B6、42P	詩集
不明	1961	全国	A5、56P	童謡、童話、童画
1～6年	1960	地域感想文集	B5、176P	読書感想文、教育研究会会長のあいさつ、あとがき
小・中学生	1948	地域雑誌	A5、48P	読み物、連載シナリオ、漫画、みなさんのページ、作文、詩、短歌、俳句

二. 学校文集

No.	通し番号	箱番号	地域	誌名	学校名
1	320	21の7	東京都杉並区	わたしたちの理科研究 第2号	杉並区立杉並第七小学校 児童理科研究部
2	66	5の4	東京都杉並区	めばえ　2号	杉並区立杉並第七小学校
3	59	4の10 ①〜②	東京都杉並区	めばえ　4号	杉並区立杉並第七小学校
4	53	4の4 ①〜②	東京都杉並区	めばえ　5号	杉並区立杉並第七小学校
5	73	5の11	東京都杉並区	めばえ　6号	杉並区立杉並第七小学校
6	9	1の9	東京都杉並区	めばえ　7号	杉並区立杉並第七小学校
7	126	8の17	東京都杉並区	めばえ　創立30周年記念号	杉並区立杉並第七小学校
8	63	5の1	東京都杉並区	杉なえ　第1号	杉並区立杉並第九小学校
9	60	4の11 ①〜⑥	東京都杉並区	すぎなえ　4号	杉並区立杉並第九小学校
10	8	1の8	東京都杉並区	すぎなえ　5号	杉並区立杉並第九小学校

二. 学校文集　273

学年	発行年月	種類	判型、頁	備考
5〜6年	1950	学校文集	B5、67P	学校長　吉田瑞穂、理科研究
1〜6年	1951.3	学校文集	B5、82P	校長のことば　吉田瑞穂、日記、生活文、観察文、手紙、詩、見学、感想、座談会、学級新聞、犬の研究、編集後記
1〜6年	1953.4	学校文集	A5、58P	作曲、生活文、観察文、感想文、小学生朝日、立太子記念誌入選作文、童話、日記、詩、保健所見学記録、岩石採集記録、手紙、メモ、学校新聞、児童会記録、カット、学校長のことば、編集後記、全国文集コンクール優秀賞受賞（第3号）後の号
1〜6年	1954.4	学校文集	A5、67P	絵、学校長、絵日記、カット、生活の喜び、作文、全国綴り方コンクール入選、壁新聞、読書カード、学習日記、文庫調べ、一枚文集、詩、作曲、手紙、九州水害見舞い、その返事、感想、贈る言葉、記録、あとがき
1〜6年	1955	学校文集	A5、129P	詩、生活文、理科研究、父母の作品、編集後記
1〜6年	1959	学校文集	B5、92P	作文、詩、手紙、日記、記録、感想、紀行文
1〜6年	1960	学校文集	A4、95P	来賓あいさつ、図画、版画、詩、作文の書き方、あとがき
1〜6年	1954.3	学校文集	B5、48P	校長のことば　吉田瑞穂、詩、生活文、絵日記、日記、実験、感想文、遠足文、学級新聞、編集後記
1〜6年	1957.3	学校文集	A5、82P	校長のことば　吉田瑞穂、おはなし、観察文、生活文、詩、手紙、学校新聞、学級日記、児童会の記録、感想（読書・映画・劇）記録、実験の記録、編集後記、指導語、校外学習の記録・スライド
1〜6年	1958	学校文集	B5、80P	作文、日記、新聞、学習記録、議事録、研究・記録、感想（映画・読書）、創作、詩

No.	通し番号	箱番号	地域	誌名	学校名
11	70	5の8	東京都杉並区	すぎなえ　7号	杉並区立杉並第九小学校
12	72	5の10	東京都杉並区	やまびこ	杉並区立杉並第九小学校
13	330	22の2	東京都杉並区	うんてい	杉並区立方南小学校
14	17	2の1 ①〜②	東京都杉並区	ほうなん	杉並区立方南小学校
15	125	8の16	東京都杉並区	ほうなん	杉並区立方南小学校
16	194	12の16	東京都杉並区	くがやま	杉並区立高井戸第二小学校
17	106	7の11	東京都杉並区	くがやま　3号	杉並区立高井戸第二小学校
18	87	6の5	東京都杉並区	くがやま　3号　高学年	杉並区立高井戸第二小学校
19	82	5の20	東京都杉並区	くがやま　4号　低学年	杉並区立高井戸第二小学校
20	81	5の19 ①〜②	東京都杉並区	くがやま　4号　高学年	杉並区立高井戸第二小学校
21	107	7の12	東京都杉並区	ふじみがおか　2号	杉並区立富士見丘小学校
22	98	7の3	東京都杉並区	丘　1号	杉並区立富士見丘小学校
23	69	5の7	東京都杉並区	丘　2号	杉並区立富士見丘小学校
24	97	7の2	東京都杉並区	桃花　2号	杉並区立桃井第二小学校
25	254	17の1	東京都杉並区	桃花　3号	杉並区立桃井第二小学校

二. 学校文集　275

学年	発行年月	種類	判型、頁	備考
1～6年	1960.3	学校文集	A5、85P	学校長、生活文、おはなし、学級新聞、児童会の記録、手紙、観察文、絵日記、感想文、意見文、評語
1～6年	1957.3	学校文集	A5、85P	学校長のことば　吉田瑞穂、担任のことば（1～6年）、思い出の作文、将来・未来、生活のうた、鑑賞文、読書研究と感想、詩、理科実験記録、報告書、寄せ書き、編集後記
1～6年	1954	学校文集	B5、50P	詩、生活文、あそびの調査、学校長　上飯坂のことば
1～6年	1958	学校文集	B5、105P	学校長のことば、生活文、詩、手紙文、感想文、日記、観察日記、児童活動、絵、評語、あとがき
1～6年	1959	学校文集	A4、100P	生活文、感想文、研究調査、読書ノート、詩、挿絵、あとがき
1～6年	1954	学校文集	B5、33P	学校長、評語、文集ができるまで、生活文、詩、読書感想、手紙、エッセイ、意見文、日本の道路について
1～3年	1956	学校文集	A4、40P	まえがき、絵日記、生活文、詩、あとがき
高学年	1956.2	学校文集	B5、87P	記録、生活文、詩、読書感想文、意見文、評語、あとがき
1～3年	1957.1	学校文集	B5、46P	作文、絵日記、運動会、手紙、見たこと・感じたこと、あとがき
4～6年	1957.1	学校文集	B5、56P	評語、生活文、手紙、日記、見学記録、読書感想文、意見文、あとがき
1～6年	1956	学校文集	A4、26P	日記、記録、感想文、俳句、詩、創作、編集後記
1～6年	1957	学校文集	B5、76P	学校長のことば、生活文、詩、創作、通信、記録、日記、紀行、感想、論文、あとがき
1～6年	1958.12	学校文集	A5、81P	学校長、生活文、詩、創作、通信文、記録文、日記、紀行文、感想、論文、あとがき
4～6年	1958	学校文集	B5、142P	学校長のことば、生活文、日記文、感想文、記録文、詩、創作、あとがき
4～6年	1959	学校文集	B5、196P	生活文、詩、挿絵、六年生の作文を読んで、あとがき

No.	通し番号	箱番号	地域	誌名	学校名
26	196	12の18	東京都杉並区	あゆみ　2号	杉並区立阿佐ヶ谷中学校生徒会
27	114	8の5	東京都杉並区	あゆみ	杉並区立阿佐ヶ谷中学校
28	197	12の19	東京都杉並区	ほのお　4号	杉並区立松ノ木中学校生徒会
29	131	9の4	東京都杉並区	ほのお　5号	杉並区立松ノ木中学校
30	181	12の3	東京都杉並区	高南の窓　創刊号	杉並区立高南中学校校友会
31	189	12の11	東京都杉並区	和田会報	杉並区立和田小学校PTA
32	61	4の12	東京都杉並区	土　1号	杉並区立桃井第四小学校
33	178	11の13	東京都杉並区	くつかけ　落成記念号	杉並区立杏掛小学校PTA
34	210	13の13	東京都杉並区	なかよしこよし	杉並区立杉並第六小学校
35	265	18の1	東京都杉並区	はまだ山　No.2	杉並区立浜田山小学校PTA
36	91	6の9	東京都杉並区	いずみ　6号	杉並区立新泉小学校
37	28	2の12	東京都杉並区	文集　杉八	杉並区立杉並第八小学校
38	250	16の12	東京都杉並区	いずみ	杉並区立桃井第三小学校
39	195	12の17	東京都新宿区	低学年作文のあゆみ	新宿区立落合第四小学校
40	166	11の1	東京都新宿区	青い芽　1号	新宿区立江戸川小学校
41	176	11の11	東京都新宿区	青い芽　4号	新宿区立江戸川小学校
42	182	12の4	東京都新宿区	青い芽　5号	新宿区立江戸川小学校

二．学校文集　277

学年	発行年月	種類	判型、頁	備考
1～3年	1952	学校文集	B5、60P	研究、読書感想、詩、クラス紹介、思い出、卒業生の文、編集後記
1～3年	1958	学校文集	B5、100P	学校長、詩、生活文、短歌、クラスのあゆみ、生徒会活動、クラブ活動、学校のあゆみ、あとがき
1～3年	1951	学校文集	B5、72P	創作、論文、映画感想、詩、短歌、俳句、理科実験、生徒読書調査、生徒会活動、あとがき
1～3年	1951	学校文集	B5、60P	作文、詩、俳句、創作、調査報告、校友会活動報告、あとがき
1～3年	1950	学校文集／その他	B5、100P	校長、エッセイ、作文、詩、短歌、報告、研究、編集後記
PTA・1～6年	1951	学校文集／その他	B5、34P	PTA会長、学校長、PTA役員、児童作品（1～6年）、編集後記
1～6年	1953.3	学校文集	B5、80P	学校長、絵日記、生活文、日記、詩、遠足文、社会科研究、手紙、見学、記録、理科の研究、お母さん方へ
PTA・1～4年	1953	学校文集／その他	B5、28P	学校長のことば、1～2年・3～4年作品、PTA活動、学校のあゆみ
1～6年	1954	学校文集	B5、44P	校長のことば、生活文、手紙、観察日記、社会科研究、編集後記
保護者・児童	1954	学校文集／その他	B5、31P	座談会、PTA活動報告、学年委員長の意見、先生方の声、保護者の作品、児童の詩・生活文・短歌・俳句、学校便り
1～6年	1955.1	学校文集	B5、32P	生活文
1～6年	1955	学校文集	B5、56P	作文、詩、劇、紀行文、評語
1～6年	1956	学校文集	B5、36P	読書感想文集、感想文、感想文の見方、読書カード、図書利用調査、あとがき
1～2年	1949	学校文集	B5、44P	学校長のことば、生活文、童詩、評語、編集後記
1～6年	1954	学校文集	B5、103P	詩、作文、俳句、校長のことば、編集後記
1～3年	1957	学校文集	B5、64P	学校長のことば、生活文、おはなしリレー、短文、手紙、感想文、あとがき
高学年	1958	学校文集	B5、66P	生活、記録、説明、詩、感想文、手紙文、研究報告、放送劇台本、あとがき

No.	通し番号	箱番号	地域	誌名	学校名
43	109	7の14	東京都新宿区	青い芽　5号	新宿区立江戸川小学校
44	287	19の8	東京都新宿区	青い芽　6号	新宿区立江戸川小学校
45	285	19の6	東京都新宿区	青い芽　8号	新宿区立江戸川小学校
46	33	3の1	東京都新宿区	さくぶん　4	新宿区立淀橋第一小学校
47	31	2の15 ①〜③	東京都新宿区	さくぶん　5	新宿区立淀橋第一小学校
48	308	20の10	東京都新宿区	さくぶん　6	新宿区立淀橋第一小学校
49	177	11の12	東京都新宿区	私達の学校	新宿区立淀橋第一小学校
50	110	8の1	東京都新宿区	児童さくひん集　No.2	新宿区立落合第一小学校
51	335	22の7	東京都新宿区	たかだい　4・5・6年	新宿区立落合第一小学校
52	99	7の4	東京都新宿区	みつばち　5号	新宿区立戸塚第二小学校
53	45	3の13	東京都新宿区	みつばち　第6号	新宿区立戸塚第二小学校
54	64	5の2	東京都新宿区	たらちね　2号	新宿区立四谷第六小学校PTA教養部
55	93	6の11	東京都江東区	サイレン　1号	江東区立第三砂町小学校
56	293	19の14	東京都江東区	サイレン　3号	江東区立第三砂町小学校
57	294	19の15	東京都江東区	サイレン　3号	江東区立第三砂町小学校
58	295	19の16 ①〜②	東京都江東区	サイレン　3号	江東区立第三砂町小学校
59	40	3の8	東京都江東区	一亀教育　8号	江東区立第一亀戸小学校
60	286	19の7	東京都江東区	ぶんせん	江東区立第一亀戸小学校

二. 学校文集　279

学年	発行年月	種類	判型　頁	備考
1～3年	不明	学校文集	A4、61P	生活文、観察日記、感想文、日記、手紙、評語、あとがき
1～3年	1959	学校文集	A5、56P	生活文、創作、手紙、詩、日記、朗読作品、あとがき
4～6年	1961	学校文集	A5、50P	詩、生活文、記録、感想文、脚本、算数の問題作り、実験報告、俳句
1～6年	1954.7	学校文集	B5、71P	手紙、父母の声、漫画の話し合い、聴写能力調査、依頼の手紙、作文教室、通信文、評語
1～6年	1954	学校文集	B5、77P	感想文、作文、映画感想、能力調査、観察記録文、作文教室、評語
3～4年	1955	学校文集	B5、49P	手紙、生活文、詩、童話、創作、児童詩の見方・導き方
1～6年	1955	学校文集	B5、77P	創立80周年記念誌、生活文、小学校のあゆみ
1～6年	1950	学校文集	B6、68P	日記、生活文、1～3年作文指導の仕方（低学年）、編集後記
4～6年	1956	学校文集	B5、41P	生活文、日記、読書感想文、あとがき
1～6年	1955	学校文集	B5、70P	学校長のことば、生活、放送劇、読書ノート、詩、理科、社会科、作文指導段階一覧表、あとがき
1～6年	1956	学校文集	B6、89P	生活文、詩、社会科見学、読書ノート、話し合い、理科・算数の文、あとがき
地域の方・児童	1956.2	学校文集／その他	B5、98P	創立30周年記念号、地域の方、童話、詩、作文、意見文、俳句、編集後記、校長のことば
1～6年	不明	学校文集	B5、48P	手紙、生活文、日記、感想文、絵、詩、あとがき
1～2年	1954	学校文集	A5、27P	手紙、書き方、記録、創作、生活文、あとがき
3～4年	1954	学校文集	A5、30P	通信、書式、記録、生活文、感想、創作、あとがき
5～6年	1954	学校文集	A5、46P	手紙、生活文、日記、読書感想、創作、あとがき
1～6年	1955	学校文集	B6、52P	学校研究職員室だより、感想文、生活文、記録文、日記文、手紙文、創作、詩・俳句、父兄の声、編集後記
1～6年	1958	学校文集	A5、92P	生活文、感想文、見学記録、日記、手紙、短歌、創作、あとがき

No.	通し番号	箱番号	地域	誌名	学校名
61	116	8の7	東京都江東区	文集　かとり　第1号	江東区立香取小学校
62	49	3の17	東京都江東区	けむり　9号	江東区立第三大島小学校
63	193	12の15 ①〜②	東京都台東区	白いくも　1号	台東区立育英小学校
64	191	12の13 ①〜②	東京都台東区	白いくも　2号	台東区立育英小学校
65	192	12の14	東京都台東区	白いくも　3号	台東区立育英小学校
66	190	12の12	東京都台東区	白いくも　4号	台東区立育英小学校
67	57	4の8	東京都台東区	白いくも　5号	台東区立育英小学校
68	58	4の9 ①〜②	東京都台東区	白いくも　7号	台東区立育英小学校
69	43	3の11	東京都台東区	白いくも　10号	台東区立育英小学校
70	38	3の6 ①〜③	東京都台東区	白いくも　13号	台東区立育英小学校
71	283	19の4	東京都台東区	街の子　路地の子　3号	台東区立坂本小学校
72	240	16の2	東京都大田区	ひが志　創立25周年記念誌	大田区立矢口東小学校
73	143	10の1	東京都大田区	ひが志	大田区立矢口東小学校
74	39	3の7	東京都大田区	こいけ	大田区立小池小学校
75	75	5の13	東京都大田区	こいけ　11号	大田区立小池小学校
76	44	3の12	東京都大田区	あさ風　1号	大田区立徳持小学校
77	7	1の7	東京都大田区	相生　第2号	大田区立相生小学校
78	6	1の6	東京都北区	いずみ	北区立瀧野川小学校

学年	発行年月	種類	判型、頁	備考
1〜6年	1957	学校文集	A5、100P	詩、記録文、生活文、感想文、評語、あとがき
1〜6年	1960	学校文集	B6、64P	生活文、詩、俳句、感想文、日記文、創作文、手紙文、記録文、評語、あとがき
1〜6年	1950	学校文集	A5、42P	学校長（志波末吉）、生活文、詩、創作、社会科学習、理科・算数のノート、あとがき
1〜6年	1950	学校文集	B5、42P	学校長（志波末吉）、生活文、詩、評語、社会科見学、壁新聞、理科と算数のノート、編集後記
1〜6年	1951	学校文集	B5、48P	学校長（志波末吉）、生活文、創作、社会科記録、理科記録、詩、評語、編集後記
1〜6年	1951	学校文集	B5、42P	学校長（志波末吉）、生活文、創作、社会科学習、理科ノート、編集後記
1〜6年	1951.12	学校文集	A5、48P	生活文、日記、詩集、童話、座談会、研究記録
1〜6年	1952.9	学校文集	A5、43P	志波末吉校長のことば、生活文、リレー童話、詩、理科のノート、作文コンクール入選作品、編集後記
1〜6年	1955	学校文集	B6、64P	生活文、詩、作文コンクール作品、研究記録、編集後記
1〜6年	1958	学校文集	A5、99P	生活文、詩、研究記録、焼津の方言、作文コンクール入選作品、作文の価値について（父兄のみなさまへ）、評語、編集を終わって
1〜6年	1956	学校文集	A5、80P	生活文、詩、あとがき、共同研究
1〜6年・職員	1952	学校文集	A5、90P	生活文
1〜6年	1954.3	学校文集	B5、98P	校長、生活文、通信文、創作、記録、感想文、父母と先生のページ、あとがき
1〜3年	1955	学校文集	B6、55P	感想文、作文、生活文、評語、あとがき
1〜6年	1956.12	学校文集	A5、92P	手紙文、生活文、運動会・遠足の文、あとがき
1〜6年	1954	学校文集	B6、84P	絵日記、日記、手紙、作文、俳句、生活文、新聞、記録、報告、意見、感想文、創作、評語、あとがき
1〜6年	1962	学校文集	B5、72P	詩、俳句、作文、感想文
1〜6年	1949	学校文集	B6、61P	詩、日記、手紙、作文

No.	通し番号	箱番号	地域	誌名	学校名
79	47	3の15	東京都北区	いずみ　5号	北区立瀧野川小学校
80	289	19の10	東京都北区	まどべ　3号	北区立王子第五小学校
81	46	3の14	東京都北区	まどべ　4号	北区立王子第五小学校
82	71	5の9	東京都北区	すずかけ　1号	北区立王子第一小学校
83	267	18の3	東京都葛飾区	しゃぼんだま	葛飾区立上平井小学校東耕地分校
84	174	11の9	東京都葛飾区	ふたかみ　1号	葛飾区立二上小学校
85	123	8の14	東京都葛飾区	ふたかみ　2号	葛飾区立二上小学校
86	239	16の1	東京都練馬区	菊の園　7号	東京学芸大学附属大泉小学校
87	118	8の9	東京都練馬区	菊の園	東京学芸大学附属大泉小学校
88	232	15の9	東京都足立区	ふちえ	足立区立渕江小学校
89	37	3の5	東京都足立区	くすの木　7号	足立区立千住第一小学校
90	54	4の5	東京都荒川区	ことり　13号	荒川区立第三瑞光小学校
91	309	20の11	東京都荒川区	ひろば	荒川区立第四瑞光小学校
92	180	12の2	東京都武蔵野市	こみち文化	私立成蹊中学校
93	276	18の12	東京都武蔵野市	こみち文化	私立成蹊中学校こみち会
94	42	3の10	東京都文京区	環流　第3号	文京区立第八中学校
95	288	19の9	東京都文京区	けやき	文京区立明化小学校
96	260	17の7	東京都青梅市	かじっか　6号	青梅市立第二小学校
97	32	2の16	東京都青梅市	かじっか　8号	青梅市立第二小学校

二. 学校文集　　283

学年	発行年月	種類	判型、頁	備考
1～6年	1955	学校文集	B6、104P	研究報告、創作、作文、日記、詩、生活、新聞、手紙、感想、評語、あとがき
1～6年	1955	学校文集	A5、72P	生活文、詩、編集後記
1～6年	1956	学校文集	B6、83P	生活文、詩、保護者への文、編集後記、評語
1～6年	1960.2	学校文集	A5、44P	学校長、生活文、詩、日記、紀行・見学、創作、新聞、研究報告、手紙、感想、赤十字学校作文コンテスト、あとがき
1～4年	1953	学校文集	B5、40P	絵日記、生活カルタ、読書ノート、生活文、手紙、詩、日記、編集後記
1～6年	1955	学校文集	B5、72P	学校長のことば、生活文、詩、日記、あとがき
1～6年	1956	学校文集	B5、48P	学校長、絵日記、説明文、理科日記、生活文、感想文、日記文、手紙文、あとがき
1～6年	1954	学校文集	A5、93P	生活文、感想文、劇、創作、観察日記、作曲、新聞、絵日記、詩、編集を終えて、鉛筆対談
1～6年	1960	学校文集	B5、80P	絵日記、生活文、在校生に送ることば、実験記録、思い出、編集後記
1～6年	1956	学校文集	B5、22P	生活文
1～6年	1958	学校文集	B6、134P	生活文、記録文、生活詩、通報文、創作、参考文
1～6年	1952.3	学校文集	A5、50P	手紙、日記、詩集、感想文、報告文、生活文、作文の書き方
2～6年	1955	学校文集	B5、40P	生活文、評語、日記、映画をみて、詩
1～3年	1950	学校文集	B5、101P	意見、創作、作文、読書感想、映画感想、エッセイ、日記、俳句、あとがき
不明	1950	学校文集	B5、147P	発表会記録
1～3年	1952	学校文集	B6、56P	作文、日記、詩集、生徒会報、編集室
1～6年	1955	学校文集	A5、72P	生活文、口頭作文、絵日記、見学記録、児童作文の合評、編集後記
1～6年	1957	学校文集	B5、148P	生活文、日記、映画をみて、読書感想文、えんぴつ対談、評語、あとがき
1～6年	1959	学校文集	B5、106P	作文、日記、感想文、観察文、詩、研究文、えんぴつ対談、評語

No.	通し番号	箱番号	地域	誌名	学校名
98	83	6の1	東京都南多摩郡	つくし　8号	七生村立平山小学校
99	301	20の3	東京都目黒区	群竹　10号	目黒区立第八中学校
100	34	3の2	東京都立川市	えんぴつ　7号	立川市立第一小学校
101	202	13の5	東京都港区	青山　4号	港区立青山小学校
102	147	10の5	東京都板橋区	やよい　1号	板橋区立弥生小学校
103	228	15の5	東京都東村山町	わかば　高学年	東村山町立化成小学校
104	23	2の7	東京都世田谷区	青い空　4号	世田谷区立塚戸小学校
105	440	30の1	神奈川県横浜市	いそご　1号	横浜市立磯子小学校
106	425	29の1	神奈川県横浜市	いそご　2号	横浜市立磯子小学校
107	444	30の5	神奈川県横浜市	いそご　第9号	横浜市立磯子小学校
108	386	25の8	神奈川県横浜市	北方　2号	横浜市立北方小学校
109	441	30の2	神奈川県横浜市	きたがた　3号	横浜市立北方小学校
110	442	30の3	神奈川県横浜市	北方　4号	横浜市立北方小学校
111	454	31の1	神奈川県横浜市	きたがた　第5号	横浜市立北方小学校
112	443	30の4	神奈川県横浜市	きたがた　7号	横浜市立北方小学校国語部
113	399	26の13	神奈川県横浜市	やまもと	横浜市立山元小学校
114	431	29の7	神奈川県横浜市	文集ほんごう　高学年	横浜市立本郷小学校
115	471	32の7	神奈川県愛甲郡	コンパス　第1集	愛川町立半原小学校国語研究部作文研究会
116	395	26の9	神奈川県川崎市	まるこ　1号	川崎市立上丸子小学校
117	378	25の4	神奈川県鎌倉市	ひろっぱ　3号	鎌倉市立小坂小学校
118	400	26の4	神奈川県鎌倉市	ひろっぱ　5号	鎌倉市立小坂小学校
119	383	25の9	神奈川県藤沢市	かたせ　第1号	藤沢市立片瀬小学校

学年	発行年月	種類	判型、頁	備考
1〜6年	1953.1	学校文集	B5、108P	学校長のことば、生活文、作文、詩、研究記録、あとがき
1〜2年	1954	学校文集	B6、21P	詩、短歌、編集後記
1〜6年	1954	学校文集	B5、70P	作文、詩、おはなし、劇の脚本、生活文、絵、版画、読書感想文、あとがき
1〜6年	1955	学校文集	B5、80P	学校長、生活文、詩、評語、問題、研究、卒業の言葉、あとがき
1〜6年	1957	学校文集	B5、213P	生活文、詩、感想文、えんぴつ対談、手紙、実験報告、リレー童話、編集後記
高学年	1957	学校文集	B5、48P	生活文、詩、読書感想文、編集後記
1〜6年	1958	学校文集	B5、60P	作文、日記、詩、感想、評語
1〜6年	1951	学校文集	B5、37P	復刊のことば、文集について、生活文、評語、日記、評語、詩、評語、あとがき
1〜6年	1951	学校文集	B5、30P	生活文、長い評語、後記、総評
1〜6年	1954	学校文集	B5、86P	生活文、詩、日記、編集後記
1〜6年	1954	学校文集	B5、80P	生活文（こどもの字）、詩、評語、あとがき
1〜6年	1955	学校文集	B5、59P	詩、生活文、意見文、記録、感想文、あとがき
1〜6年	1956	学校文集	B5、64P	生活文、手紙、集金部の記録、詩
1〜6年	1956	学校文集	B5、62P	詩、生活文、日記、物語、手紙、あとがき
1〜6年	1956	学校文集	B5、102P	詩、評語、生活文、評語
1〜6年	1954	学校文集	B5、73P	絵日記、生活文、詩、えんぴつ対談、お父さんの詩集（子どもが作成した詩）、編集を終わって
4〜6年	1954	学校文集	B5、53P	文を作るときの態度、生活文、詩、観察日記、映画の感想、編集後記
3〜5年有志	1950	学校文集	A5、26P	生活文、詩、シナリオ、作文研究会のきまり、作文の下書きと書きなおし、あとがき
1〜6年	1952	学校文集	B5、46P	生活文、日記、詩
1〜6年	1952	学校文集	B5、20P	詩、感想文、生活文、絵日記、手紙、日誌、感想文、自治会の記録
1〜6年	1954	学校文集	B5、41P	生活文、詩、観察日記、意見文、編集後記
1〜6年	1954	学校文集	B5、68P	生活文、先生方へ

第四章　書誌一覧

No.	通し番号	箱番号	地域	誌名	学校名
120	479	33の3	茨城県新治郡	石岡の子ども　第1号	石岡町立石岡小学校
121	343	23の8	茨城県新治郡	石岡の子ども　第2号	石岡町立石岡小学校
122	482	33の6	茨城県新治郡	石岡の子ども　第4号	石岡町立石岡小学校
123	414	28の3	茨城県石岡市	石岡の子ども　第6号	石岡市立石岡小学校
124	480	33の4	茨城県石岡市	石岡の子ども　第7号　1・2・3年の部	石岡市立石岡小学校
125	481	33の5	茨城県石岡市	石岡の子ども　第7号　4・5・6年の部	石岡市立石岡小学校
126	359	24の7	茨城県石岡市	石岡の子ども	石岡市立石岡小学校
127	360	24の8	茨城県石岡市	石岡の子ども	石岡市立石岡小学校
128	419	28の8	茨城県日立市	高鈴　クラブ作品集1号	日立市立仲町小学校作文クラブ
129	424	28の13	茨城県日立市	かみね　第2号	日立市立仲町小学校
130	420	28の9	茨城県日立市	かみね　第2号	日立市立仲町小学校
131	483	33の7	茨城県結城郡	豊美　第3号	石下町立豊田小学校
132	415	28の4	茨城県八郷町	はやし　第26号	八郷町立林小学校
133	437	29の13	埼玉県兒玉郡共和村	青い風	共和村立共和中学校PTA
134	450	30の11	埼玉県入間郡	やつ池　第6号	東金子村立東金子小学校
135	451	30の12	埼玉県入間郡	やつ池　第7号	東金子村立東金子小学校
136	387	26の1	埼玉県入間郡	やつ池　第8号	西武町立南小学校
137	418	28の7	埼玉県浦和市	文集　第一号	浦和市立本太小学校
138	452	30の13	埼玉県浦和市	わか草　第1号　国語編集部	浦和市立本太小学校

二. 学校文集　287

学年	発行年月	種類	判型、頁	備考
1～6年	1951	学校文集	A5、114P	みなさんへ、校長先生のことば、生活作文、日記、研究記録、詩、物語、ご家庭のみなさまへ、合評、あとがき
1～6年	1951	学校文集	A5、128P	生活文、日記、観察日記、研究記録、詩、旅行記、あとがき
1～6年	1954	学校文集	B5、144P	詩、生活文、日記、選後評、日記と手紙、学級文集紹介、あとがき
1～6年	1955	学校文集	B5、171P	詩、生活文、絵日記、日記、観察日記、手紙、読書・映画感想文、あとがき
1～3年	1956	学校文集	A5、80P	詩、生活文、あとがき
4～6年	1956	学校文集	A5、77P	詩、生活作文、紀行文、童話、日記、選後評、寸劇、あとがき
1～3年	1957	学校文集	B5、76P	生活文、物語、日記、詩、挿絵（版画）、あとがき
4～6年	1957	学校文集	B5、80P	生活文、紀行文、日記、手紙、評語、詩、挿絵（版画）、あとがき
4～6年	1958	学校文集	B5、34P	生活文、詩
1～3年	1959	学校文集	B5、48P	生活文、挿絵、あとがき
4～6年	1959	学校文集	B5、54P	生活文、日記、意見文、評語
1～6年	1958	学校文集	B5、52P	はじめのことば、生活文、調査、詩、あとがき
1～6年	1960	学校文集	B5、48P	日記、生活文、詩、調査・研究文、あとがき、岩田としお先生のことば
1～3年	1949	学校文集／その他	A5、48P	シナリオ、詩、短歌、俳句、生活文、映画鑑賞文、PTA会長の巻頭のことば、編集後記
1～6年	1952	学校文集	B5、28P	最初のことば（校長・教頭）、生活文、詩、日記、俳句、あとがき
1～6年	1953	学校文集	B5、48P	全日本作文コンクール入選優良賞作品（5年国田）、佳作賞（3年国田広子）、詩、俳句
1～6年	1954	学校文集	B5、28P	生活文、俳句、詩、記録、編集後記
1～6年	1954	学校文集	B5、52P	生活文、詩
1～6年	1954	学校文集	A5、71P	詩、日記、見学記、生活文、感想文、研究記録、旅行記、脚本、新聞、編集を終えて

288　第四章　書誌一覧

No.	通し番号	箱番号	地域	誌名	学校名
139	410	27の10	埼玉県浦和市	たけのこ　第1号	浦和市立北浦和小学校
140	342	23の7	埼玉県秩父郡	かげもり村　こども風土記　第1集	影森村立影森中学校
141	374	24の11	埼玉県本庄市	ささぶね　特集号	本庄市立北泉小学校
142	676	46の6	兵庫県揖保郡伊勢村	岩屋の山の子　第8号	伊勢村立伊勢小学校
143	677	46の7	兵庫県揖保郡伊勢村	岩屋の山の子　第9号	伊勢村立伊勢小学校
144	675	46の5	兵庫県揖保郡新宮町	香島の土　創刊号	新宮町立香島小学校
145	685	47の6	兵庫県豊岡市	わかば　第7号	豊岡市立三江小学校
146	686	47の7	兵庫県豊岡市	わかば　第9号	豊岡市立三江小学校
147	687	47の8	兵庫県豊岡市	あぜみち文化　第2号	豊岡市立三江小学校
148	690	47の11	兵庫県豊岡市	つぼみ　低学年	豊岡市立豊岡小学校
149	691	47の12	兵庫県豊岡市	つぼみ　高学年	豊岡市立豊岡小学校
150	550	38の1	宮城県釜石市	山びこ	釜石市立中妻小学校長崎野子供文芸班
151	552	38の3	宮城県釜石市	風の子	釜石市立中妻小学校長崎野子供文芸班
152	553	38の4	宮城県釜石市	風の子　第2号	釜石市立中妻小学校
153	560	38の11 ①～②	宮城県釜石市	子供の四季　文集アカシア第4号特集	釜石市立中妻小学校・六松子供の市市役所
154	554	38の5	宮城県仙台市	小学さくぶん　低学年用（1～2年）	仙台市立連坊小路小学校国語研究会
155	555	38の6	宮城県仙台市	小学作文　中学年用（3～4年）	仙台市立連坊小路小学校国語研究会
156	556	38の7	宮城県仙台市	小学作文　高学年用（5～6年）	仙台市立連坊小路小学校国語研究会

二. 学校文集　289

学年	発行年月	種類	判型　頁	備考
1～6年	1959	学校文集	A5、64P	生活文、日記
1～3年	1956	学校文集	A5、75P	はしがき（学校長）、地図、詩、生活文、地域の紹介文、観察日記、村のわらべうた、村内見学、あとがき
1～6年	1958	学校文集	B5、80P	生活文、詩、日記、感想文、手紙文、観察記録文、報告文
1～6年	1952	学校文集	B5、24P	日記、指導者のことば、生活文、研究文、算数日記
1～6年	1952	学校文集	B5、22P	絵日記、生活文、お手紙、社会科学習記録、社会科単元記録
1～6年	1953	学校文集	B5、36P	（文集は最後までない）詩、生活文
1～6年	1953	学校文集	B5、92P	生活文、詩、おわりに
1～6年	1954	学校文集	B5、64P	詩、生活文、おわりに
1～6年	1955	学校文集	B5、107P	生活文、詩、評語、あとがき
1～3年	1954	学校文集	B5、27P	詩、生活文、あとがき
4～6年	1954	学校文集	B5、27P	生活文、詩、見学記録、あとがき
4～6年	1952	学校文集	A5、24P	詩、生活文、あとがき
2～4年	1952	学校文集	A5、20P	詩、生活文、あとがき
2～4年	1955	学校文集	A5、30P	選評、詩、生活文
6年	1952	学校文集	B5、363P	（児童作成）、市長のことば、詩、生活文、意見文、研究発表、レポート、校内放送、感想文、生活反省記録、平和とわたしたち
教師	1961	学校文集	A5、40P	共同作文、取材、構想、書き方の指導、叙述、叙述の指導、低学年の基本文献
教師	1961	学校文集	A5、44P	生活文、日記、創作文、編集、詩、手紙の指導
教師	1961	学校文集	A5、44P	生活文、詩、記録、日記、脚色、編集、手紙、感想、意見の指導、作文の指導計画、高学年の基本文献

290　第四章　書誌一覧

No.	通し番号	箱番号	地域	誌名	学校名
157	464	31の11	千葉県印旛郡	こばと　第2号	成田町立成田小学校
158	394	26の8	千葉県安房郡西岬村	村の子ども　作文教室1	西岬村立西小学校
159	380	25の6	千葉県木更津市	見つめる子ら　第1集	木更津市立西清小学校
160	462	31の9	千葉県木更津市	見つめる子ら（低学年）	木更津市立西清小学校
161	379	25の5	千葉県木更津市	見つめる子ら　4集	木更津市立西清小学校
162	416	28の5	千葉県木更津市	見つめる子ら　6集	木更津市立西清小学校
163	417	28の6	千葉県木更津市	見つめる子ら　6集	木更津市立西清小学校
164	406	27の6	群馬県前橋市	じょうなん　2号	前橋市立城南小学校
165	413	28の2	群馬県前橋市	年輪　第7号	前橋市立第一中学校
166	407	27の7	群馬県前橋市	やまなみ　7号	前橋市立第四中学校
167	408	27の8	群馬県高崎市	なみき　6号	高崎市立佐野小学校　国語部
168	390	35の5	群馬県邑楽郡	考える教室	板倉町立西小学校
169	578	39の18	岩手県宮古市	いさりび　第1号	宮古市立千鶏小学校

二．学校文集　291

学年	発行年月	種類	判型　頁	備考
1〜6年	1950	学校文集	A5、63P	印旛郡地区文集『ひざし』優秀成績の賞状、特選・入選多数、学校愛護評語、詩、生活文、評語、「はをへ」を正しく使いましょう、手紙の書き方、日誌、俳句、短歌、学級自治会記録、ことわざかるた、おわりに
4〜6年	1952	学校文集	B5、150P	文芸部を対象としたテキスト、生活文、詩、日記、感想、あとがき
1〜6年	1954	学校文集	B5、140P	会話文、詩、観察記録（おつきさま、あさがお）、季節便り（絵日記付き）、なすときゅうりの記録（絵日記付き）、とんぼの研究、編集後記
1〜3年	1956	学校文集	B5、95P	見つめる子らのあしあと（写真あり）、生活文、日記、対話、観察日記（図解入り）、評語、あとがき
5〜6年	1957	理科の観察記録（学校文集）	B5、84P	観察記、実験記録、川崎製鉄、評語、あとがき
1〜3年	1959	学校文集	B5、130P	観察記録集
4〜6年	1959	学校文集	B5、88P	観察記録集
1〜6年	1950	学校文集	A5、62P	生活文、俳句、詩、短歌、劇、編集を終わって
1〜3年	1957	学校文集	A5、56P	学級づくり、詩、学級の仕事、文集づくり、グループ日誌、学級のくらし、意見文、生徒会予算づくり、あとがき
1〜3年	1961	学校文集	A5、96P	詩、先生のことば、日記、生活文、座談会、意見文、放送劇、母と教室の往復書簡、編集を終わって
1〜6年	1958	学校文集	A5、83P	生活文、詩、俳句、短歌、あとがき
児童・教師	1961	学校文集	B5、34P	指導言多数、詩、生活文、授業検討会資料、作文の書き方、作品検討会資料、児童会だより
5・6年 教室	1952	学校文集	B5、59P	生活文（解説あり）、文のよい、悪いの見方、会話文、修学旅行記、指導のことば、編集後記

第四章 書誌一覧

No.	通し番号	箱番号	地域	誌名	学校名
170	557	38の8	岩手県宮古市	はまの子　第13号　5・6年	宮古市立愛宕小学校
171	559	38の10	岩手県宮古市	感想文集　第2号	宮古市立愛宕小学校図書館
172	574	39の14	岩手県花巻市	つちの山としろ	花巻市立花巻小学校
173	575	39の15	岩手県花巻市	さくらんどりのたまご	花巻市立花巻小学校
174	565	39の5	青森県青森市	なが志万	青森市立長島小学校
175	567	39の7	青森県青森市	長島	青森市立長島小学校
176	566	39の6	青森県青森市	ながしま	青森市立長島小学校
177	564	39の4	青森県青森市	のわき	青森市立野脇小学校
178	477	33の1	栃木県佐野市	ほくと　5号	佐野市立城北小学校
179	349	23の14	栃木県佐野市	ほくと　5号	佐野市立城北小学校
180	357	24の5	栃木県佐野市	ほくと　6号	佐野市立城北小学校
181	358	24の6	栃木県佐野市	ほくと　6号	佐野市立城北小学校
182	579	39の19	山形県東村山郡	さざなみ　第6号	長崎町立長崎小学校
183	280	39の24	山形県酒田市	たくせい　第2号	酒田市立琢成小学校
184	582	39の22	山形県山形市	花ぞの　第6号　低学年	山形市立金井小学校
185	643	43の2 ①〜②	愛知県岡崎市	ひばり　低学年の部　第6号	愛知学芸大学附属岡崎小学校
186	644	43の3	愛知県岡崎市	ひばり　第5号卒業記念特集号	愛知学芸大学附属岡崎小学校

二. 学校文集　293

学年	発行年月	種類	判型、頁	備考
5～6年	1958	学校文集	A5、30P	生活文、感想文、手紙文、作文の指導方法の事例あり
1～6年	1960	学校文集	B5、38P	読書感想文、評語
1～3年	1955	学校文集	A5、89P	生活文、評語、指導のことば、詩、日記、作品をよんで、あとがき
4～6年	1955	学校文集	A5、87P	生活文、読書感想文、日記、映画鑑賞文、詩、評語、作品をよんで、はじめのことば、あとがき、指導と研究の手引
1～6年	1952	学校文集	A5、44P	第1回全国小、中学校綴り方コンクール第3席入選作品、生活文、詩、創作、劇、学校だより、見学記録、社会科記録、編集をおわって
4～6年	1956	学校文集	A5、45P	生活文、指導の目標、詩、読書感想文、映画鑑賞文、詩の見方、あとがき
1～3年	1963	学校文集	A5、48P	生活文、評語、詩、評語、指導のことば、えんぴつ対談、日記、おわりに
1～6年	1955	学校文集	A5、68P	青森市連合PTAのお話会第一位作品、詩、生活文、手紙文、評語、研究部、作文を読んで、先生方の感想、入賞と放送の記録
1～3年	1961	学校文集	A5、56P	紀行文、生活文、詩、読書感想文、記録文、日記、あとがき
4～6年	1961	学校文集	A5、118P	生活文、紀行文、読書感想文、日記文、詩、手紙、あとがき
1～3年	1962	学校文集	B5、56P	生活文、手紙文、見学記録、観察日記、日記、詩、感想文、あとがき
4～6年	1962	学校文集	B5、116P	生活文、物語文、紀行文、詩、俳句、記録文
1～6年	1952	学校文集	A5、66P	生活文、評語、詩、評語、作文研究　国分一太郎の引用、句集、短歌、あとがき
1～6年	1953	学校文集	A5、122P	生活文、俳句、映画鑑賞文、詩、編集後記
1～3年	1959	学校文集	B5、34P	絵日記、詩、生活文、あとがき
1～3年	1952	学校文集	A5、32P	絵日記、記録文、生活文、詩、あとがき
1～6年	1952	学校文集	B5、50P	詩、生活文、生活記録、日記、手紙、読書感想文、担任のことば、あとがき

294　第四章　書誌一覧

No.	通し番号	箱番号	地域	誌名	学校名
187	649	43の8	愛知県宝飯郡蒲郡町	穂波　第2号	蒲郡町立南部小学校
188	716	51の4	佐賀県三養基郡	みかわ　第7号	三根村立三川小学校
189	715	51の3	佐賀県唐津市	さざなみ　第3号	唐津市立湊小学校
190	714	51の2	佐賀県佐賀市	はとぶえ	佐賀市立勧興小学校
191	616	41の8	静岡県富士郡	けんせつ　10月号	富士郡大淵小学校PTA
192	631	41の23	静岡県駿東郡	読書感想文　低学年	長泉村立長泉小学校
193	539	36の8	北海道函館市	ひなどり　第3号	北海道学芸大学函館附属小学校
194	545	36の14	北海道幌別町	ヒナワシ　8号	幌別町立鷲別小学校
195	662	43の15	石川県小松市	教の園　第2号	小松市立芦城小学校
196	588	40の5	長野県北安曇郡大町	あゆみ　第3号	大町立大町小学校
197	701	49の3	島根県大原郡	ひのぼりの子　No.5	木次町立日登中学校
198	658	44の2	山梨県右左郡	水の影　No.2	八代郡右左口中学校
199	656	43の14	福井県坂井郡	すずかけ　第6号	芦原町立芦原小学校
200	706	50の3	高知県高知市	そてつ　第6巻第10号	高知市立追手前小学校
201	670	45の8	大阪府池田市	がぶつちよ　No.1	熊野田小学校作文の会
202	702	49の4	鳥取県米子市	啓成文集　11号　低学年版	米子市立啓成小学校

学年	発行年月	種類	判型、頁	備考
1〜6年	1952	学校文集	18cm×17cm、60P	生活文、あとがき
1〜6年	1955	学校文集	B5、112P	今井誉次郎、吉田瑞穂のことば（生きたことば）、生活文、詩、子どもの挿絵・版画、『みかわ7号』を読んで、よい作文の書き方、編集後記
1〜6年	1955	学校文集	B5、112P	生活文、読書感想文、詩、職員の随筆・詩・短歌、あとがき
1〜6年	1956	学校文集	B5、31P	生活文、あとがき
児童・保護者・教師	1948	学校文集／その他	A5、39P	生活文、書評、編集後記、学務課指導主事の詩
1〜3年	1954	学校文集	B5、24P	読書感想文
1〜6年	1953	学校文集	B5、128P	生活文、詩、研究
1〜6年	1955	学校文集	B5、26P	生活文、詩、編集後記
1〜6年	1950	学校文集	A5、52P	PTAの文章、生活文、詩、短歌、研究記録、あとがき
1〜6年	1951	学校文集	A5、128P	日記、手紙、記録、生活、おはなし、よびかけ、感想文、俳句、編集後記
1〜3年	1952	学校文集	B5、128P	生活文、読書感想文、意見文、短歌、俳句、綴り方についての先生の意見文、学校便り、あとがき
1〜3年	1953	学校文集	B5、87P	生活文、俳句、生活記録、短歌、手紙文、読書感想文、紀行文、編集あとがき
1〜6年	1953	学校文集	B5、108P	生活文、見学記録、記録、日記、日誌、自由詩、先生方の作品、校長先生のことば、あとがき
1〜6年	1954	学校文集	A5、79P	生活文、詩、紀行文、読書感想文、創作文、新聞、ローマ字文、児童会記録
1〜6年	1955	学校文集	B5、25P	詩、生活文、がぶっちょ雑記
1〜3年	1955	学校文集	B5、36P	絵日記、生活文、詩

三. 学級文集

No.	通し番号	箱番号	地域	誌名	学校名
1	103	7の8	東京都杉並区	なかよし	杉並区立杉並第七小学校
2	275	18の11	東京都杉並区	白い塔	杉並区立杉並第七小学校
3	101	7の6	東京都杉並区	星の子文集　6号	杉並区立杉並第九小学校
4	89	6の7	東京都杉並区	杉の子　3号	杉並区立杉並第九小学校
5	90	6の8	東京都杉並区	杉の子　4号	杉並区立杉並第九小学校
6	188	12の10	東京都杉並区	ひまわり	杉並区立杉並第九小学校特別支援学級
7	220	14の7	東京都杉並区	山びこ	杉並区立杉並第九小学校
8	264	17の10	東京都杉並区	うんどうば	杉並区立方南小学校
9	235	15の12	東京都杉並区	ひまわり　1号	杉並区立方南小学校
10	95	6の13	東京都杉並区	土手のスカンポ	杉並区立方南小学校
11	204	13の7	東京都杉並区	野びる	杉並区立方南小学校
12	85	6の3	東京都杉並区	つぼみ　17号	杉並区立杉並第八小学校
13	142	9の15	東京都杉並区	つぼみ　18号	杉並区立杉並第八小学校
14	108	7の13	東京都杉並区	つぼみ　20号	杉並区立杉並第八小学校
15	141	9の14	東京都杉並区	つぼみ　21号	杉並区立杉並第八小学校
16	115	8の6	東京都杉並区	ころがり山	杉並区立杉並第五小学校
17	203	13の6	東京都杉並区	くまで	杉並区立杉並第五小学校
18	234	15の11	東京都杉並区	落葉　14号	杉並区立高井戸第四小学校
19	233	15の10	東京都杉並区	落葉　13号	杉並区立高井戸第四小学校

三. 学級文集　297

学級	発行年月	種類	判型　頁	備考
2年2組	1951	学級文集	A4、54P	作文、日記、生活文、感想、あとがき
6年2組	1954	学級文集	B5、76P	生活文、詩、日記、観察、読書感想文
6年1組	1951	学級文集	A4、78P・資料	卒業文集、星の子会、手紙、紀行文、研究、思い出、旅行記、童話、俳句、保護者の文、資料、子ども自筆（たより）、あとがき
4年4組	1956.7	学級文集	B5、72P	生活文、詩、作文
5年4組	1956.7	学級文集	B5、44P	生活文、読書感想文、手紙
6年5組	1956	学級文集	B5、65P	卒業文集、校長吉田瑞穂、先生のおはなし、1～6年の思い出、父兄の言葉、編集後記
5年3組	1956	学級文集	B5、314P	手紙、映画鑑賞文、詩、生活文、生い立ちの記、読書ノート、保護者の作品集、社会科見学、編集後記
2年1組	1956	学級文集	A4、52P	生活文、四コマ漫画、挿絵、父母からの手紙
4年1組	1956	学級文集	B5、58P	生活文、日誌、保護者の文、詩の書き方、あとがき
6年1組	1956.3	学級文集	B5、24P	版画のまえがき、版画と詩
6年1組	1956	学級文集	B5、39P	担任のことば、生活文、あとがき
5年4組	1958	学級文集	B5、47P	手紙文
5年4組	1958	学級文集	B4、35P	感想、生活文、読書感想、旅行記、お父様・お母様方へ、あとがき
5年4組	1958	学級文集	A4、88P	読書感想文集
5年4組	1958	学級文集	B4、30P	生活文、詳しい書き方、評語、お父様・お母様方へ
3年2組	1949	学級文集	B5、64P	研究、詩、日記、対談、読書カード、生活文、編集を終わって、作文の野原
4年2組	1949	学級文集	B5、28P	研究、脚本、歌、対談、理科、編集後記、堀山欽哉
6年2組	1953	学級文集	B5、42P	生活文、個人表、あとがき
6年2組	1953	学級文集	B5、32P	手紙、個人表

298　第四章　書誌一覧

No.	通し番号	箱番号	地域	誌名	学校名
20	221	14の8	東京都杉並区	ありのなかま	杉並区立若杉小学校
21	139	9の12	東京都杉並区	つくしんぼ　7号	杉並区立杉並第三小学校
22	105	7の10	東京都杉並区	若草　No.2	杉並区立桃井第三小学校
23	208	13の11	東京都杉並区	めだかのがっこう	杉並区立桃井第四小学校
24	206	13の9	東京都杉並区	新教育と綴方指導	杉並区立桃井第一小学校
25	78	5の16	東京都新宿区	あおぞら日記集　2号	新宿区立江戸川小学校
26	79	5の17	東京都新宿区	あおぞら日記集　7号	新宿区立江戸川小学校
27	104	7の9	東京都新宿区	青空　16号	新宿区立江戸川小学校
28	214	14の1	東京都新宿区	雀の木　5号	新宿区立江戸川小学校
29	19	2の3	東京都新宿区	雀の木　19号	新宿区立江戸川小学校
30	20	2の4	東京都新宿区	雀の巣　1号	新宿区立江戸川小学校
31	213	13の16	東京都新宿区	すずめのす　2号	新宿区立江戸川小学校
32	24	2の8	東京都新宿区	すずめのす　3号	新宿区立江戸川小学校
33	25	2の9	東京都新宿区	すずめのす　4号	新宿区立江戸川小学校
34	80	5の18	東京都新宿区	すずめのす　5号	新宿区立江戸川小学校
35	26	2の10	東京都新宿区	すずめのす　9号	新宿区立江戸川小学校
36	48	3の16	東京都新宿区	すずめのす　10号	新宿区立江戸川小学校
37	30	2の14	東京都新宿区	すずめのす　11号	新宿区立江戸川小学校
38	22	2の6	東京都新宿区	すずめの子　1号	新宿区立江戸川小学校
39	29	2の13	東京都新宿区	すずめの子　3号	新宿区立江戸川小学校
40	21	2の5	東京都新宿区	すずめの子　5号	新宿区立江戸川小学校
41	14	1の15	東京都新宿区	すずめの子　8号	新宿区立江戸川小学校
42	215	14の2	東京都新宿区	すずめの子　11号	新宿区立江戸川小学校

三. 学級文集　299

学級	発行年月	種類	判型　頁	備考
6年3組	1954	学級文集	19cm×17cm、77P	生活文、生活記録、詩、座談会、学級日誌、あとがき
3年3組	1956	学級文集	A4、20P	作文、俳句、社会見学、メモ、おわりに
5年5組	1958	学級文集	A4、49P+学級文集	手紙、生活、学級文集、若草だより、あとがき
1年2組	不明	学級文集	B5、65P	おはなし、絵日記、手紙、絵作文、作文、一枚文集、日記、あとがき、お母さんのことば
2年2組	不明	学級文集	B5、32P	生活文、文例
1年1組	1951	学級文集	B5、270P	日記、橋詰学級
1年1組	1951	学級文集	B5、74P	作文、保護者のみなさまに、橋詰学級
2年1組	1953	学級文集	A4、141P	日記、作文、日記帳
2年2組	1955.9	学級文集	B5、116P	橋詰学級、夏休みの日記集、保護者のみなさまへ
2年2組	1956	学級文集	B5、76P	作文、評語、橋詰学級
1年1組	1956	学級文集	B5、84P	日記、評語、橋詰学級
1年1組	1956	学級文集	B5、221P	絵日記
1年1組	1956.5	学級文集	B5、40P	作文、評語、保護者への文、橋詰学級
1年1組	1956.6	学級文集	B5、44P	作文、評語、保護者への文、橋詰学級
1年1組	1956	学級文集	B5、72P	作文、評語、橋詰学級
1年1組	1956 2学期	学級文集	B5、80P	童話、便り、創作、お話、評語、橋詰学級
1年	1956	学級文集	B5、93P	手紙文、おはなしづくり、作文、詩、生活文、評語、保護者への文、橋詰学級
1年1組	1956 3学期	学級文集	B5、88P	詩、ことばあそび、創作お話、見舞い手紙文、保護者への文、評語、橋詰学級
1年1組	1957.5	学級文集	B5、44P	作文、評語、保護者への文、橋詰学級
1年1組	1957.6	学級文集	B5、72P	作文、保護者への文、評語、橋詰学級
1年1組	1957 2学期	学級文集	B5、107P	お話づくり、絵、評語、橋詰学級
2年生	1958.4	学級文集	B5、80P	作文、評語、橋詰学級
2年1組	1958	学級文集	B5、107P	橋詰学級、創作、生活文、紙芝居、観察記録文、手紙文、絵日記

No.	通し番号	箱番号	地域	誌名	学校名
43	262	17の9	東京都新宿区	すずめの子　18号	新宿区立江戸川小学校
44	137	9の10 ①〜②	東京都新宿区	すずめの子　29号	新宿区立江戸川小学校
45	138	9の11	東京都新宿区	ひとつぶのたね　1号	新宿区立江戸川小学校
46	334	22の6	東京都新宿区	ひとつぶのたね　3号	新宿区立江戸川小学校
47	325	21の12	東京都新宿区	かめの子　相模湖特集　第2号	新宿区立江戸川小学校
48	268	18の4	東京都足立区	いしけり　2号　全員の作品集	足立区立五反野小学校
49	303	20の5	東京都足立区	いしけり　4号	足立区立五反野小学校
50	306	20の8	東京都足立区	いしけり	足立区立五反野小学校
51	329	22の1	東京都足立区	いしけり　8号	足立区立五反野小学校
52	170	11の5	東京都足立区	いしけり　9号	足立区立五反野小学校
53	209	13の12	東京都足立区	蛙の子の合唱	足立区立五反野小学校
54	331	22の3	東京都足立区	蛙の子の合唱　1号	足立区立五反野小学校
55	2	1の2	東京都世田谷区	丘の子　2	世田谷区立松丘小学校
56	266	18の2	東京都世田谷区	光の子　3号	世田谷区立奥沢小学校
57	216	14の3	東京都世田谷区	青空	世田谷区立奥沢小学校
58	27	2の11	東京都世田谷区	あめんぼ　No.1	世田谷区立八幡小学校
59	169	11の4	東京都世田谷区	まつぼっくり	世田谷区立烏山北小学校
60	217	14の4	東京都大田区	みどりのくに　2号	大田区立東糀谷小学校
61	96	7の1	東京都大田区	ありんこ　絵日記	大田区立東糀谷小学校
62	148	10の6	東京都大田区	はちのこ　第4号	大田区立東糀谷小学校

三. 学級文集

学級	発行年月	種類	判型、頁	備考
3年1組	1959	学級文集	B5、87P	橋詰学級、4月からの作文、生活文、つづき話、手紙文
3年1組、保護者	1960	学級文集	B5、170P	橋詰学級、生活文、親子文集、先生の評語
5年3組	1960	学級文集	A4、67P	橋詰学級、生活文、手紙文、病気見舞い、評語
5年3組	1960	学級文集	B5、71P	橋詰学級、意見文、生活文、保護者のみなさまと一緒に考えたい担任橋詰、批評
5年1組	1961	学級文集	B5、86P	詩、記録文、相模湖についてグループごとの報告、あとがき、絵（カラー）
5年2組	1953	学級文集	B5、67P	全員の作品（詩、日記、生活文、創作）
5年2組	1953	学級文集	B5、88P	生活文、鉛筆対談、詩、あとがき
5年2組	1954	学級文集	B5、188P	似顔絵、詩、鉛筆対談、つづり方案内、創作、新春の希望、お母さん方の座談会、あとがき
6年2組	1954	学級文集	B5、172P	研究文、紀行文、詩、生活文、まえがき、あとがき
6年2組	1955	学級文集	B5、100P	生活文、日記、詩、評語、編集後記
3年2組	1955	学級文集	B5、58P	生活文、えんぴつ対談、保護者の作文、あとがき、研究問題
3年2組	1955	学級文集	B5、50P	まえがき、詩、生活文、あとがき、挿絵
2年3組	1955.8	学級文集	B5、90P	詩、作文、手書き挿絵、評言、倉沢仁太郎
4年2組	1955	学級文集	B5、62P	日記、詩、生活文、映画の感想、映画会の感想、漫画のお話、録音、お母さんからの返事、赤坂小学校の手紙、お家の方へ
4年2組	1958	学級文集	B5、56P	詩、作文を読んで、生活文、参考詩、おわりに
1年4組	1956	学級文集	B5、64P	絵とお話、なんでも帳、お手紙、観察日記、笑い話、保護者への文、評語
3年4組	1956	学級文集	B5、72P	生活文、手紙、えんぴつ対談、詩、あとがき、評語
1年2組	1952	学級文集	B5、57P	日記、手紙、生活文
1年4組	1952	学級文集	B5横、50P	絵日記、評語、あとがき
2年3組	1952	学級文集	B5、80P	生活文、物語のつづき、手紙文、評語

302　第四章　書誌一覧

No.	通し番号	箱番号	地域	誌名	学校名
63	321	21の8	東京都大田区	め　第2号	大田区立相生小学校
64	36	3の4	東京都北多摩郡	ひなどり　3号	小金井町立小金井第二小学校
65	175	11の10	東京都北多摩郡	ひなどり	小金井町立小金井第二小学校
66	307	20の9	東京都北多摩郡	ひなどり	小金井町立小金井第二小学校
67	259	17の6	東京都北多摩郡	道　4号	小金井町立小金井第一小学校
68	271	18の7	東京都北区	フエとタイコとバイオリン	北区立豊川小学校
69	168	11の3 ①〜②	東京都北区	鑑賞用作文集　一学期	北区立赤羽小学校
70	366	21の16	東京都北区	作文第二集（6月、7月の作文より）	北区立赤羽小学校
71	231	15の8	東京都港区	ありのす　4号	港区立赤坂小学校
72	312	20の14	東京都港区	ありのす　7号	港区立赤坂小学校
73	35	3の3	東京都港区	つばめのたより　1号	港区立白金小学校
74	173	11の8	東京都葛飾区	れんげ　第2集	葛飾区立二上小学校
75	167	11の2	東京都葛飾区	らんどせる	葛飾区立堀切小学校
76	211	13の14	東京都武蔵野市	森のこみち　1号	私立成蹊小学校
77	253	16の15	東京都武蔵野市	うさちゃん　3号	武蔵野市立第三小学校
78	172	11の7	東京都中野区	河口湖　俳句集	中野区立本郷小学校
79	319	21の6	東京都中野区	だるま　2号	中野区立北原小学校
80	269	18の5	東京都板橋区	みどりの友　3号	板橋区立上板橋第四小学校
81	227	15の4	東京都板橋区	ぎんのすなつぶ	板橋区立志村第三小学校
82	252	16の14	東京都墨田区	どんぐり	墨田区立第一吾嬬小学校
83	12	1の12	東京都西多摩郡	あゆみ　7	福生町立福生第一小学校
84	86	6の4	東京都荒川区	ひろっぱ　9号	荒川区立第四瑞光小学校
85	249	16の11	東京都江東区	にじのはし	江東区立第三大島小学校
86	332	22の4	東京都練馬区	BUTTOIKO（ぶっとい子）　第4号	練馬区立旭町小学校

三．学級文集　303

学級	発行年月	種類	判型　頁	備考
2年4組	1959	学級文集	B5、34P	生活文、おはなしの続きばなし、詩、あとがき
1年2組	1954	学級文集	B5、37P	作文、日記、評語
2年2組	1954	学級文集	B5、66P	日記、生活文、絵、文の書き方、日記の書き方、ものの見方、PTA
2年2組	1955	学級文集	B5、92P	生活文、詩、あとがき、保護者の方々に
3年4組	1955	学級文集	B5、59P	詩、手紙、おわりに
2年6組	1956	学級文集	B5、30P	全員の作品（詩、生活文、作文指導と音楽鑑賞）、あとがき
3年2組	不明	学級文集	B5、43P	指導のことば、詩、生活文、日記文、擬人文、観察文、読書感想文、手紙文、鑑賞文（全国）
3年2組	不明	学級文集	B5、32P	生活文、観察記録分、手紙文
2年2組	1953	学級文集	B5、34P	生活文
3年2組	1953	学級文集	B5、52P	作文、自由詩、御両親様へ
1年8組	1955	学級文集	B5、31P	絵日記、作文、評語、原稿用紙、保護者への文
6年2組	1955	学級文集	B5、92P	卒業記念特集、生活文、詩、日記、編集を終えて
1年2組	1956	学級文集	B5、100P	絵日記、日記、生活文、絵、年賀状
4年4組	1948	学級文集	B5、57P	詩、生活文、研究、日記、手紙、あとがき
2年6組	1955	学級文集	B5、83P	生活文、挿絵、物語、手紙、メモ、友達の一言感想、お父さん・お母さん方へ
6年2組	1955	学級文集	B5、16P	生活文、作文、俳句
6年1組	1955	学級文集	B5、64P	意見文、生活文、童話、あとがき
2年5組	1952	学級文集	B5、24P	日記、生活文、父兄のみなさんへ、創作
4年3組	1953	学級文集	B5、21P	詩、生活文、編集後記
4年1組	1952	学級文集	B5、55P	日記、生活文、算数の記録、読書感想文、映画をみて、社会科調べ、父兄のみなさまへ、あとがき
6年1組	1953	学級文集	B5、58P	作文、日記、記録、版画、評語
3年2組	1955	学級文集	B5、38P	夏休みの日記
3年2組	1956	学級文集	B5、46P	詩、生活文、あとがき
6年1組	1957	学級文集	B5、50P	詩、生活文、あとがき

304　第四章　書誌一覧

No.	通し番号	箱番号	地域	誌名	学校名
87	10	1の10	東京都立川市	すずめの子　2号	立川市立第一小学校
88	626	41の18	静岡県駿東郡裾野町	すえひろやま　第5号	裾野町立裾野東小学校
89	627	41の19	静岡県駿東郡裾野町	すえひろやま　第8号	裾野町立裾野東小学校
90	618	41の10	静岡県駿東郡裾野町	すえひろやま　第1号	裾野町立裾野東小学校
91	619	41の11	静岡県駿東郡裾野町	すえひろやま　第2号	裾野町立裾野東小学校
92	620	41の12	静岡県駿東郡裾野町	すえひろやま　第3号	裾野町立裾野東小学校
93	621	41の13	静岡県駿東郡裾野町	すえひろやま　第5号	裾野町立裾野東小学校
94	622	41の14	静岡県駿東郡裾野町	すえひろやま　第7号	裾野町立裾野東小学校
95	623	41の15	静岡県駿東郡裾野町	すえひろやま　第8号	裾野町立裾野東小学校
96	624	41の16	静岡県駿東郡裾野町	すえひろやま　第10号	裾野町立裾野東小学校
97	625	41の17	静岡県駿東郡裾野町	すえひろやま　第11号	裾野町立裾野東小学校
98	628	41の20	静岡県駿東郡裾野町	末広山　第19号　裾野風土記	裾野町立裾野東小学校
99	629	41の21	静岡県浜名郡	あゆみ　第2号	雄踏町立雄踏小学校
100	630	41の22	静岡県浜名郡	あゆみ　第3号　夏休み作品集	雄踏町立雄踏小学校
101	683	47の4	兵庫県豊岡市	雨にもまけず　No.4	豊岡市立三江小学校

三. 学級文集　305

学級	発行年月	種類	判型　頁	備考
1年	不明	学級文集	B5、44P	絵日記、手紙、絵話、作文、評語、絵あり
4年雪組	1953.6	学級文集	B5、36P	児童の版画、生活文、詩、父母の皆様へ
4年雪組	1953.11	学級文集	B5、41P	ねらいのある文、書き直した文、詩、生活文、遠足のスナップ、病気の友人への手紙、あとがき
3年月組	1954.4	学級文集	B5、35P	はじめのことば、学校長・担任のことば、生活文、評語、詩、評語、お別れのことば、手紙、日記、あとがき
3年月組	1954.5	学級文集	B5、26P	詩、牛ぶせ山の記録
3年月組	1954.6	学級文集	B5、22P	生活文、詩、評語、日記、評語、あとがき
3年月組	1954.7	学級文集	B5、30P	生活文、詩、児童の絵、あとがき
3年月組	1954.9	学級文集	B5、34P	詩、評語、手紙文、保護者の文、あとがき
3年月組	1954.10	学級文集	B5、37P	運動会の様子、詩、生活文、評語、お別れ文、学校長の文、保護者の文、あとがき、全国綴り方コンクール静岡県予選入賞、読売賞、静岡県教育委員会賞受賞
3年月組	1954.11	学級文集	B5、47P	「ともしび」の映画鑑賞文、「あやつり人形」の劇を見ての感想文、映画「二十四の瞳」、「ハエのいない町」を見ての鑑賞文、他の学校の児童の手紙、あとがき
3年月組	1954.11	学級文集	B5、53P	学校長の文、生活文、お父さん・お母さんの作文、多数の先生の思い出話、あとがき
4年雪組	1955.9	学級文集	B5、145P	はじめに、学校長のことば、地図、裾野についての調べ学習記録、意見文
6年4組	1956	学級文集	B5、31P	詩、生活文、見学記録、映画の感想文、あとがき
6年4組	1956	学級文集	B5、28P	詩、生活文、評語、あとがき
4年	1951	学級文集	B4、27P	詩、生活文、観察文、手紙文、意見文、壁新聞、映画感想文

306　第四章　書誌一覧

No.	通し番号	箱番号	地域	誌名	学校名
102	688	47の9	兵庫県豊岡市	みつばち　第1号	豊岡市立豊岡小学校
103	692	47の13	兵庫県豊岡市	若草族	豊岡市立豊岡小学校
104	671	46の1	兵庫県西宮市	星の子ども　第10集	西宮市立瓦木小学校
105	672	46の2	兵庫県西宮市	星の子ども　第11集　詩集	西宮市立瓦木小学校
106	673	46の3	兵庫県西宮市	星の子ども　第12集　映画ひろしまを見て	西宮市立瓦木小学校
107	674	46の4	兵庫県西宮市	星の子ども　第13集　私たちはこうして劇をつくる	西宮市立瓦木小学校
108	678	46の8	兵庫県揖保郡伊勢村	草笛　No.5	伊勢村立伊勢小学校
109	694	48の1	兵庫県揖保郡	えんぴつ　No.2	揖保川町立半田小学校
110	679	46の9	兵庫県竜野市	ありの子　No.3	竜野市立神岡小学校
111	351	23の10	神奈川県愛甲郡	かしの木　6号	愛川町立半原小学校
112	337	23の2	神奈川県愛甲郡	かしの木　No.8	愛川町立半原小学校
113	472	32の8	神奈川県愛甲郡	かしの木　9号	愛川町立半原小学校
114	426	29の2	神奈川県横浜市	はまっ子　作文教室の1	横浜市立東台小学校
115	385	25の11	神奈川県横浜市	山元の子	横浜市立山元小学校
116	473	32の9	神奈川県藤沢市	らったった　No.1	藤沢市立辻堂小学校
117	404	27の4	神奈川県藤沢市	らったった　No.2	藤沢市立辻堂小学校
118	347	23の12	神奈川県藤沢市	らったった　No.3	藤沢市立辻堂小学校
119	474	32の10	神奈川県藤沢市	らったった　No.4	藤沢市立辻堂小学校
120	372	24の19	埼玉県秩父郡	学級詩文集　第2集	小鹿野町立小鹿野小学校
121	388	26の2	埼玉県秩父郡	学級詩文集　第3集	小鹿野町立小鹿野小学校
122	389	26の3	埼玉県秩父郡	学級詩文集　第4集	小鹿野町立小鹿野小学校

三. 学級文集　307

学級	発行年月	種類	判型　頁	備考
5年5組	1952	学級文集	B5、66P	詩、生活文、映画感想文、日記、あとがき
6年	1959	学級文集	B5、38P	児童の手書き、先生の意見文、児童の意見文、詩
5年赤組	1953	学級文集	21cm×18cm、46P	生活文、お母さんの一日、あとがき
5年赤組	1953	学級文集	21cm×18cm、39P	詩、あとがき、日記、手紙、国語のノートから編集した詩集、挿絵・カットカラー
5年赤組	1953	学級文集	21cm×18cm、22P	鉛筆対談、詩、感想文、あとがき
5年赤組	1953	学級文集	21cm×18cm、42P	私たちはこうして劇をつくる、あとがき
6年	1953	学級文集	B5、54P	詩、劇、童話、研究記録、生活文、自由研究、あとがき
5年1組	1953	学級文集	B5、50P	生活文、詩、日記、あとがき
5年月組	1953	学級文集	B5、63P	生活文、教師の創作、日記文、詩、あとがき
5年1組	1951	学級文集	B5、91P	生活文、観察調査、生活ノート、日記、担任のことば
6年1組	1951	学級文集	A5、38P	理科研究、詩、生活文、読書感想、あとがき
6年1組	1952	学級文集	A5、28P	読書記録特集、読書感想文、読書カード、あとがき
3年3組	1952	学級文集	B5、59P	生活文、詩、作品の見方、あとがき
6年3組	1954	学級文集	B5、38P	詩、評語、日記、生活文、班日記
2年1組	1956	学級文集	B5、46P	詩、生活文、子どもの挿絵、観察日記
2年1組	1956	学級文集	B5、56P	子どもの挿絵、海の水はなぜ辛いか
2年1組	1956	学級文集	B5、80P	詩、生活文、友達の詩を読んで
2年1組	1957	学級文集	B5、92P	泣いた赤おにを読んで、花の好きな牛の感想、ロバの旅を読んで、さよなら会の劇の相談、挿絵、詩
5年桜組	1958	学級文集	B5、22P	詩、算数の問題つくり、五桜のみなさんへ
5年桜組	1958	学級文集	B5、22P	詩、日記、教室の記録
5年桜組	1958	学級文集	B5、20P	読書調査、読書についての意見文、詩、映画の感想、生活文、感想文、評語

No.	通し番号	箱番号	地域	誌名	学校名
123	396	26の10	埼玉県浦和市	ひよこ	浦和市立高砂小学校
124	485	33の9	埼玉県浦和市	はぐるま　合本7号	浦和市立南浦和小学校
125	363	24の10	埼玉県浦和市	たんぽぽ　3号	浦和市立大谷場小学校
126	449	30の10	埼玉県深谷市	ひよこ　2号	深谷市立大寄小学校
127	448	30の9	埼玉県深谷市	ひよこ　3号	深谷市立大寄小学校
128	432	29の8	埼玉県入間郡	どんぐり	鶴ヶ島村立鶴ヶ島第一小学校
129	595	40の12	長野県上水内郡	あしなみ　第22号	栄村立栄小学校
130	598	40の15	長野県上水内郡	あしなみ　第26号	栄村立栄小学校
131	601	40の18	長野県上水内郡	あしなみ　第27号	栄村立栄小学校
132	600	40の17	長野県上水内郡	あしなみ　第28号	栄村立栄小学校
133	602	40の19	長野県上水内郡	あしなみ　第29号	栄村立栄小学校
134	596	40の13	長野県上水内郡	あしなみ　第31号	栄村立栄小学校
135	599	40の16	長野県上水内郡	あしなみ　第40号	栄村立栄小学校
136	606	40の23	長野県上水内郡	なかよし　第6号	新町小学校
137	548	37の3	北海道小樽市	なかよし　第3号	小樽市立潮見台小学校
138	535	36の6	北海道瀬棚郡瀬棚町	やませ　第4号	瀬棚町立瀬棚小学校
139	540	36の9	北海道瀬棚郡瀬棚町	やませ　第6号	瀬棚町立瀬棚小学校
140	541	36の10	北海道瀬棚郡瀬棚町	やませ　第12号	瀬棚町立瀬棚小学校
141	530	36の1	北海道山越郡	教室の中に虹がある	八雲町立八雲中学校
142	543	36の12	北海道山越郡	文集スカンポ　第1号　鉛川キャンプ特集	八雲町立八雲中学校
143	536	36の7	北海道滝川市	こどものくに　第7号	滝川市立西小学校

学級	発行年月	種類	判型、頁	備考
2年1組	1958	学級文集	B5、88P	1〜2年の作品、生活文、日記、評語、全国作文コンクール埼玉県入選作、おわりに
6年2組	1958	学級文集	B5、20P	学級通信
1年2組	1959	学級文集	B6、72P	お父さん、お母さん方へ、生活文
1年2組 保護者	1956	学級文集／その他	B5、20P	児童全員の保護者作文、父母の願い
1年2組	1956	学級文集	B5、48P	絵日記、生活文、あとがき
1年2組	1960	学級文集	B5、92P	挿絵、学級通信、絵日記、保護者の作文、観察文、生まれたときの話
4年1組	1953	学級文集	B5、22P	木版画、生活文、編集後記
5年1組	1954	学級文集	B5、30P	生活文、児童の文字（手書き）、あとがき
5年1組	1954	学級文集	B5、40P	生活文、詩、あとがき
5年1組	1954	学級文集	B5、28P	児童の手書き、詩、おわりに
5年1組	1954	学級文集	B5、32P	生活文、詩、編集後記
5年1組	1954	学級文集	B5、20P	生活文、読書感想文、編集後記
6年1組	1955	学級文集	B5、40P	生活文、あとがき
6年東組	1956	学級文集	B5、38P	研究のまとめ、こづかい調べ、旅行記、おうちの方から、詩、あとがき
1年2組	1952	学級文集	B5、34P	子どもの聞き書き（教師の手書き）、日記、生活文、絵日記、絵日記の指導について
3年月組	1952	学級文集	B5、40P	生活文、詩、手紙、模範詩、あとがき
5年花組	1952	学級文集	B5、43P	生活文、反省ノート、詩、お別れの会、夏休みの計画、あとがき
5年花組	1952	学級文集	B5、52P	詩、意見文、生活文、あとがき
3年F組	1954	学級文集	B5、215P	はじめに、集合写真、生活文、社会科見学、詩、意見文、映画感想文、学校放送を聞いて、学級日記、クラスの構成、あとがき
2年F組 スカンポ教室	1955	学級文集	B5、97P	感想文、記録文、座談会、劇、献立記録、気候記録、問答、あかあさんの日記、不参加者の声、父の手紙、母の手紙、詩と版画、編集後記
1年1組	1960	学級文集	B5、70P	生活文、えんぴつ対談、評語、あとがき

310　第四章　書誌一覧

No.	通し番号	箱番号	地域	誌名	学校名
144	423	28の12	茨城県北相馬郡	あぜみちの子ら　第1号	利根町立文間中学校
145	421	28の10	茨城県稲敷郡牛久町	らっかせい　第6号	牛久町立岡田中学校
146	367	24の14	茨城県稲敷郡牛久町	らっかせい　1957年合本号	牛久町立岡田中学校
147	368	24の15	茨城県稲敷郡牛久町	らっかせい　卒業特集	牛久町立岡田中学校
148	711	50の8	愛媛県南宇和郡	あしおと　第32号	愛南町立城辺小学校
149	708	50の5	愛媛県南宇和郡	ことり　第4号	愛南町立城辺小学校
150	709	50の6	愛媛県南宇和郡	ことり　第5号	愛南町立城辺小学校
151	710	50の7	愛媛県南宇和郡	ことり　第26号	愛南町立城辺小学校
152	345	35の1	群馬県利根郡	文集山のむら　1号	東中学校選択職業科（利根村立？）
153	412	28の1	群馬県高崎市	すぎのこ　第15集	高崎市立佐野小学校
154	382	35の4	群馬県高崎市	すぎの子　第13集	高崎市立佐野小学校
155	570	39の10	岩手県宮古市	海港　No.1	宮古市立宮古第一中学校
156	577	39の17	岩手県宮古市	海図	宮古市立宮古第一中学校
157	572	39の12	岩手県宮古市	すぎのこ　第4号	宮古市立愛宕小学校
158	668	45の6	京都府加左郡大江町	かっぱ　第8号	大江町立有路小学校
159	669	45の7	京都府加左郡大江町	かっぱ　第11号	大江町立有路小学校
160	659	44の3	岐阜県多治見市	ハトポッポ　第3号	多治見市立精華小学校
161	660	44の4	岐阜県多治見市	ぶらんこ　第1集	多治見市立精華小学校
162	529	51の13	熊本県八代郡	土の子　第2号	有佐村立有佐小学校
163	528	51の12	熊本県八代郡	土の子　夏休み特集号第3号	有佐村立有佐小学校

三. 学級文集

学級	発行年月	種類	判型　頁	備考
1年B組	1954	学級文集	B5、58P	太田昭臣、詩、生活文、あとがき
2年1組	1956	学級文集	B5、42P	意見文、生活文、読書感想文
3年3組	1957	学級文集	B5、94P	生活文、意見文、手紙文
3年3組	1958	学級文集	B5、56P	生活文、うたごえ、意見文、友への手紙、らく画記、調査、住所
5年C組	1954	学級文集	B5、104P	生活文、読書感想文、研究記録文、詩、評語
1年2組	1956	学級文集	B5、60P	生活文、子どもの挿絵、絵日記、教師の通信
1年2組	1956	学級文集	B5、60P	手紙、絵日記、おはなし、お父さん・お母さんのページ、教師の通信
2年1組	1958	学級文集	B5、56P	生活文、絵日記、評語
3年	1959	学級文集	B5、7P	生活文、詩
6年梅組	1960	学級文集	B5、30P	詩、日記、評語、感想、観察文
2年さくら組	1960	学級文集	B5、34P	日記、生活文、おわかれのことば、友人を送ることば、詩
3年1組	1955	学級文集	B5、44P	生活文、詩、あとがき、評語
3年1組	1956	学級文集	B5、152P	生活文、評語、作文ノート、読売綴り方コンクール県入選（2位、5位）、作文コンクール全国（入賞佳作）
1年白組	1960	学級文集	B5、70P	生活文、評語
1年	1953	学級文集	B5、68P	生活文、子どもの挿絵、創作、詩、先生のことば、評語、あとがき
2年	1953	学級文集	B5、80P	生活文、日記、先生のことば、子どもの挿絵、あとがき
1年1部	1956	学級文集	B5、44P	手紙、絵日記、先生の日記
2～4年（特殊学級精薄児）	1956？	学級文集	B5、124P	絵、短文、奥村幸夫のことば
2年1組	1951	学級文集	B5、27P	生活文、詩、日記、お手紙みなさんへ先生より
2年1組	1951	学級文集	B5、33P	生活文、評語、日記、詩、仕事を終わって

312　第四章　書誌一覧

No.	通し番号	箱番号	地域	誌名	学校名
164	562	39の2	秋田県大館市	わすれな草	大館市立釈迦内中学校
165	707	50の4	高知県高知市	あぜみちのこども　第5号	高知市立朝倉小学校
166	651	43の9	新潟県高田市	ポプラの見える教室	高田市立南本町小学校
167	638	42の7	石川県石川郡	きたかぜの村で　学級文集	林中村立林中小学校
168	641	42の10	富山県高岡市	太陽の子	高岡市立横田小学校
169	719	51の7	佐賀県三養基郡	ほりべた　第1集	三根村立三川小学校
170	655	43の13	福井県坂井郡長畝村	にじ　第1集	長畝村立長畝小学校
171	657	44の1	山梨県	わかば	山梨大学学芸学部附属小学校塩沢学級
172	699	49の1	岡山県上道郡	なかよし　第1号	岡山市立雄神小学校
173	568	39の8	青森県青森市	北風の子　No.8	青森市立長島小学校
174	581	39の21	山形県山形市	山の子	山形市立高瀬小学校
175	438	29の14	千葉県木更津市	ポプラの子	木更津市立木更津第二小学校
176	666	45の4	三重県桑名市	丘の子　第4号	桑名市立大城小学校
177	703	45の9	大阪府豊中市	さざ波	豊中市立大池小学校
178	274	18の10	不明	はらっぱ	おおでん小学校
179	311	20の13	不明	水	不明
180	18	2の2	東京都新宿区	すずめの子　8号	新宿区立江戸川小学校
181	322	21の9	東京都北区	作文基礎編　二学期用	北区立赤羽小学校

学級	発行年月	種類	判型、頁	備考
3年C組	1950	学級文集	B5、24P	詩、日記、手紙、卒業のことば、編集後記、寄せ書き
1年松組	1951	学級文集	A5、44P	生活文、日記、詩、お母さんの声、勉強室、子どもたちへ
3年1組	1952	学級文集	B5、98P	生活文、日記、学習記録、劇の脚本、創作、詩、三年間をかえりみて、担任の文章、あとがき
5年	1953	学級文集	B5、124P	詩、生活文、読書調査、あとがき
4年黄組	1954	学級文集	B5、136P	一枚文集
6年A組	1954	学級文集	B5、42P	詩、生活文、評語、お父さん・お母さんの作品、作文教育西日本大会に参加して
4年西組	1954	学級文集	B5、20P	詩、生活文、あとがき
2年	1954	学級文集	B5、158P	生活文、手紙文、日記文、詩、おわりに
1年	1954	学級文集	B5、46P	おはなし、生活文、あとがき
5年3組	1955	学級文集	B5、31P	学習記録、詩、生活文、指導、感じ方について、あとがき
6年1組	1955	学級文集	B5、98P	生活文、評語、あとがき
3年3組	1958	学級文集	B5、53P	版画、寄せ書き、詩、生活文、手紙、日記、みんなで考えたいこと
6年C組	1961	学級文集	B5、14P	日課表、読書感想文、2学期の目当て
5・6年?（学年不明）浅原学級	不明	学級文集	B5、26P	生活文、評語、授業記録、詩、あとがき
1年4組	不明	学級文集	B5、55P	生活文
3年4組	不明	学級文集	B5、20P	村山貯水池に行って（生活文）
1年	1956	学級手紙集	B5、24P	夏休みの手紙集、評語、橋詰学級
3年2組	不明	学級作文指導書	B5、32P	作文指導

四. 学年文集

No.	通し番号	箱番号	地域	誌名	学校名
1	102	7の7	東京都杉並区	たけのこ	杉並区立杉並第七小学校
2	273	18の9	東京都杉並区	伸びゆくもの「あゆみ」増刊号	杉並区立阿佐ヶ谷中学校
3	136	9の9	東京都杉並区	つみ木	杉並区立杉並第三小学校
4	100	7の5	東京都杉並区	山ゆり　4年日記集	杉並区立杉並第四小学校
5	248	16の10	東京都杉並区	三年生	杉並区立杉並第九小学校
6	305	20の7	東京都千代田区	しいの木　6号	千代田区立富士見小学校
7	277	18の13	東京都千代田区	しいの木　6号	千代田区立富士見小学校
8	1	1の1	東京都千代田区	しいの木　6号	千代田区立富士見小学校
9	270	18の6	東京都千代田区	しいの木　6号	千代田区立富士見小学校
10	171	11の6	東京都新宿区	青空　17号	新宿区立江戸川小学校
11	323	21の10	東京都新宿区	たかだい	新宿区立落合第一小学校
12	315	21の2	東京都南多摩郡	谷戸の仲間	多摩村立多摩小学校第一分校
13	304	20の6	東京都南多摩郡	あぜみち教室　No.1～16	多摩村立多摩小学校第一分校
14	317	21の4	東京都三鷹市	青い鳥　No.2	私立明星学園
15	219	14の6	東京都世田谷区	青GIRI	私立和光学園
16	300	20の2	東京都足立区	芽生え	足立区立五反野小学校
17	299	20の1	東京都大田区	こいけ　4号6年用 読書感想文特集号	大田区立小池小学校
18	310	20の12	東京都武蔵野市	はらっぱ	武蔵野市立大野田小学校
19	92	6の10	東京都杉並区	SAGAMIKO	杉並区立杉並第七小学校
20	13	1の14	東京都中野区	なかま	中野区立啓明小学校
21	401	27の1	茨城県鹿島郡	砂原の子供　卒業文集	若松村立若松東小学校

四. 学年文集　315

学年	発行年月	種類	判型　頁	備考
6年	1952	学年文集	A4、46P	卒業文集、校長のことば　吉田瑞穂、詩、研究文、生活文、あとがき
第4回卒業生	1953	学年文集	B5、254P	論文、詩、生活文、川柳、和歌、笑い話、創作、読書感想、映画鑑賞、理科レポート、編集後記
4年	1956	学年文集	A4、12P	都内見学
4年	1956	学年文集	A4、36P	日記、はじめのことば、編集後記
3年・保護者	1956	学年文集	B5、208P	吉田瑞穂、作文
3年	1956	学年文集	B5、44P	詩、生活文、評語
4年	1956	学年文集	B5、40P	詩、生活文、あとがき
5年	1956.1	学年文集	B5、42P	詩、作文、読書感想文
6年	1956	学年文集	B5、42P	生活文
2年	1953	学年文集	B5、140P	生活文、橋詰学級
2〜3年	1956	学年文集	B5、37P	手紙、生活文、あとがき
6年	1954	学年文集	B5、36P	詩、生活文、（1枚文集の綴り）
4年	1960	学年文集	B5、74P	作文教材集
4年	1950	学年文集	A5、42P	横書きの詩、さがわみちおの言葉
4年	1952.8	学年文集	20cm×20cm、52P	生活作文、詩
6年	1954	学年文集	A5、180P	手紙、生活文、記録、書式、感想文、創作、あとがき
6年	1954	学年文集	A5、72P	感想文、詩、日記、劇の台本、生活文、あとがき
4年	1957	学年文集	B5、117P	詩、生活文
5年	不明	学年文集	B6、10P	遠足の記録
6年	不明	学年文集	B5、20P	卒業記念作文、似顔絵
6年	1953	学年文集	B5、68P	校長・教頭のことば、詩、育ちのことば、手紙、あとがき

No.	通し番号	箱番号	地域	誌名	学校名
22	263	24の13	茨城県多賀郡	思い出	華川村立中妻小学校
23	391	26の5	茨城県稲敷郡牛久町	らっかせい　1号	牛久町立岡田中学校
24	392	26の6	茨城県稲敷郡牛久町	らっかせい　3号	牛久町立岡田中学校
25	393	26の7	茨城県稲敷郡牛久町	らっかせい　4号　版画のうた	牛久町立岡田中学校
26	422	28の11	茨城県稲敷郡牛久町	らっかせい　第8号	牛久町立岡田中学校
27	397	26の11	茨城県竜ヶ崎市	あぜみち　6号	竜ヶ崎市立馴柴中学校
28	398	26の12	茨城県竜ヶ崎市	あぜみち　7号	竜ヶ崎市立馴柴中学校
29	484	33の8	茨城県竜ヶ崎市	あぜみち　学校・学年づくり共同文集　通巻8号	竜ヶ崎市立馴柴中学校
30	634	42の3	石川県石川郡	きたかぜの村で　第2号	林中小学校
31	635	42の4	石川県石川郡	きたかぜの村で　第3号　夏休み特集	林中小学校
32	636	42の5	石川県石川郡	きたかぜの村で　第4号	林中小学校
33	637	42の6	石川県石川郡	きたかぜの村で　第5号	林中小学校
34	607	40の24	長野県上水内郡	明るい教室　旅行のまとめ	栄中学校
35	591	40の8	長野県岡谷市	雪どけ	岡谷市立今井小学校
36	439	29の15	神奈川県愛甲郡	かしの木　第3号	愛川町立半原小学校
37	547	37の2	北海道札幌市	ぽぷらの木　第3号	札幌市立月寒小学校
38	698	48の5	兵庫県豊岡市	野辺の子　第10号	豊岡市立八条小学校
39	712	50の9	香川県	ざくろの実	学芸大学附属坂出小学校
40	718	51の6	佐賀県伊万里市波多津町	はと　第4号　作文と詩と版画	伊万里市大平小学校
41	458	31の5	千葉県八街町	台地の子　第3号	八街町立実住小学校
42	571	39の11	岩手県遠野市	三ねん　文集	遠野市立遠野小学校

四. 学年文集　317

学年	発行年月	種類	判型、頁	備考
6年（第6回卒業生）	1953	学年文集	A5、69P	先生たちのことば、卒業生のことば、詩、思い出、俳句、教え子のみなさんへ、あとがき
1年	1955	学年文集	B5、53P	生活文、詳しく書く、中心を書く、感想文を書く、よい文を書く、編集後記
1年	1955	学年文集	B5、58P	生活文、よくなるために、えんぴつ対談、研究報告、あとがき、どうすれば仲良しになるか
1年	1956	学年文集	B5、81P	全員の版画、全員の作文
2年	1957	学年文集	B5、120P	新聞（母親教室版）、意見文、あとがき
2年1組・2組	1959	学年文集	B5、124P	生活文、意見文、詩、話し合い、あとがき
2年1組・2組	1960	学年文集	B5、142P	意見文、主張文、感想文、合同演劇、集団工作、学年会議の運営文、あとがき
3年	1960	学年文集	B5、116P	意見文、あとがき
6年	1953	学年文集	B5、70P	生活文、詩、あとがき
6年	1953	学年文集	B5、69P	詩、生活文、あとがき
6年	1954	学年文集	B5、52P	詩、生活文、保護者の感想、あとがき
6年	1954	学年文集	B5、83P	詩、生活文、日記、大人の綴り方（保護者）、手紙、先生の感想、おわりに
3年1・2組	1954	学年文集	B5、70P	旅行記、反省、こづかい帳、家の方のご意見、先生の文
4年	1956	学年文集	B5、57P	日記、詩、あとがき
5年	1950	学年文集	A5、34P	生活文、詩、学習ノート、あとがき
5年	1952	学年文集	B5、72P	見学の記録、手紙、読書感想文、生活文、映画鑑賞文、日記、意見文、詩、あとがき
3年	1952	学年文集	B5、96P	詩、生活文、記録文、日記、あとがき
6年	1954	学年文集	B5、52P	読書感想文、詩、野田ひろし編集
3年	1955	学年文集	B5、18P	作文、詩、版画、評語
4年	1956	学年文集	B5、83P	生活文、詩、手紙、父兄の方々へ
3年	1959	学年文集	B5、12P	生活文、詩、擬声語・擬態語の解説

五．詩集

No.	通し番号	箱番号	地域	誌名	発行者
1	282	19の3	東京都杉並区	ちいさな足音　6	杉並区立杉並第五小学校
2	284	19の5	東京都杉並区	しのくに	杉並区立杉並第七小学校
3	296	19の17	東京都杉並区	白い塔　2号	杉並区立杉並第七小学校
4	132	9の5	東京都杉並区	不明	杉並区立杉並第七小学校
5	15	1の16	東京都杉並区	詩集ランプ　第1号	杉並区立杉並第七小学校
6	314	21の1	東京都杉並区	わたくしたちの詩集	杉並区立杉並第七小学校
7	243	16の5	東京都杉並区	風と雲にのって	杉並区立若杉小学校
8	140	9の13	東京都杉並区	なかよし	杉並区立杉並第十小学校
9	246	16の8	東京都杉並区	なかよし　ゆうえん特集	杉並区立方南小学校
10	207	13の10	東京都杉並区	つぼみ（詩集）　7号	杉並区立杉並第八小学校
11	297	19の18	東京都世田谷区	動物詩集	世田谷区立代沢小学校
12	5	1の5	東京都世田谷区	児童詩集はちのこ　4	世田谷区立経堂小学校
13	302	20の4	東京都世田谷区	どんぐり山	世田谷区立深沢小学校
14	521	22の8	東京都世田谷区	どんぐり山　第6号	世田谷区立深沢小学校
15	212	13の15	東京都武蔵野市	森のこみち　2号　詩の特集	私立成蹊小学校
16	255	17の2	東京都墨田区	学級生活　No.2	墨田区立向島曳舟小学校
17	362	1の13	東京都西多摩郡	しゅうかいどう	福生町立福生第一小学校
18	76	5の14	東京都府中市	ししゅう　2ねん	府中市立河佐小学校
19	584	40の1	長野県長野市	詩集　十二か月　5月号	長野市立後町小学校
20	585	40の2	長野県長野市	詩集　十二か月　7月号	長野市立後町小学校
21	586	40の3	長野県長野市	詩集　十二か月　8月号	長野市立後町小学校

学年・学級	発行年月	種類	判型　頁	備考
4年2組	1949	学級詩集	A6より少し小さい、40P	詩、あとがき
4年4組	1950	学級詩集	A6より少し小さい、32P	詩
4年2組	1951	学級詩集	B6、25P	詩集
小宮組	1951	学級詩集	B6、不明	詩集
5年2組	1956	学級詩集	B5、73P	詩、評語
3年3組	1958年以前？	学級詩集	A5、12P	詩、子どもが編集委員、学校長 吉田瑞穂？
4年2組	1952	学級詩集	B6、77P	詩
3年2組	1955	学級詩集	A4、28P	詩、評語
2年4組	不明	学級詩集	B6、20P	詩
4年4組	1957	学級詩集	B5横、60P	詩、先生のはなし、あとがき
6年2組	1948	学級詩集	B6、34P	詩集、編集後記
3年	1951.1	学級詩集	B6、43P	おさだ・よしお編、評言
不明	1953	学級詩集	A6、36P	詩集
3年1組	不明	学級詩集	A6より少し小さい、16P	詩、あとがき
5年4組	1949	学級詩集	B5、42P	詩、あとがき
4年3組	1949	学級詩集	A6より少し小さい、40P	詩
6年1組	1958	学級詩集	17cm×17cm、40P	詩
2年	不明	学級詩集	B6、28P	詩集
5年3組	1950	学級詩集	A6、32P	詩、おわりに
5年3組	1950	学級詩集	A6、24P	詩、おわりに
5年3組	1950	学級詩集	A6、32P	詩、おわりに

320　第四章　書誌一覧

No.	通し番号	箱番号	地域	誌名	発行者
22	587	40の4	長野県長野市	詩集　十二か月　9月号	長野市立後町小学校
23	597	40の14	長野県上水内郡	あしなみ　第25号　はんが詩集	栄小学校
24	593	40の10	長野県上水内郡	あしなみ	栄小学校
25	592	40の9	長野県須坂市	竹の子　第3号	須坂市立須坂小学校
26	544	36の13	北海道札幌市	空	札幌市立大通小学校
27	533	36の4	北海道札幌市	石かり	札幌市立大通小学校
28	546	37の1	北海道歌志内市	北風の子　第3号	歌志内市立神威小学校
29	632	42の1	石川県金沢市	石ころ　児童詩集	金沢市立中村甲小学校
30	633	42の2	石川県金沢市	きてき　児童詩集	金沢市立此花町小学校
31	346	35の2	群馬県利根郡	文集山のむら　No.2 詩集	東中学校選択職業科（利根村立？）
32	476	35の7	群馬県邑楽郡	詩　青桐　No.6	板倉町立西小学校
33	526	51の10	福岡県若松市	どんぐりの子	若松市立小石小学校
34	525	51の9	福岡県	ぎんなん	不明
35	456	31の3	神奈川県鎌倉市	ぴかぴか星	鎌倉市立小坂小学校
36	689	47の10	兵庫県豊岡市	みつばち　第2号	豊岡市立豊岡小学校
37	617	41の9	静岡県富士郡	Sora	富士町立第一小学校
38	569	39の9	青森県青森市	ともしび　3号	青森市立長島小学校
39	717	51の5	佐賀県佐賀市	しゃちもん　詩特集	佐賀市立赤松小学校
40	648	43の7	愛知県名古屋市	あおいむぎ	名古屋市立山田小学校
41	684	47の5	兵庫県豊岡市	あさぎり　No.2	豊岡市立三江小学校あさぎり会
42	693	47の14	兵庫県豊岡市	詩の牧場　第3号	豊岡市立豊岡南中学校2年文芸クラブ
43	446	30の7	神奈川県横浜市	かたつむり	横浜市立山元小学校文芸部
44	84	6の2	東京都江東区	小名木川小学校　1号	江東区立小名木川小学校
45	313	20の15	東京都杉並区	春の聲　児童詩集	杉並区立杉並第七小学校国語研究部
46	700	49の2	広島県沼隈郡	子ども列車　第5号	箕島小学校
47	594	40の11	長野県岡谷市	ゆきどけ	岡谷市立今井小学校

学年・学級	発行年月	種類	判型　頁	備考
5年3組	1950	学級詩集	A6、20P	詩、おわりに
4年1組	1954	学級詩集	B5、48P	版画、詩、おわりに
6年1組	1956	学級詩集	B5、18P	詩
3年竹組	1956	学級詩集	B5、26P	詩、編集後記
2年1組	1951	学級絵詩集	B5、21P	絵詩集（直筆、カラー）
2年1組	1951	学級詩集	B5、18P	詩、絵（直筆、カラー）
4年1組	1956	学級詩集	B5、19P	詩、あとがき
3年1組	1951	学級詩集	A5、56P	詩
4年1組	1954	学級詩集	A5、64P	詩、おわりに
3年	1959	学級詩集	B5、12P	詩
6年松組	1962	学級詩集	B5、6P	詩
2年1組	1954	学級詩集	19cm×17cm、44P	詩、評語、おうちの方へ
3年1組	不明	学級詩集	B6より少し小さい、20P	詩
4年桃組	1951	学級詩集	B5、16P	はじめのことば、詩、評語
5年5組	1952	学級詩集	B5、18P	詩
4年2組	1952	学級詩集	B6、36P	詩、あとがき
6年1組	1952	学級詩集	B6、22P	詩、編集後記
6年5組	1955	学級詩集	B5、24P	詩、編集を終わって
3年	1959	学級詩集	B6、40P	詩、あとがき
4〜5年	1952	学校詩集	B5、17P	詩
2年	1953	学校詩集	B5、28P	詩、あとがき
3〜4年	1954	学校詩集	B5、6P	詩、先生の書き方についての評語
1〜6年	1957.6	学校詩集	B5、104P	詩、編集後記
1〜6年	1958年以前	学校詩集	B5、24P	学校長 吉田瑞穂、詩
3年	1953	学年詩集	B5、128P	詩、評語、子どもの挿絵
1年	1955	学年詩集	B5、74P	詩

第四章 書誌一覧

No.	通し番号	箱番号	地域	誌名	発行者
48	603	40の20	長野県岡谷市	ゆきどけ	岡谷市立今井小学校
49	604	40の21	長野県岡谷市	雪どけ	岡谷市立今井小学校
50	149	10の7	東京都北多摩郡	詩集　くちぶえ	小平町立小平第五小学校
51	355	24の3	埼玉県秩父郡	光の子等	小鹿野町立三田川中学校
52	67	5の5	東京都世田谷区	むぎわらとんぼ　子どもの詩集	世田谷区教育研究会国語部
53	237	15の14	東京都世田谷区	せたがやの詩	世田谷区教育研究会国語部
54	298	19の19	東京都世田谷区	詩集・夏の顔	世田谷区立代沢小学校

学年・学級	発行年月	種類	判型　頁	備考
2年	1955	学年詩集	B5、57P	詩
3年	1955	学年詩集	B5、36P	詩
低学年	1959	学年詩集	変形B5、43P	詩、評語
3年	1960	学年詩集	B5、108P	詩
1～6年	1956.2	地域詩集	A5、52P	評語、編集後記、詩の読み方
1～6年	1960	地域詩集	9cm×18cm、20P	詩集
文化部	1947	文化部詩集	B6、37P	詩集

六. その他

No.	通し番号	箱番号	地域	誌名	発行者
1	3	1の3	東京都杉並区	作品集	杉並区立杉並第九小学校
2	522	22の9	東京都江東区	蔵王　潮風特集	市毛 一
3	65	5の3	東京都台東区	あさくさ　2号	浅草教育会文化部
4	251	16の13	東京都杉並区	澪標　生活日記の指導	杉並区立方南小学校
5	11	1の11	東京都港区	びわの実　6号	港区立桜田小学校
6	318	21の5	東京都杉並区	中央線電車	村上先生
7	128	9の1	東京都練馬区	歌集　私と児童（せいと）	辻 泉
8	695	48の2	兵庫県揖保郡新宮町	歩みのあと　職員研究実践集録	新宮町立香島小学校
9	247	16の9	不明	歌のプレゼント	睦杉会
10	16	1の17	不明	不明	不明
11	186	12の8	不明	日記ノート	不明
12	616	41の8	静岡県富士郡	けんせつ　10月号	富士郡大淵小学校PTA
13	437	29の13	埼玉県兒玉郡共和村	青い風	共和村立共和中学校PTA
14	181	12の3	東京都杉並区	高南の窓　創刊号	杉並区立高南中学校校友会
15	189	12の11	東京都杉並区	和田会報	杉並区立和田小学校PTA

六. その他　325

学年等	発行年月	種類	判型　頁	備考
3年	1947.9〜1948.5	個人	B5	表紙のみ
教師（個人）	1954	個人俳句集	B6、22P	俳句、学童疎開10周年に現地山形に感謝訪問
教師	1954.1	教師文集	B5、46P	随筆、詩、短歌、俳句、川柳、編集後記
田中一徳（教員）	1955	個人	B5、48P	生活日記指導方法
文学教育の会	1957	教師の論文	B5、54P	特集、びわの実、文学教育をめぐって、実践記録、創作
杉並第七小学校4〜6年、桃井第三小学校4・6年	1959	個人文集（都市の子の作文）	B5、153P	生活文、読書感想文、詩
教員	1959	個人短歌集	B6、122P	挿絵（児童）、短歌
教師	1959	職員研究実践集	B5、144P	学級づくり、あゆみのあと、1〜6年の教師の意見文
職員	1957	職員歌集	B6、60P	職員歌集
不明	不明	個人	B6、72P	作文、写真、原稿用紙、自筆
不明	不明	個人	B5	日記
児童・保護者・教師	1948	学校文集／その他	A5、39P	生活文、書評、編集後記、学務課指導主事の詩
1〜3年	1949	学校文集／その他	A5、48P	シナリオ、詩、短歌、俳句、生活文、映画鑑賞文、PTA会長の巻頭のことば、編集後記
1〜3年	1950	学校文集／その他	B5、100P	校長、エッセイ、作文、詩、短歌、報告、研究、編集後記
PTA・1〜6年作品	1951	学校文集／その他	B5、34P	PTA会長、学校長、PTA役員、児童作品（1〜6年）、編集後記

No.	通し番号	箱番号	地域	誌名	発行者
16	178	11の13	東京都杉並区	くつかけ　落成記念号	杉並区立沓掛小学校PTA
17	265	18の1	東京都杉並区	はまだ山　No.2	杉並区立浜田山小学校PTA
18	64	5の2	東京都新宿区	たらちね　2号	新宿区立四谷第六小学校PTA教養部
19	449	30の10	埼玉県深谷市	ひよこ　2号	深谷市立大寄小学校
20	542	36の11	北海道瀬棚郡瀬棚町	やませ　第13号　版画集	瀬棚町立瀬棚小学校
21	278	18の14	東京都江東区	群煙	江東区立第二砂町小学校
22	229	15の6	東京都目黒区	りんごをたべないこどもたち　1号	目黒区立第八中学校特殊研究教育部大坪学級
23	127	8の18	東京都杉並区	第21回卒業記念	杉並区立杉並第九小学校
24	463	31の10	千葉県千葉市	やっぱり私は先生になります	千葉大学教育学部分校生活綴方グループ2年
25	236	15の13	東京都新宿区	学校要覧	新宿区立牛込仲之小学校
26	4	1の4	東京都	不明	不明

六. その他　327

学年等	発行年月	種類	判型　頁	備考
ＰＴＡ・1～4年作品	1953	学校文集／その他	B5、28P	学校長のことば、1～2年・3～4年作品、PTA活動、学校のあゆみ
保護者・児童作品	1954	学校文集／その他	B5、31P	座談会、PTA活動報告、学年委員長の意見、先生方の声、保護者の作品、児童の詩・生活文・短歌・俳句、学校便り
地域の方・児童作品	1956.2	学校文集／その他	B5、98P	創立30周年記念号、地域の方、童話、詩、作文、意見文、俳句、編集後記、校長のことば
1年2組保護者	1956	学級文集／その他	B5、20P	児童全員の保護者作文、父母の願い
5年花組	1953	学級作品集	B5、32P	版画集
3年	1954	学年作品集	B5、26P	版画作品集
1年	1956	学級画集	B5、80P	画集（16人のお友達）、版画と日記、リレー童話
6年	1957	卒業アルバム	B5、20P	（文なし・アルバム）学校長のことば 吉田瑞穂、写真、卒業生の名簿
成人（大学2年）	1957	学生文集	B5、140P	岩沢文雄先生（教育学部）、生活文、座談会、私たちの勉強のあしどり（文学研究会）
	1959	その他	B5、18P	学校行事、年間授業計画、時間割、職員の実践要領、使用教科書
不明	不明	不明	B5、36P	創作

第五章　まとめと課題

一．文集のまとめと課題

　本研究は多様な文集資料の山を視覚化できるように、基礎作りに着手する研究となった。保存状態が悪く、摩耗している文集は、手を触れると壊れるような状態であり、専門機関でも扱えない資料ばかりであった。残念ながら、破損していない資料を視覚化できるような状態にするための困難さが一冊一冊に伴っている。本研究が10年早ければという嘆きを、幾度も聞いている。
　残された文集を共有できる状態。そこまでには、著作者からの許諾が必要になる。さらに指導者が存命なうちに、対面できればという思いもある。幾度も全国の教育機関及び出版社に、許諾をとりながら進めている。そのため本論文中には、借用した資料も含まれているのである。それであっても完全とは言いきれないのが現状である。
　そのような困難な状態のなかで、本研究をまとめることで次のようなことが明らかにされた。
　第一は、異なった意見及び異なった他者の存在を認めることが、表現の指導には必要不可欠であり、そういった言語環境を踏まえて、固有のことばである自己表現を身につけることができる。
　第二は、内的世界を表出するには個別の支援を得ることを伴い、同時に話したり聞いたりすることの指導を伴いながら、個性的表現を身につけることができる。
　以上の2点は、文集の考察により明らかになっている。しかしながら、次のような課題も残されている。それは、教師自身が文集の指導を受けていな

第五章　まとめと課題

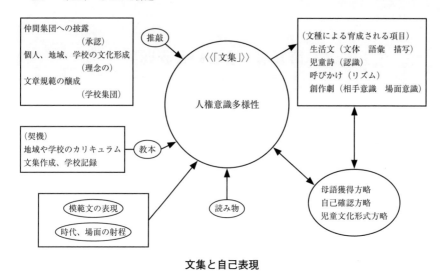

文集と自己表現

い、いわば教師教育に関わる課題である。たとえば、個別支援の方法には、教師自身の素養が伴うことがある。こういった課題を視野に入れる必要があろう。

　いつの時代であれ、普遍的な価値が、文集には潜んでいるのである。

あとがき

　本書は、先達のおもいを受け取り、膨大な文集をいただいたことから開始された研究である。出会いは、戦後の児童によるラジオ出演の音声テープを探している途上のことである。その時から、多様な出会いを経て、長い年月を要する研究が開始された。

　できることならば、次世代へ資料の共有化をはかりたい。文集の深さと広さを知り、その普遍性に触れて欲しいと望んでいる。

　資料に関して、抱えている困難さを記したい。保存状態は芳しくなく、段ボールに詰め込まれ、粉砕寸前。手にとると粉々となるような状態が多くあった。それを少しでも、保存できるようにするために、現在も多くの時間と手間を要している。その作業を経て、研究の形にまとめたものが、本書である。概要とその中身の価値を明らかにすることを試みたのである。

　まず何よりも、資料を整えるための専門的な知見をくださった出版社、雑誌社の皆様、東京都立中央図書館、東京国立博物館、実践家の皆様に、御礼を申しあげたい。そのことを通して、現時点で可能な範囲から、文集を考察したもの。それが本研究である。（JPSS科研費JPK02688の一部を含む）

　共同研究者として、竹田晃子氏、稲井達也氏、栁村裕子氏には、それぞれの専門的な立場から、ご支援をいただいてきた。心から感謝を申しあげたい。実践研究者として、平林久美子氏、武井二郎氏、岡﨑智子氏、柳田良雄氏、品川孝子氏、川畑秀成氏、白井理氏には、各自の視点の立場から、ご支援をいただいてきた。感謝を申しあげたい。

　次に、ここまで支えてくださった、亡き高橋俊三先生を中心としていた声のことばの会でご縁を得た皆様に、御礼を申しあげたい。資料を導いてくださった亡き井上尚美先生に御礼を申しあげたい。亡き増田信一先生にも御礼

を申しあげたい。さらに常にご支援をいただいた田近洵一先生、湊吉正先生に、感謝を申しあげたい。また、日本語学の立場から、日高水穂先生、竹田晃子先生のお力に対して、御礼を申しあげたい。貴重な資料を閲覧させていただいた北条常久先生、西成瀬遠藤熊吉資料館の館長季子和春先生、遠藤博通先生、杉並区立済美研究所の皆様に、感謝を申しあげたい。

　とりわけ、所収することを快諾してくださった詩人であり、児童詩指導者として著名な畑島喜久生先生には、貴重なお言葉をいただくことができた。心から感謝を申しあげる次第である。さらに、第一次資料について勝村謙司先生、植田明季氏、窪世篤子氏、本田宗治氏、高山幸基氏に感謝を申しあげたい。

　そして、遅筆な原稿に対処してくださった風間書房の風間敬子社長には、言葉に言い表せない、細やかな対応をしていただいた。多大なる感謝を申しあげる次第である。

　末筆ながら、家族の絶えまない日常的な励ましがあったことを付記しておきたい。

2025年3月

有働玲子

編著者紹介

有働玲子（うどう れいこ）　聖徳大学教育学部教授　博士（学校教育学）
　　［はじめに・第一章・第二章 一・第五章・あとがき］
専門　教科教育学（国語）、音声言語教育

　1954（昭和29）年、東京都大田区に生まれる。旧姓草間玲子（くさま　れいこ）。東京学芸大学大学院教育学研究科国語教育専攻修了（教育学修士）。兵庫教育大学大学院連合学校教育学研究科言語系教育修了（学校教育学博士）。公立高校教諭（埼玉県浦和市立高校）、公立中学校教諭（東京都品川区・大田区）、聖徳大学短期大学部専任講師、人文学部准教授、児童学部教授を経て、現在に至る。その間、文部省「中学校国語指導資料　指導計画の作成と学習指導の工夫―音声言語の学習指導―」協力者、国立教育政策研究所「教科等の構成と開発に関する調査研究」協力者等。

　著書は、『言語論理教育の探究』（共著、東京書籍、2000年）、『声の復権―教室に読み聞かせを！』（明治図書出版、2001年）、『話しことば教育の実践に関する研究―大正期から昭和30年代の実践事例を中心に―』（風間書房、2011年）、『子どものことばをはぐくむ　国語・音声・読書の指導』（編著、萌文書林、2015年）等。

執筆者紹介（執筆順）

竹田晃子（たけだ　こうこ）　岩手大学教育学部教授　博士（文学）［第二章 二］
稲井達也（いない　たつや）　大正大学図書館長・教育研究マネジメントセンター・教職支援オフィス教授　博士（学術）［第二章 三］
松村裕子（まつむら　ゆうこ）　聖徳大学教育学部准教授［第二章 四］
平林久美子（ひらばやし　くみこ）　東京都教職員研修センター研修部授業力向上課教授・東京都小学校国語教育研究会顧問［第三章 一］
武井二郎（たけい　じろう）　東京都荒川区立瑞光小学校主任教諭［第三章 二］
岡﨑智子（おかざき　ともこ）　東京都練馬区立向山小学校主任教諭［第三章 三］
川畑秀成（かわばた　ひでなり）東京都板橋区教育委員会育成支援アドバイザー［第三章 四］
品川孝子（しながわ　たかこ）　元群馬県公立小学校教諭・群馬県前橋市国際交流協会日本語教室講師［第三章 五］
白井　理（しらい　おさむ）　神奈川県川崎市立西生田中学校非常勤講師［第三章 六］
柳田良雄（やなぎだ　よしお）　千葉県松戸市立松飛台小学校教諭［第三章 七］
植田明季（うえだ　あき）　（資料助手）［第四章］

国語教育における子どもの表現力の探求と指導
―昭和20・30年代の文集を用いて―

2025年3月31日　初版第1刷発行

編著者　　有　働　玲　子

発行者　　風　間　敬　子

発行所　　株式会社　風　間　書　房
〒101-0051　東京都千代田区神田神保町1-34
電話 03(3291)5729　FAX 03(3291)5757
振替 00110-5-1853

印刷　平河工業社　　製本　高地製本所

©2025　Udou Reiko　　　　　　　　　NDC分類：375.8
ISBN978-4-7599-2536-4　　Printed in Japan
JCOPY〈出版者著作権管理機構 委託出版物〉
本書の無断複製は、著作権法上での例外を除き禁じられています。複製される場合は、そのつど事前に出版者著作権管理機構（電話 03-5244-5088、FAX 03-5244-5089、e-mail: info@jcopy.or.jp）の許諾を得て下さい。